Toni Vidal | Roques de Menorca

© de les fotografies	Toni Vidal
© del text	els seus autors
© de l'edició	Triangle Postals SL Sant Lluís, Menorca
disseny	Joan Barjau
impressió	Grup 3 SL, Barcelona
enquadernació	Arte SA
dipòsit legal	B.11.414-2005
ISBN	84-8478-144-5

Toni Vidal | Roques de Menorca

A J. Corredor-Matheos i Francesc Sanuy Gistau, que sempre m'han demostrat amistat i confiança.

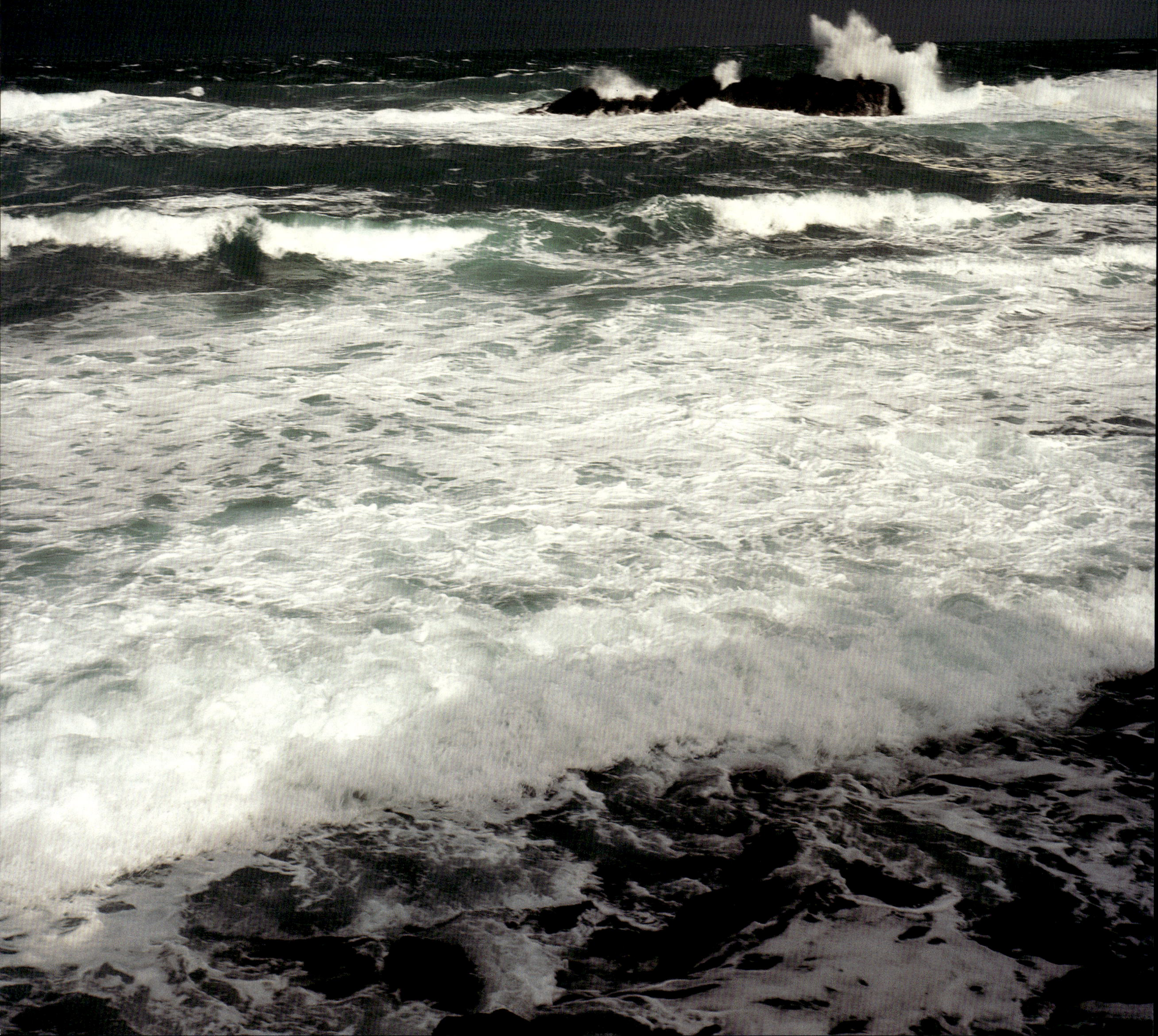

Agraïments

A tots els amics i amigues que tan generosament han presentat les meves exposicions o escrit poemes que les han acompanyades; especialment a Josefina Salord Ripoll, Antoni Moll Camps, Miquel Desclot, Joan F. López Casasnovas, Jaume Mascaró Pons, Xavier Moll i Anna Palomo, per les seves magnífiques presentacions, que no han trobat cabuda per no fer créixer amb excés aquest llibre.
A Feliu Formosa, la seva presentació el 1987 a la Galeria Eude i a Daniel Giralt-Miracle, l'any 2003, la del Museu Monjo a Vilassar de Mar, les dues sense constància escrita. A Toni Obrador, que m'ha ensenyat les seves estimades roques; a H. P. Luterbacher, que les porta de viatge; a Antoni Moll, que aconsella i corregeix; a Heide Haxmacher, Barbara Sullivan i Montserrat Abelló per les seves traduccions a l'anglès, i a més i més amics i amigues que fan sentir-me afortunat de comptar amb ells. Per tanta riquesa, el meu agraïment a tots.

Barcelona, 31 de maig del 2003

Les poesies:
Hontocom, de Joan Brossa, *Geometría del tiempo*, de J. Corredor-Matheos, *L'aigua s'emporta*, de Miquel Desclot, *Para ver el prodigio*, de José Agustín Goytisolo, *Un altre retorn*, de Miquel Martí i Pol, *Claror de la platja verge*, d'Helena Planabasarda, *Som de la terra dels foners*, de Carme Riera i *Silent, la terra força obscura*, de Pere Xerxa, van ser publicades en làmines separades a la capsa: "Toni Vidal. Roques", el febrer del 1987, en un tiratge de cinc-cents exemplars.

Nocturn, de Joan Brossa, *Has creído ver algo*, de J. Corredor-Matheos, *Teofanía*, d'Ángel Crespo, *Diàlegs a la sorra*, de Miquel Desclot, *Si la pedra és l'obscur*, de Miquel Martí i Pol, *La dansa de la pedra*, de Josep Palau i Fabre, *Pedra*, de Jordi Pàmies, *Pedra, roc, còdol o cantal*, de Manuel de Pedrolo, *La pedra de l'Edèn*, de Joan Perucho, *La mort, negra i concreta*, d'Helena Planabasarda, *La alondra en la piedra*, de Ramon San Martín, *Faula de l'enorme faç de pedra*, de Jordi Sarsanedas, *Pedra de toc* de Pere Xerxa, així com la presentació de l'obra, de José Mª Valverde es van publicar a la capsa: "Toni Vidal. Menorca", l'octubre del 1991, en un tiratge de tres-cents setanta-cinc exemplars.

Les altres presentacions:
La de Joan Oliver, del 1979, va ser escrita per a l'exposició "Roques", de l'Ateneu de Maó.
La d'Ángel Crespo va ser llegida a la llibreria Ona l'any 1991.

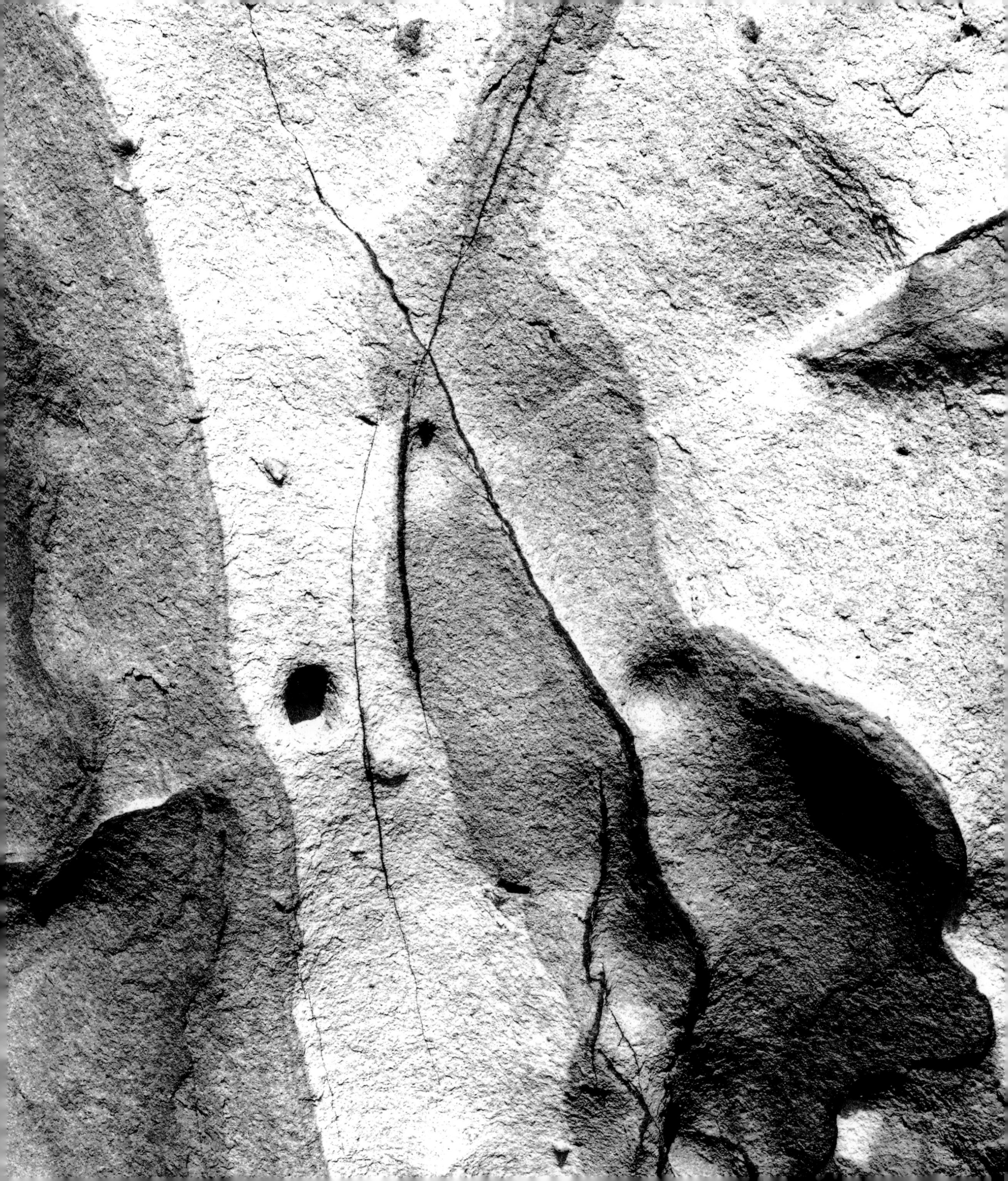

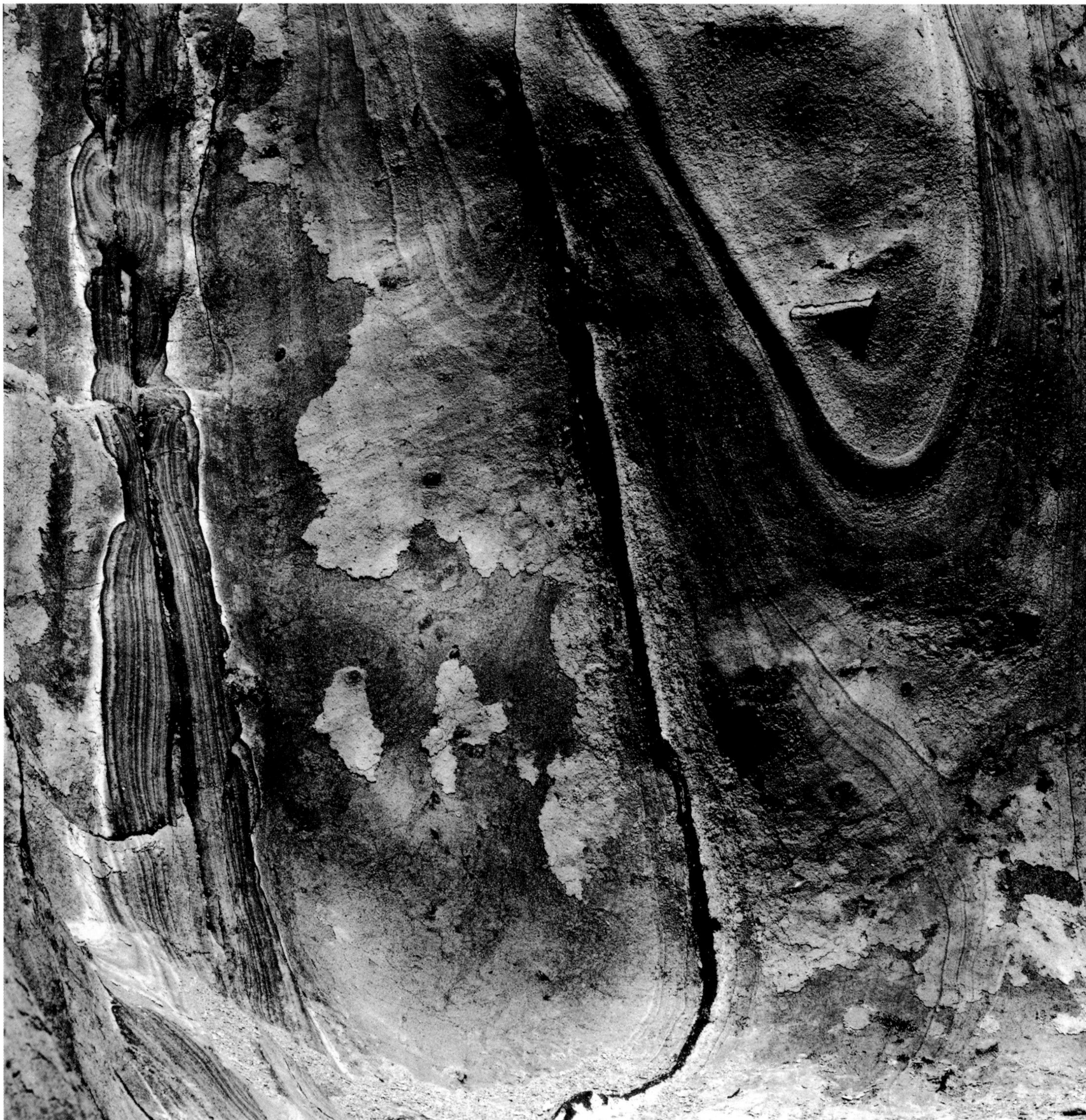

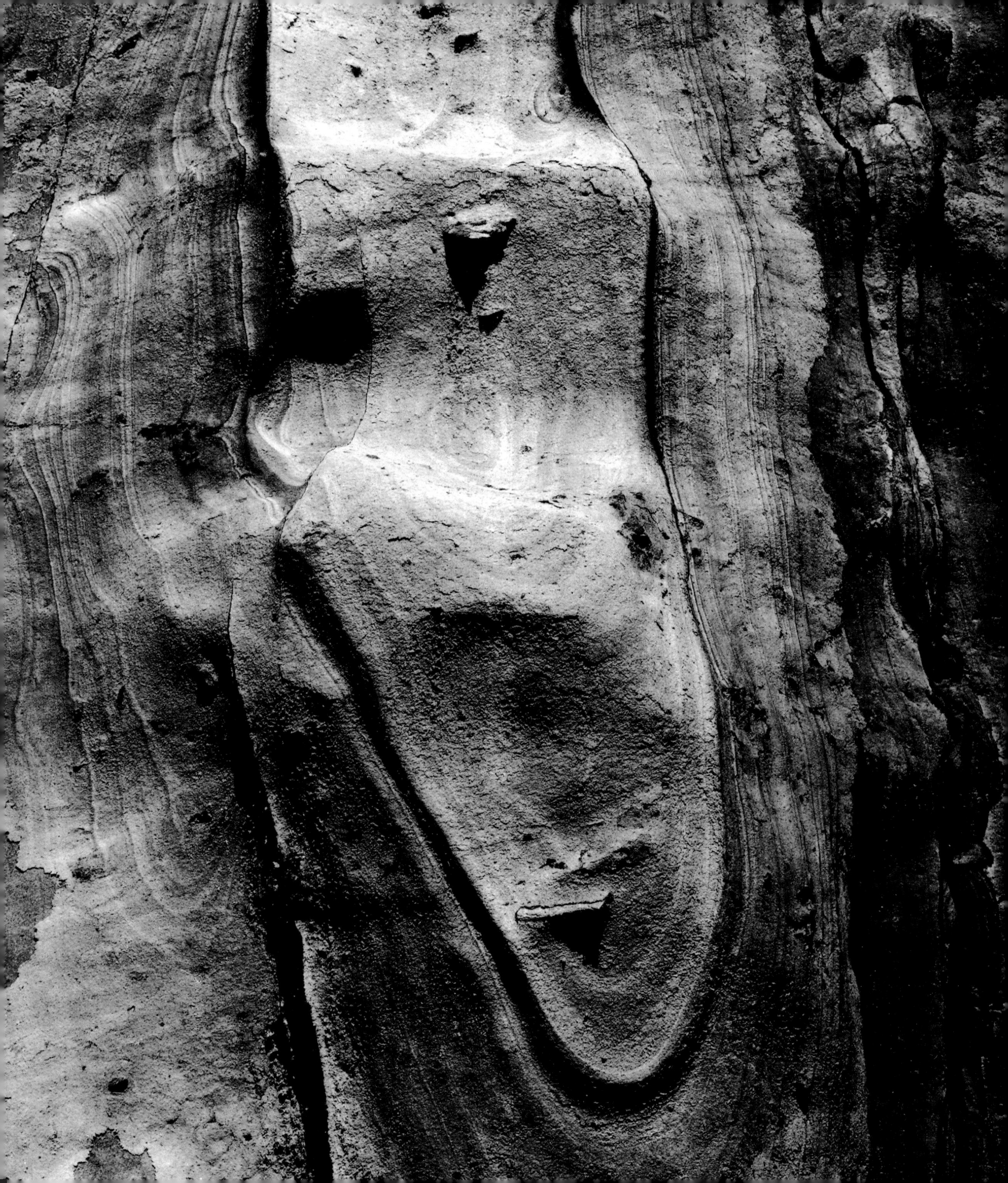

Justificació

És just aclarir que aquest llibre no pretén de ser útil; no és un llibre de geologia. No és un llibre per estudiar, és un llibre per ser estimat. La raó de començar a fotografiar roques fou que volia mostrar uns espais no contaminats per especulacions, modes ni pretensions de cap casta. Volia mostrar el món més auster i pobre, distant de la trivialitat i l'engany. Volia mostrar com una roca no acapara la llum del sol: la comparteix. Les roques tenen un equilibri, tenen una bellesa i una plenitud que és una font d'alegria per a qui es pren la molèstia de mirar-les. Ja per als més antics eren un símbol d'unitat i fortalesa; per a nosaltres tenen una força difícilment dominable, la força i vitalitat de la naturalesa en tota la seva plenitud i bellesa.

Plenitud i bellesa mai gratuïtes, sempre són el resultat d'una lluita o complicitat amb els elements: mar, pluja, vent. La solitud d'una roca és només aparent; sempre forma part d'un tot, i és ella mateixa un tot amb l'entorn; ara, la seva curta o llarga vida es torna independent i única.

Toni Vidal

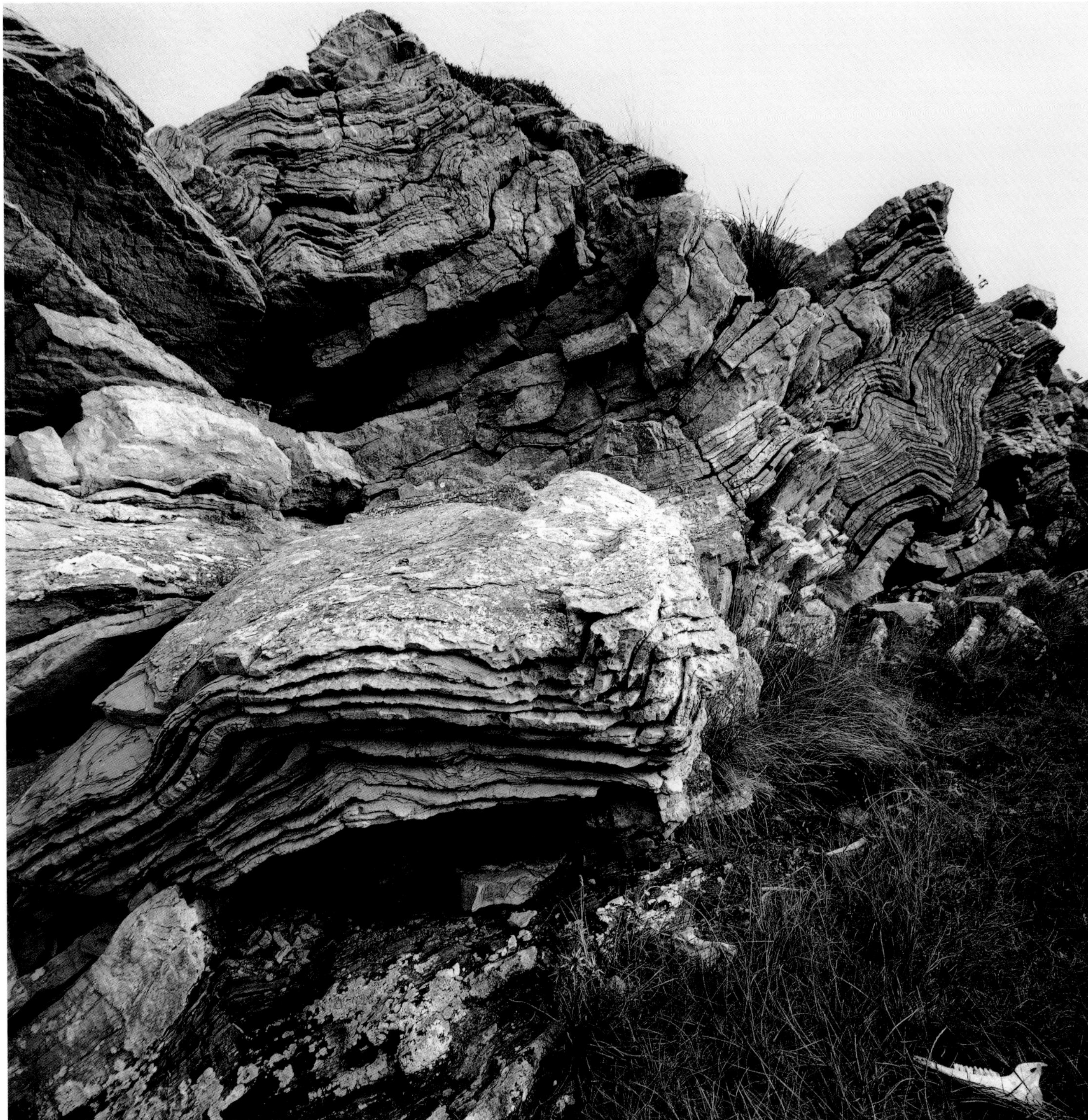

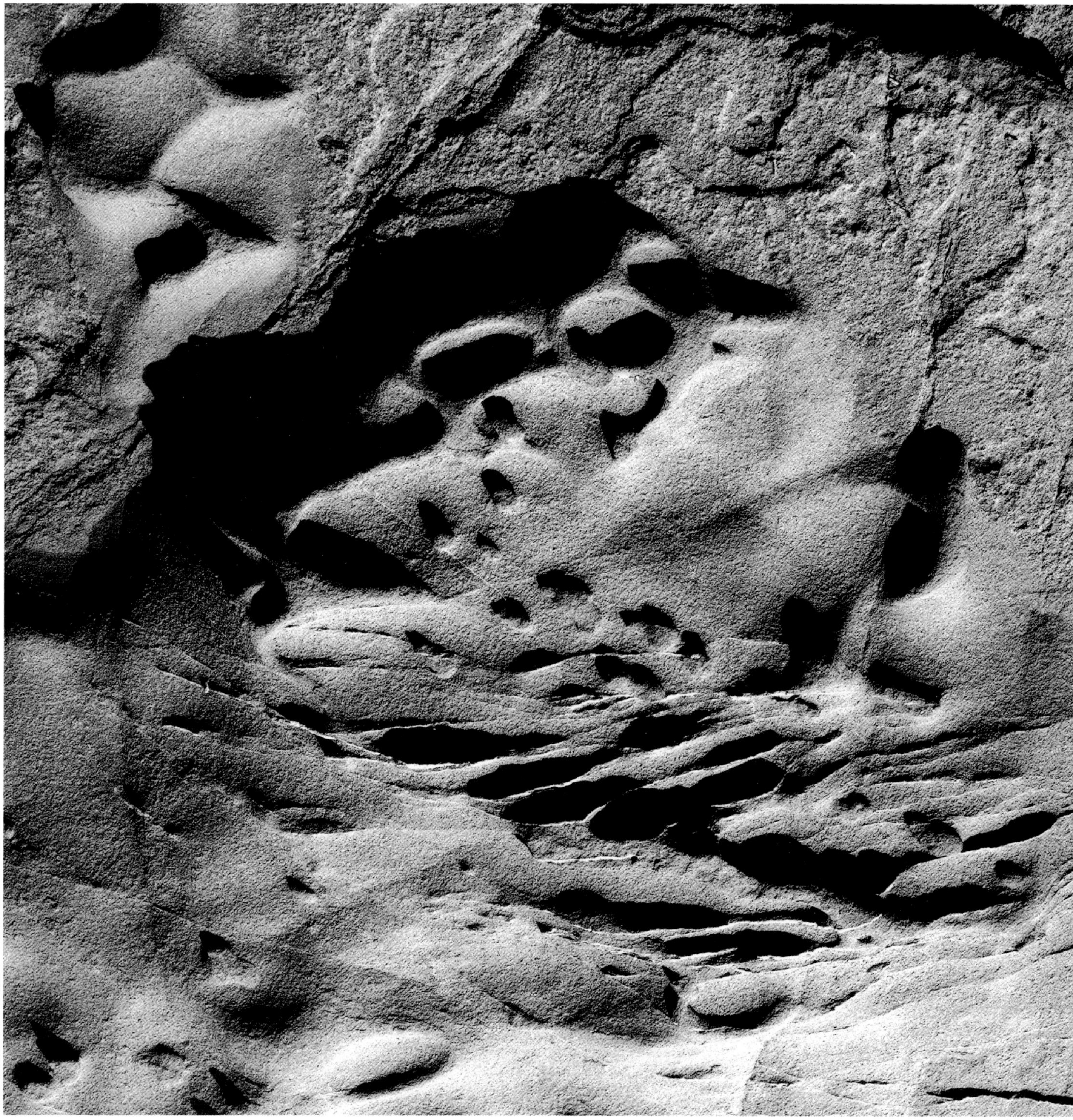

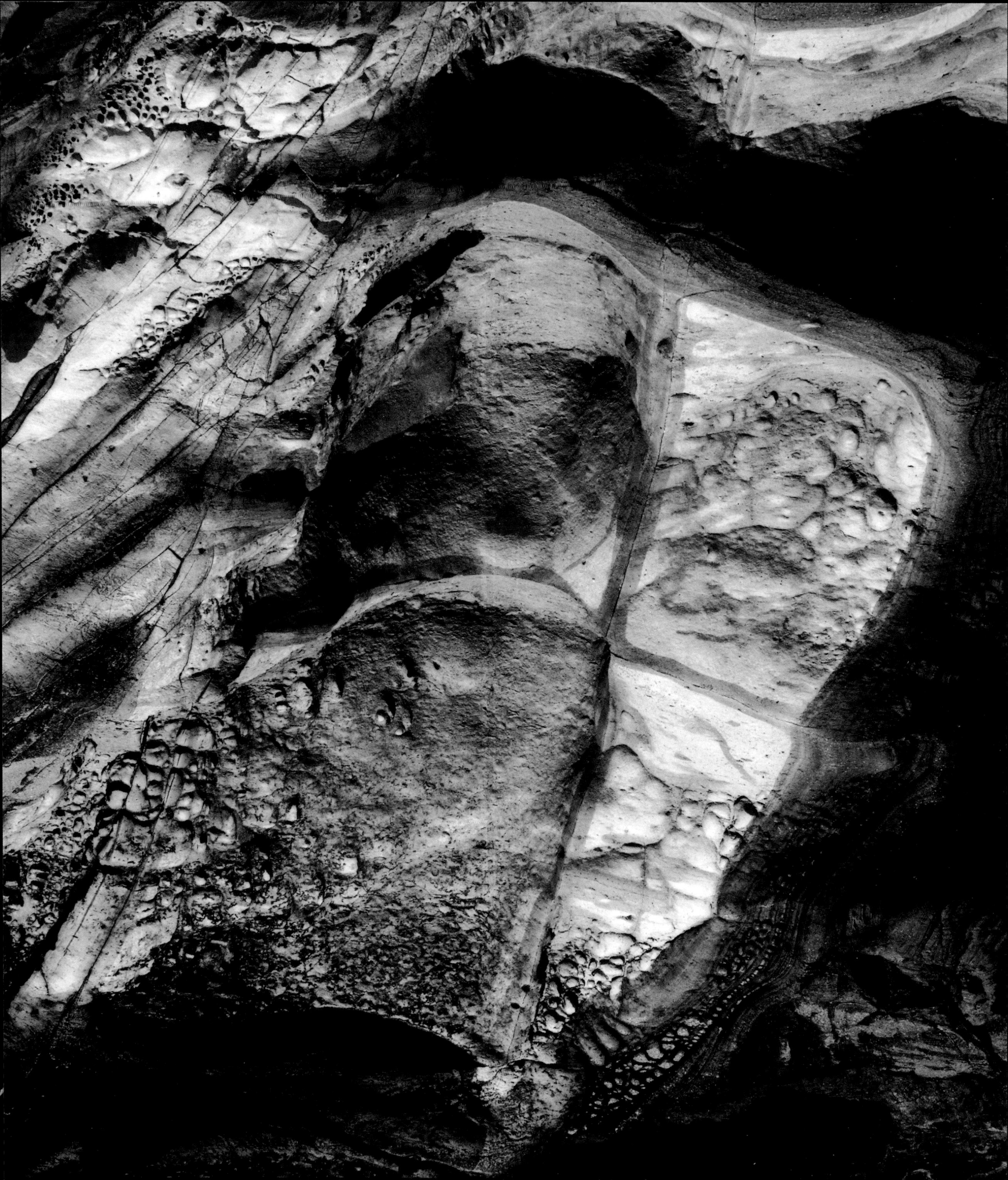

Com es deu poder comprendre que, d'un vast nombre d'energies universals, n'hi hagi moltes que afecten centres insospitats, unint així diversos regnes de la natura?
De semblant manera, una pedra s'acosta a la consciència humana.

Ull d'àguila cal, no pas per destriar una muntanya, sinó per veure el gra menut de sorra.

SIGNES D'AGNI IOGA

¿Cómo podrà uno comprender que de un vasto número de energias universales, muchas de ellas afectan insospechados centros, uniendo así varios reinos de la naturaleza?
De modo parecido se acerca una piedra a la conciencia humana.

Ojo de águila se necesita, no para distinguir una montaña, sino para ver el pequeño grano de arena.

SIGNOS DE AGNI YOGA
Editorial Kier, SA. 1982, Buenos Aires

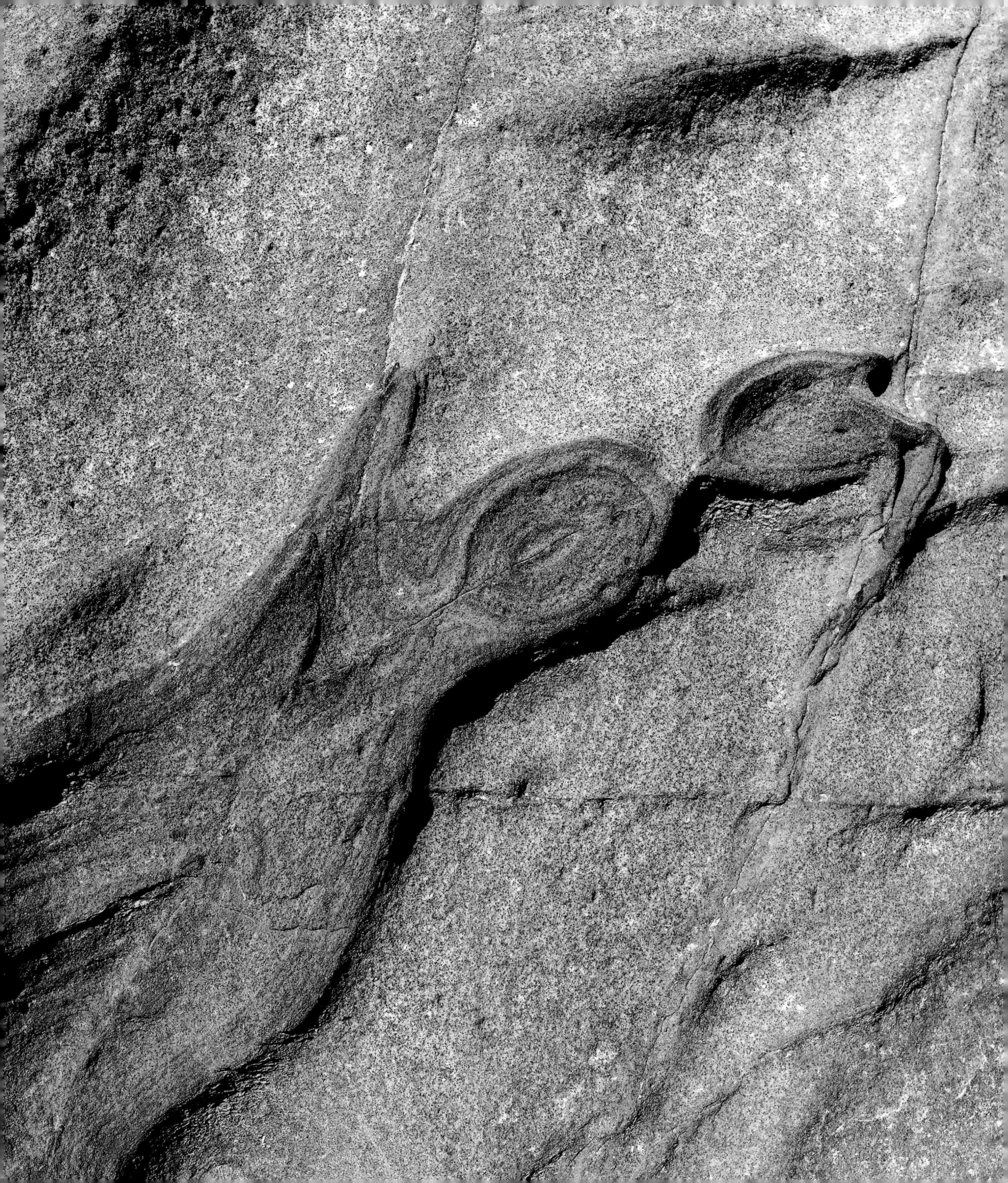

Cada forma que tú ves tiene su arquetipo en el mundo sin lugar.
Si la forma caduca, no importa, pues su original es perdurable.
Cada bella figura que hayas visto, cada frase profunda que hayas oído,
en cuanto acaba, perece; mas para aquél no es así.
Dado que el principio del manantial no muere, su ramal fluye continuamente.
Puesto que nada puede cesar, ¿por qué te lamentas?
Piensa que el Alma es una fuente, que las cosas creadas son ríos:
mientras la fuente fluya, los ríos manarán de allí.
Quita el pesar de tu mente y bébete a sorbos el agua de este río.
No pienses que el agua ha de faltar, porque esta agua no tiene fin.
Desde el momento en que llegaste al mundo del ser,
ante ti hay colocada una escala para que puedas huir.
Primero fuiste mineral, luego te volviste planta
y luego te convertiste en animal: ¿cómo esto sería un secreto para ti?
Más tarde te hicieron hombre, con razón, conocimiento, fe.
Mira el cuerpo, que es una porción de polvo
abismal: ¡qué perfección en su desarrollo!
Cuando hayas dejado atrás al hombre, sin duda te convertirás en ángel.
Según todo, estás hecho con esta tierra, mas tu puesto está en el cielo.
Deja atrás incluso la condición angélica: entra al océano,
que tu gota pueda convertirse en un mar que sea cien mares de ʻOman.
Abandona este "hijo", dí siempre "Uno" con toda tu alma.
Si el cuerpo ha envejecido, ¿qué importa, si el alma es joven?

Traducción: Leonor Calvera
Editorial Hastinapura, 1983, Buenos Aires

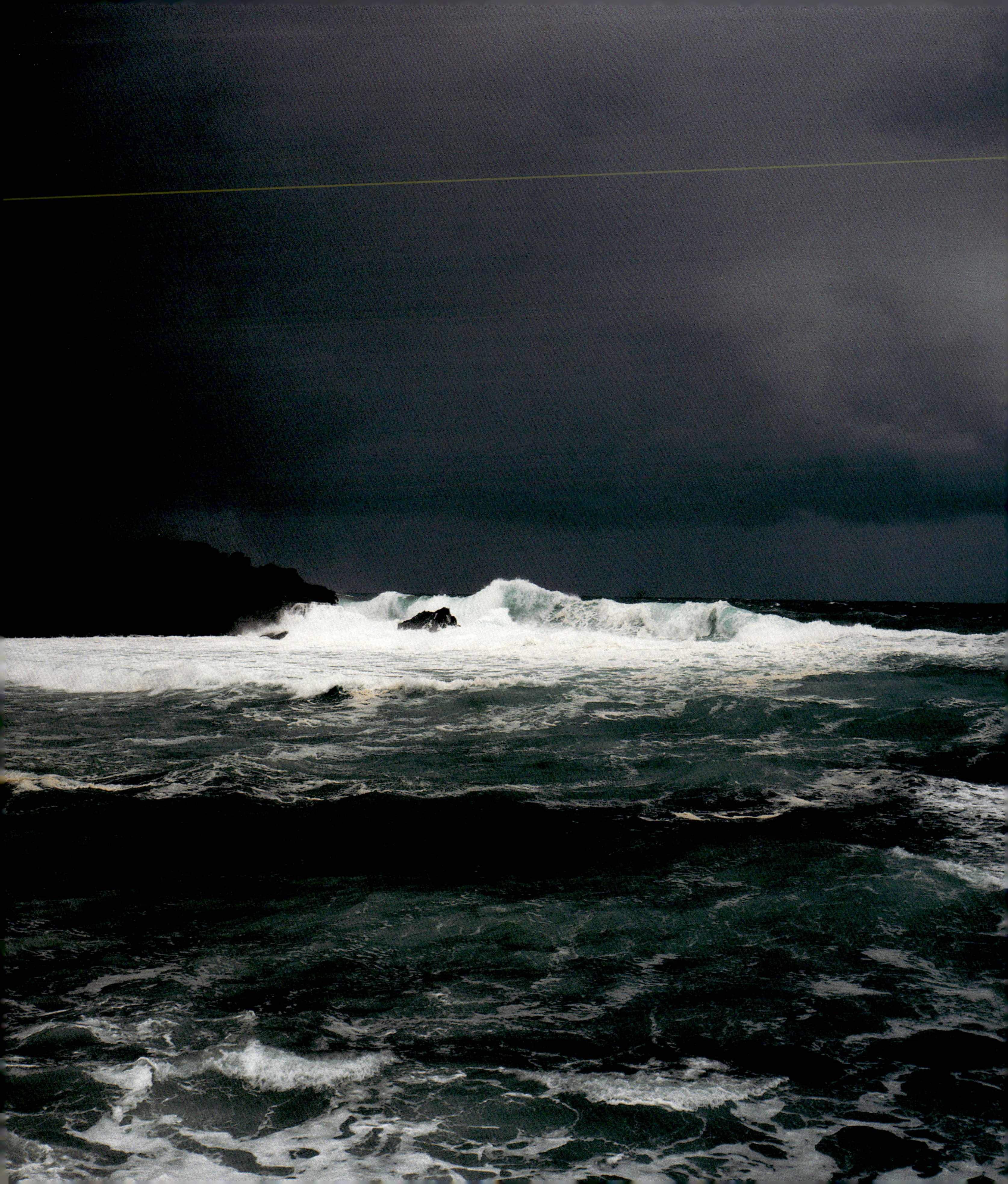

Poeta de la pedra

Un bon dia Toni Vidal trucà a la porta de casa meva: d'això deu fer cinc o sis anys. Se'm presentà com un fotògraf professional i em digué que desitjava fer-me uns quants retrats per a la col·lecció d'imatges de catalans distingits en el món de l'art i de les lletres. Segons ell jo era un d'aquests catalans retratables. El meu visitant, home d'una senzillesa i una cortesia exquisides, traginava una maleta de dimensions regulars que contenia els estris del seu ofici i papers, cartons, revistes. No podia pas invalidar una visita tan gentil i tan premeditada.

Al cap d'una setmana vaig rebre unes còpies de les fotos obtingudes, en les quals figuràvem la meva muller, jo mateix i els nostres gossos. El resultat era immillorable i a ull nu revelava sentit artístic i expertesa. Després vaig saber que Toni Vidal era un menorquí enamorat de la seva illa, i que entretant havia passat dels retrats al paisatge, a l'arquitectura típica de Menorca, a les soques d'arbres, a objectes insòlits...

Amb aquests materials realitzà diverses exposicions, de les quals vaig admirar algunes mostres en revistes. Tots aquests temes eren tractats amb una forta originalitat i apareixien aïllats de llur entorn fins a guanyar una independència sobirana.

El meu segon encontre amb Toni Vidal s'ha produït no fa gaire mentre ell preparava l'exposició que aquest catàleg anuncia i presenta.

Em va mostrar les proves de la sèrie geològica o mineralògica, objecte de l'exhibició: pedres, roques, roquissars, codines, tot recercat i captat amb ulls pacients i destres d'explorador o de caçador. El seu art havia desembocat a estranys microcosmos de matèria inorgànica, estèril, massissa en la seva adusta immobilitat, la qual no és torbada ni pel vent de l'illa del vent. Ens trobàvem, doncs, en plena edat de la pedra, car, efectivament, els homes d'aquella edat foren els primers a interessar-se, utilitàriament, cal dir-ho, en els minerals, com el quars, i se'n serviren per a fabricar eines o armes.

Jo mirava i remirava aquelles imatges amb creixent interès, unes imatges que renunciaven a l'amenitat que ofereixen els éssers vivents, bèsties, humanes o no, i vegetals. Ell les mirava amb mi, però sobretot em mirava els ulls, seriós, discretament inquisitiu, fins que amb un somriure gairebé imperceptible em va dir en veu baixa i prima: "Veig que us impressionen..."

Era ben cert i de bona gana vaig rompre el meu silenci admiratiu. I deia coses com aquestes:

"Em poseu davant una bellesa que tot just havia sospitat. Una bellesa, diria, sense esplendor, ni accessoris, una bellesa pura com ones d'alta mar petrificades, com núvols terrers i solidíssims, com realitats perdurables, com presències closes, mudes, llises o torturades, indiferents a tot el que no és llur monstruosa compacitat. Toni Vidal, sou un poeta de la pedra! Certament no heu creat res, però heu trobat, és a dir, inventat, revelat existències acumulades en milers de centúries, mortes i alhora vives per a vós i ara per a mi, riques i alhora pobres. Heu descobert una mina a flor de terra, unes gemmes esbalaïdores que no conciten la passió dels avars ni dels frívols; us afecten perquè sou un home greu i sense orgull que s'interessa entranyablement per totes les meravelles naturals de la mare terra. Sí, la bròfega, formidable modèstia dels vostres models es sotmet a la vostra modèstia conqueridora d'artista rigorós amb ell mateix.

Heu vençut implacablement la roca, però ara ja en sou com un germà petit i pensant. A la quieta heu fet una obra mestra. Una vegada cert poeta il·luminat atribuí als minerals una sensibilitat tosca, no pas visible com la que concedim als vegetals. Heus aquí un misteri tremend al qual les vostres imatges sembla que ens acostin...

Els homes sempre ignorarem molts dels grans secrets del món que ens circumda i ens conté.

Us he dit que éreu l'inventor d'aquestes roques, però no pas el seu creador; i no calia que us ho digués. Ara bé, ho són els artistes plàstics respecte a l'obra llur?

A tot estirar imiten, combinen, metamorfosen, deformen, disfressen, compliquen o simplifiquen, potencien –o envileixen– realitats preexistents, diguin el que diguin els eixerits filisteus de la crítica, els qui han posat en curs el mot creativitat tan afalagador com fal·laç. ¿Què pot crear una criatura?

Vós sou només l'home que estima la pedra, que la pensa, que la suscita i la publica.

Potser us sembla poc?"

Coses semblants vaig dir a Toni Vidal; ell les escoltava amb un somriure sorneguer.

Altrament, jo només sóc un poeta i no puc pas analitzar les excel·lències tècniques de les fotografies. Però sí que goso lloarne la impressionant nitidesa, el relleu, l'ajustada lluminositat, la summa pulcritud, reveladores d'un ofici complet al servei d'una consciència plena i ben dirigida.

No crec haver-me excedit en res; en aquest cas, la meva sinceritat és inapel·lable. Però estic tan malcontent de tants i tants productes artístics o literaris dels que avui ens són públicament oferts marcats amb l'etiqueta de genials, hi ha tant de frau, de vanitat, de vacuïtat en molts dels treballs que el mercader ens posa a l'abast, un cop inflats insolentment pel quefer publicitari –una de les deu plagues d'aquest nostre Egipte–, que en topar-me amb el "real article", amb la feina ben feta, amb la recerca reeixida, amb l'originalitat valuosa i, sobretot, amb una vocació capaç d'acarar-se, si calgués, amb la penúria, el cor em jubila, la llengua se'm desferma i la voluntat m'empeny a proclamar sense reserves el que penso, valgui el que valgui.

JOAN OLIVER
Barcelona, novembre de 1979

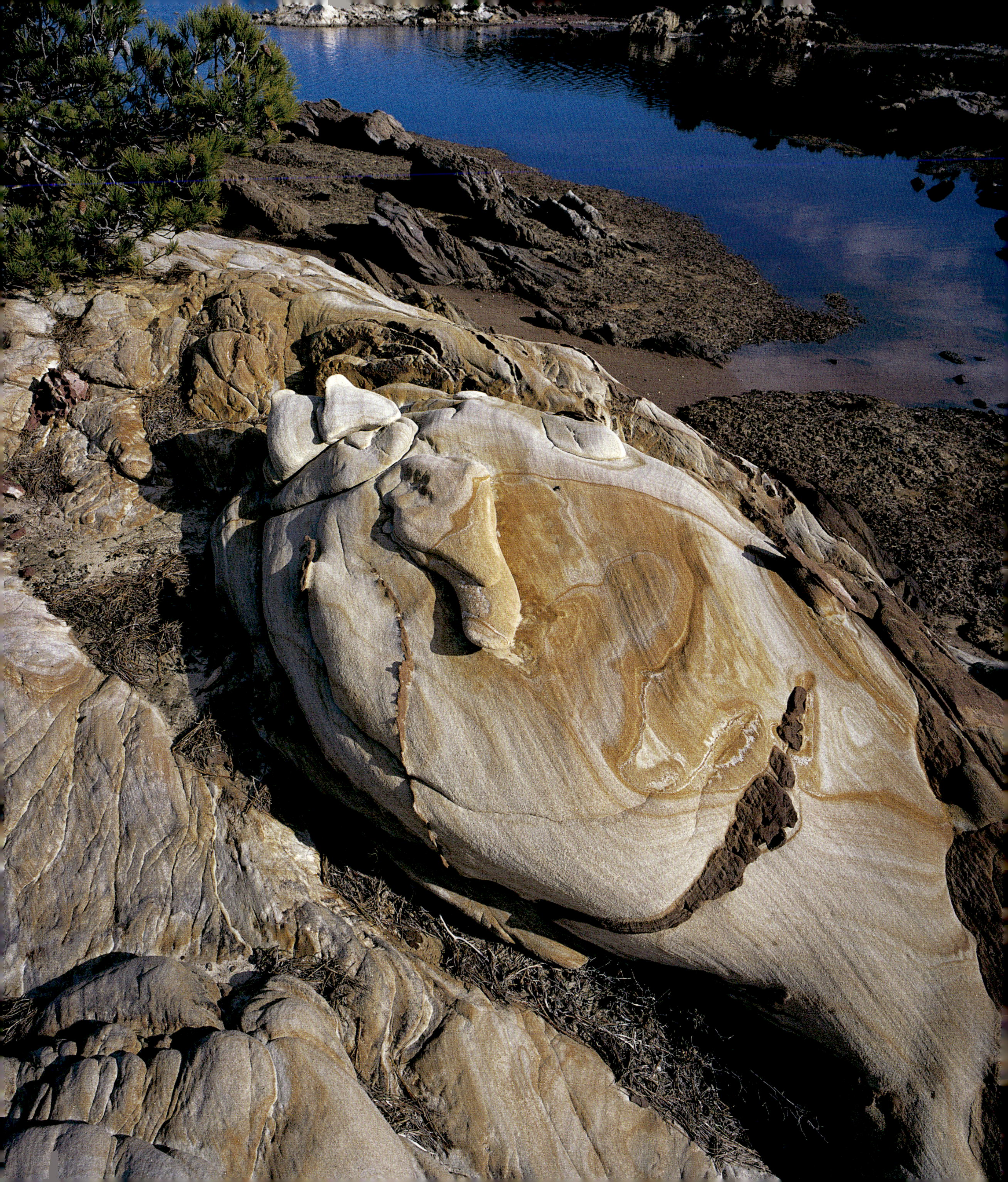

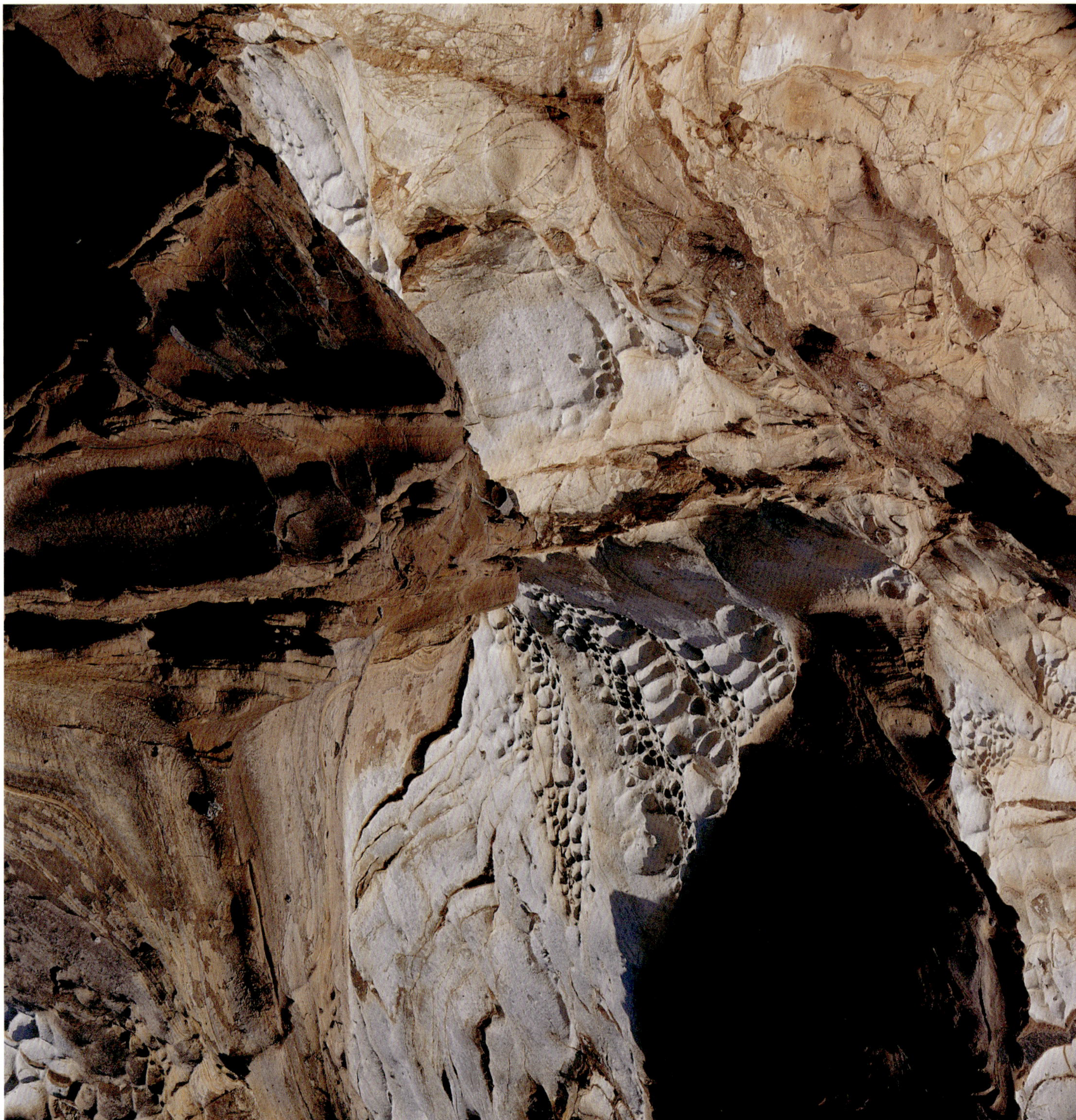

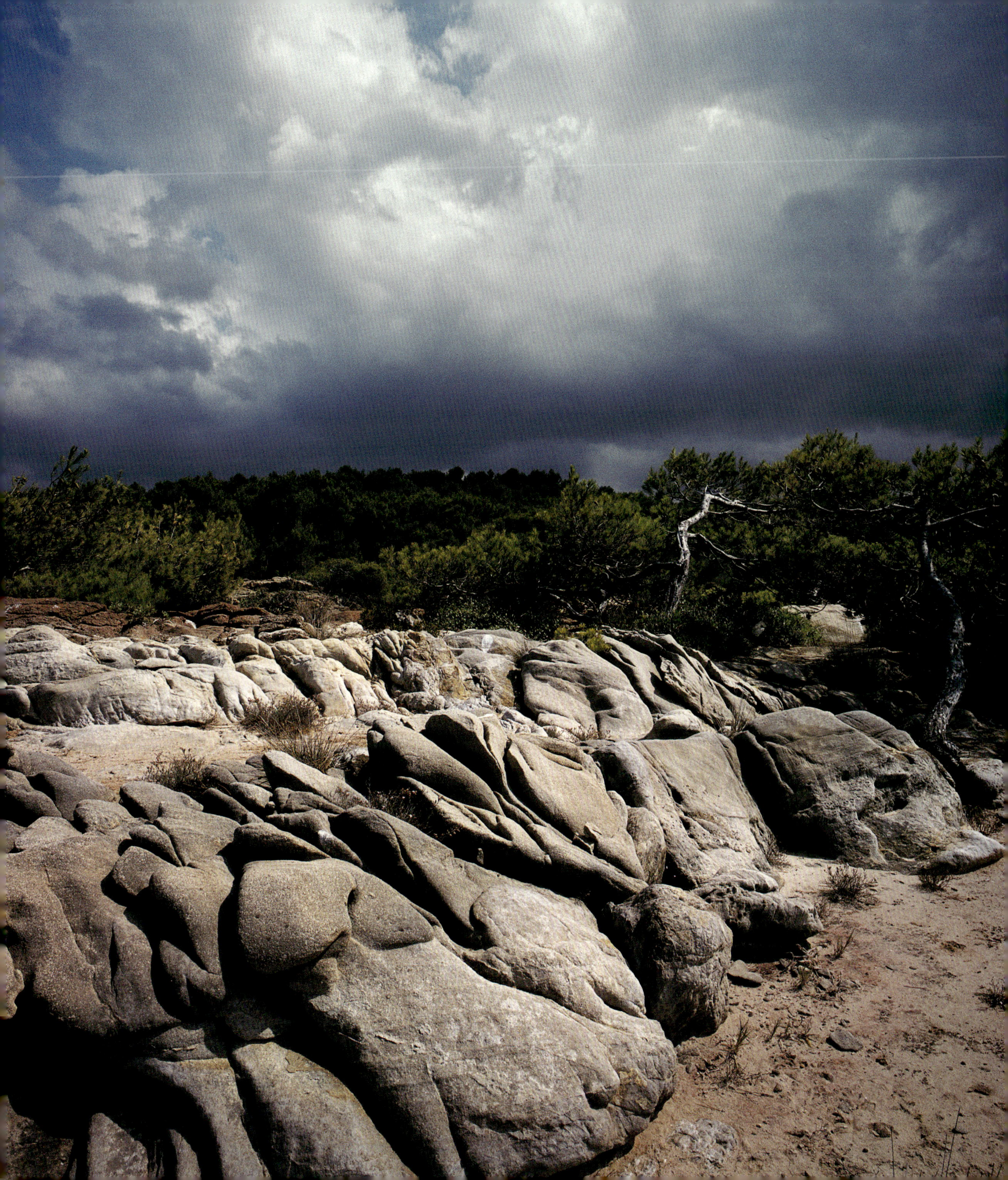

La fotografía, contra lo que muchos creen, es seguramente el arte más difícil, por usar medios mínimos –un "arte sin manos", pero en sentido muy diverso a como soñó tal cosa la estética idealista y espiritualista. Todo se basa en la mirada y la selección, en elegir y eliminar: *per via di levare*, más aún que la escultura en piedra.

Toni Vidal recorre inexorablemente este camino, austero y aun ascético: cuando el paso del blanco y negro al color podría darle un exceso de riqueza, ha querido reducir la temática, dejando lo anecdótico humano, para concentrarse en la textura misma del mineral, de las piedras que, observadas largamente hasta olvidarnos de nosotros mismos, se nos vuelven dramáticas, rebosantes de oscura acción y de simbolismos a medio revelar. No es sólo una educación de la mirada –demasiado acostumbrada hoy día a meros signos convencionales para actuar y circular–: hay aquí una invitación a un auténtico "ejercicio espiritual", al contemplar la revelación de la materia misma, desvelada por este arte en que el artista acepta su propia invisibilidad.

José Mª Valverde
Octubre 1991

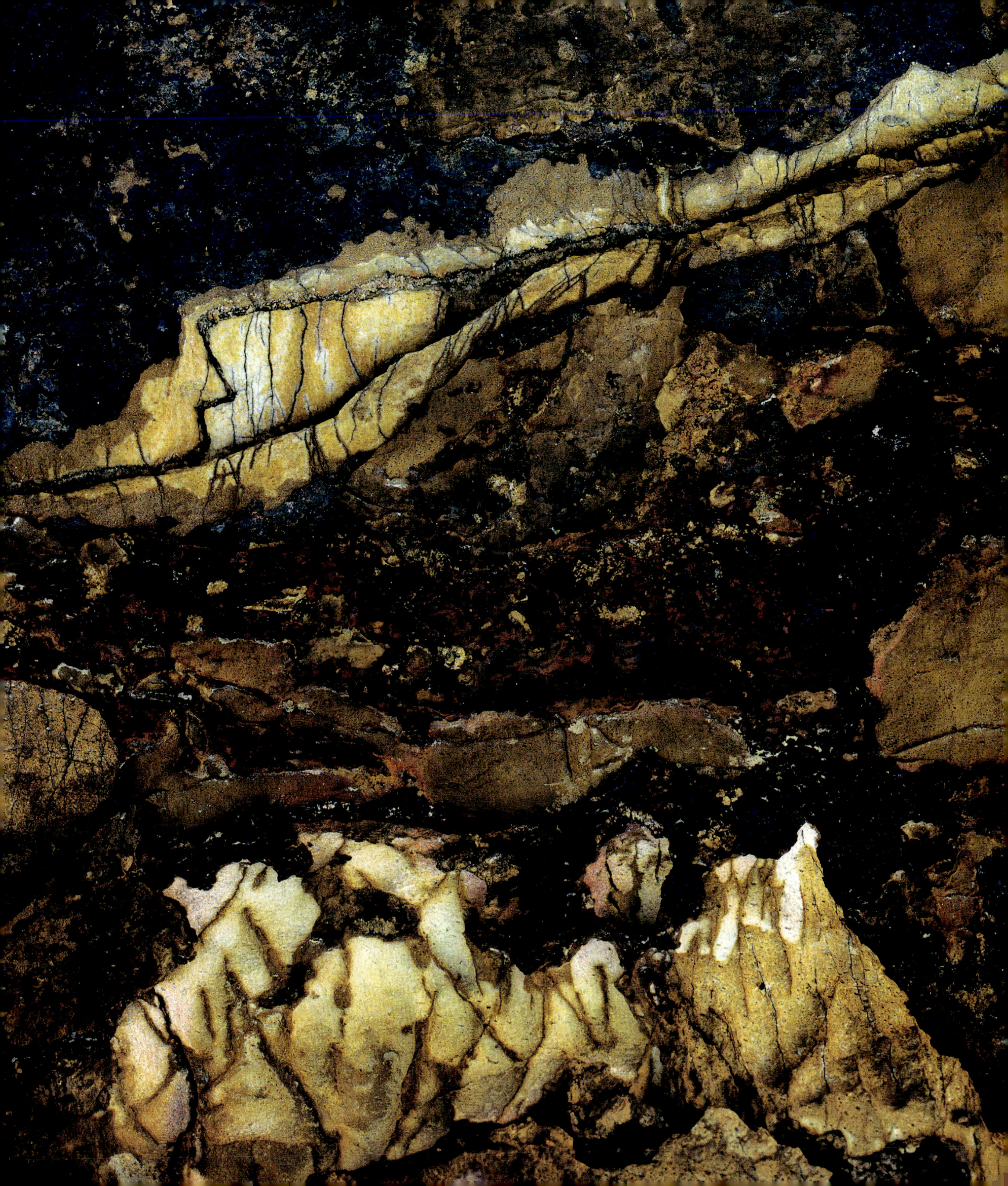

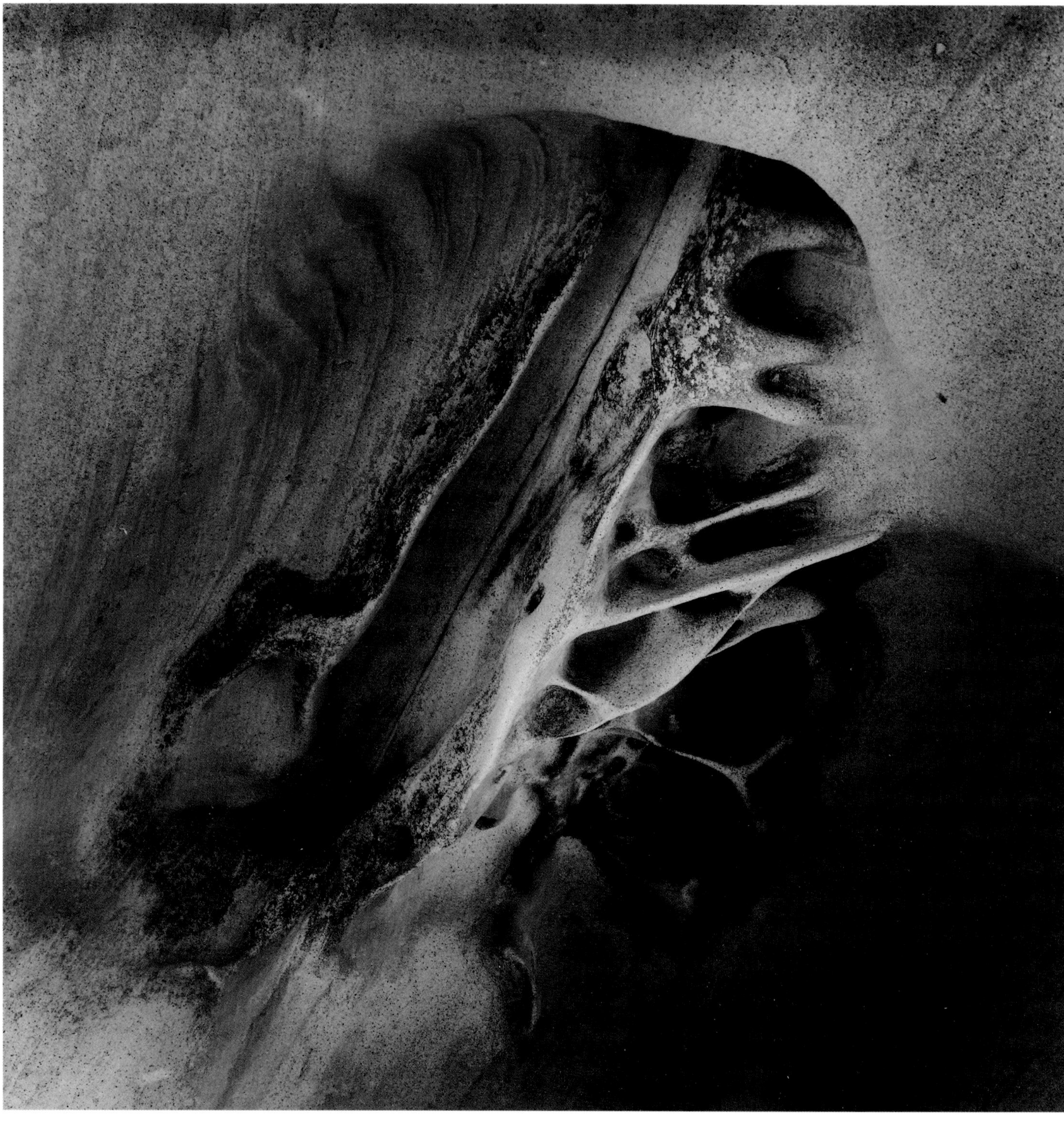

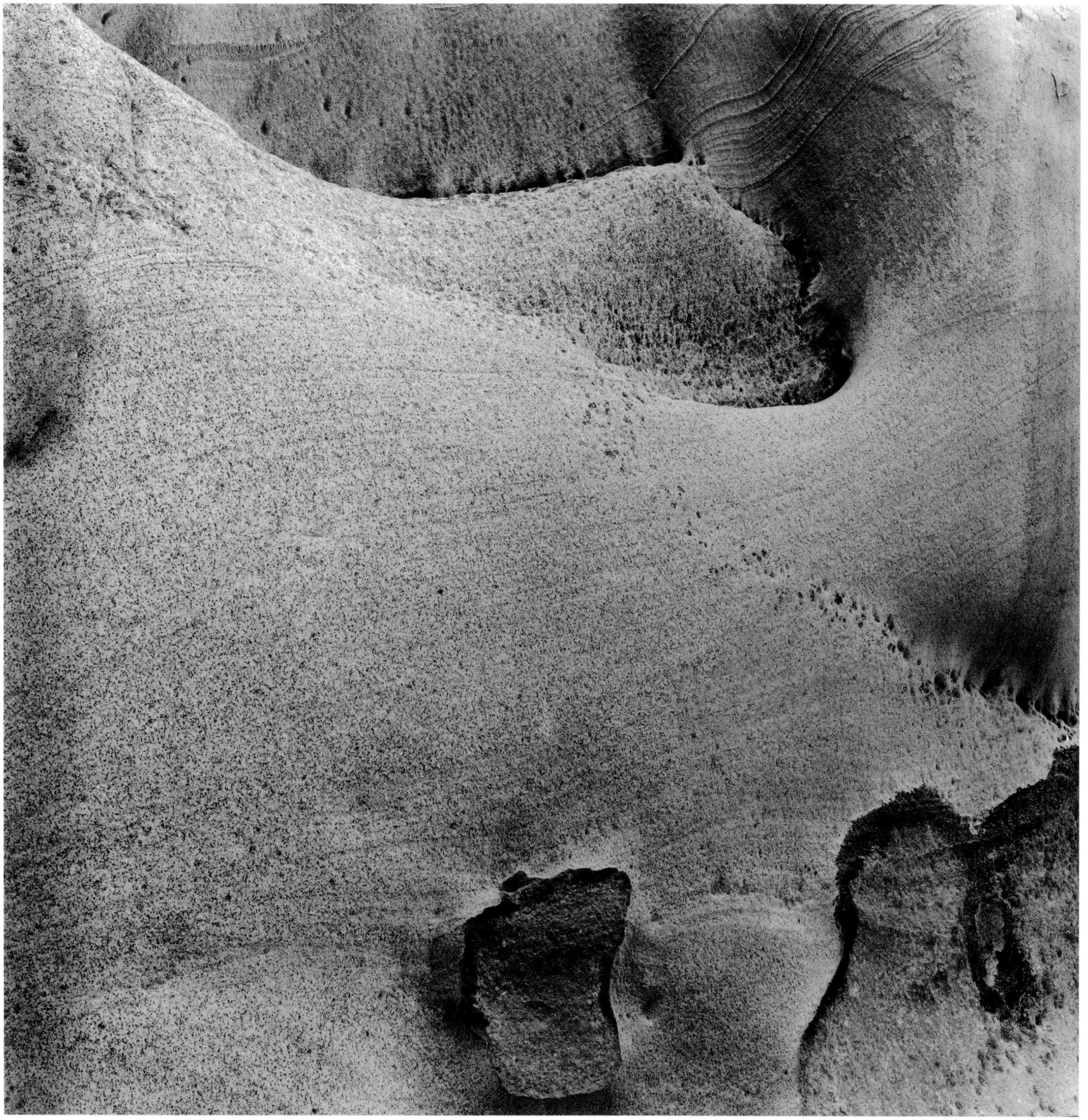

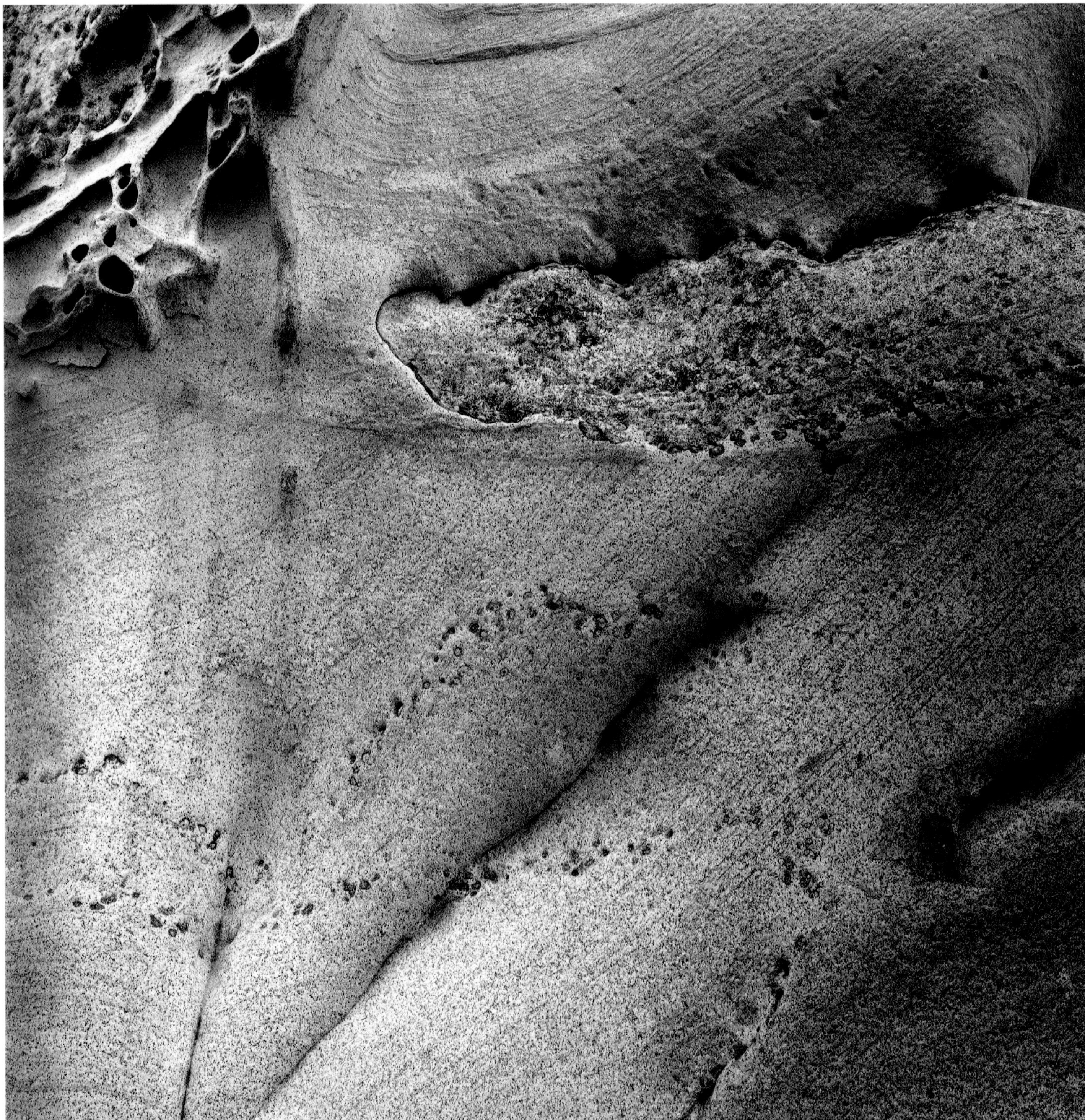

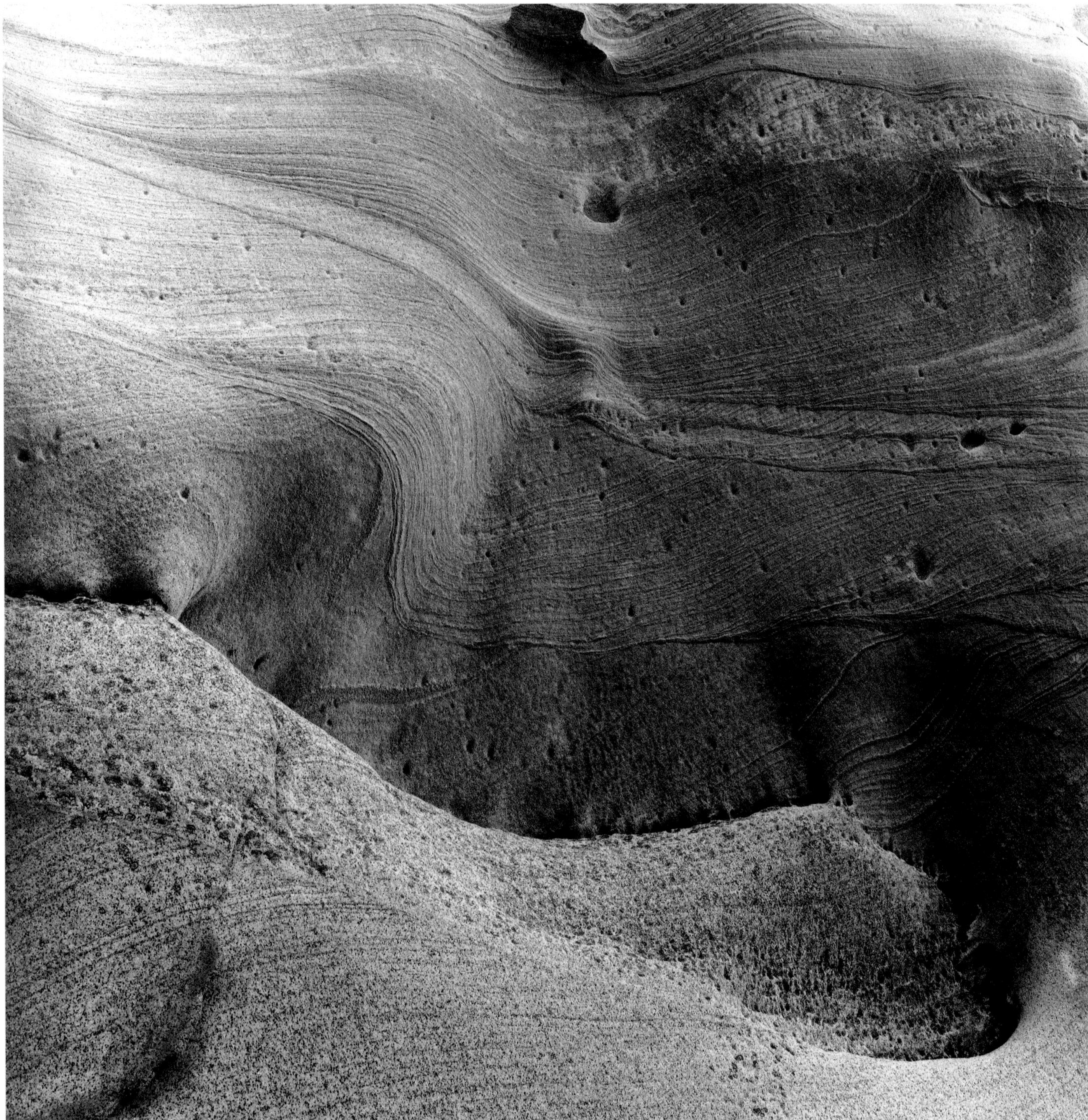

Las piedras de Menorca

Aunque no he estado nunca en Menorca, tengo la seguridad, gracias a las fotografías de sus piedras hechas por Toni Vidal, de que se trata de una isla musical y numinosa; musical, porque en sus formaciones pétreas parecen haberse condensado y solidificado de manera excepcionalmente fiel los prodigiosos impulsos rítmicos que, en una época que sólo soy capaz de imaginar al margen del tiempo y de la eternidad, convirtieron el caos en cosmos, a la materia ciega y muda en iniciación a la vida, dando lugar a que cuanto fue fragor inspirador y modelador de formas tan distintas como semejantes entre sí sea ahora esa música callada, concierto para los ojos y para la imaginación del tacto, que nos maravilla con su juego de líneas, de superfícies y de volúmenes, con las armonías y las disonancias de sus colores y de sus matices, y con unas texturas que van de la extrema suavidad a las más sugerentes y paradójicamente atractivas asperezas, como lo harían un cuadro, una escultura o cualquier otro género de objetos artísticos; numinoso, porque la excepcional calidad de sus rocas y de sus cantos rodados justifica la afirmación hermética de que las piedras crecen a la manera de los vegetales, son maestras de la vida de las plantas, hasta adquirir las cualidades que admiramos, tememos o codiciamos según la diversidad y la calidad de sus múltiples géneros.

Dice el alquimista Miguel Maier en su libro *Atalanta fugitiva*, publicado en el año 1618, que "toda la tierra, luego que se endurece en piedra común o en piedra preciosa, contiene en sí el espíritu lapidífico (...) pues es la causa más próxima del cambio y alteración de la forma", enseñanza que repite de manera todavía más explícita Cyliani, el célebre adepto del siglo XIX, según el cual "la tierra nutre con el espíritu de arriba a los minerales que oculta en sus entrañas". Nutrida, pues, de espíritu, lo espiritual es necesariamente una cualidad de la piedra que sólo el materialismo de nuestra civilización contemporánea ha empezado a ignorar tan sistemática y ciegamente que hoy en dia puede parecer sorprendente que un artista que, como Toni Vidal, se vale de las más refinadas técnicas fotográficas, busque a las piedras, no para hacer arte con ellas a la manera del escultor o del arquitecto, sino para mostrarnos que son ya arte porque en ellas resplandece una chispa espiritual que es el origen y la justificación de su belleza natural. Así, el arte de Toni Vidal consiste nada menos que en descubrir y mostrar a los demás las piedras cuyas cualidades estéticas las acreditan como obras maestras de la inspiración de los númenes o espíritus familiares de la excepcional naturaleza de su isla.

Particularmente inquietantes –y no en detrimento, sino en abono de su hermosura– me parecen los cantos rodados que Toni Vidal ha ido escogiendo y fotografiando por tratarse de aquellos a los que el capricho de los elementos –¿pero hay algo que no sea necesidad en el orden de la naturaleza?– ha ido desgastando, a lo largo de épocas y de eras, de modo que las diferentes capas minerales que los forman se resuelvan en dibujos y en bandas curvas y envolventes que se diría trazados por el pulso seguro de un gran dibujante. Son las que más me inquietan porque me parecen los más bellos betilos imaginables. Betilo quiere decir casa del dios, y se daba este nombre en la antigüedad precristiana a las piedras cuyas singularidades de forma y de color, es decir, cuya personalidad hacía sospechar que en ellas pudiese encontrar morada temporal o permanente una divinidad. Estos betilos de Toni Vidal, ¿a qué ninfas o espíritus, a qué númenes de su isla alojan, de cuáles son morada? Dejadme imaginar que a los que manejan día a día los cuatro elementos para crear y mantener la belleza general de la isla y las particulares de cada una de las obras de arte –pinturas, alto y bajorrelieves, esculturas exentas- que Toni Vidal sabe mostrarnos, invitándonos al hacerlo a que descubramos el secreto, así intuido, de su incomparable y numinosa musicalidad.

Ángel Crespo

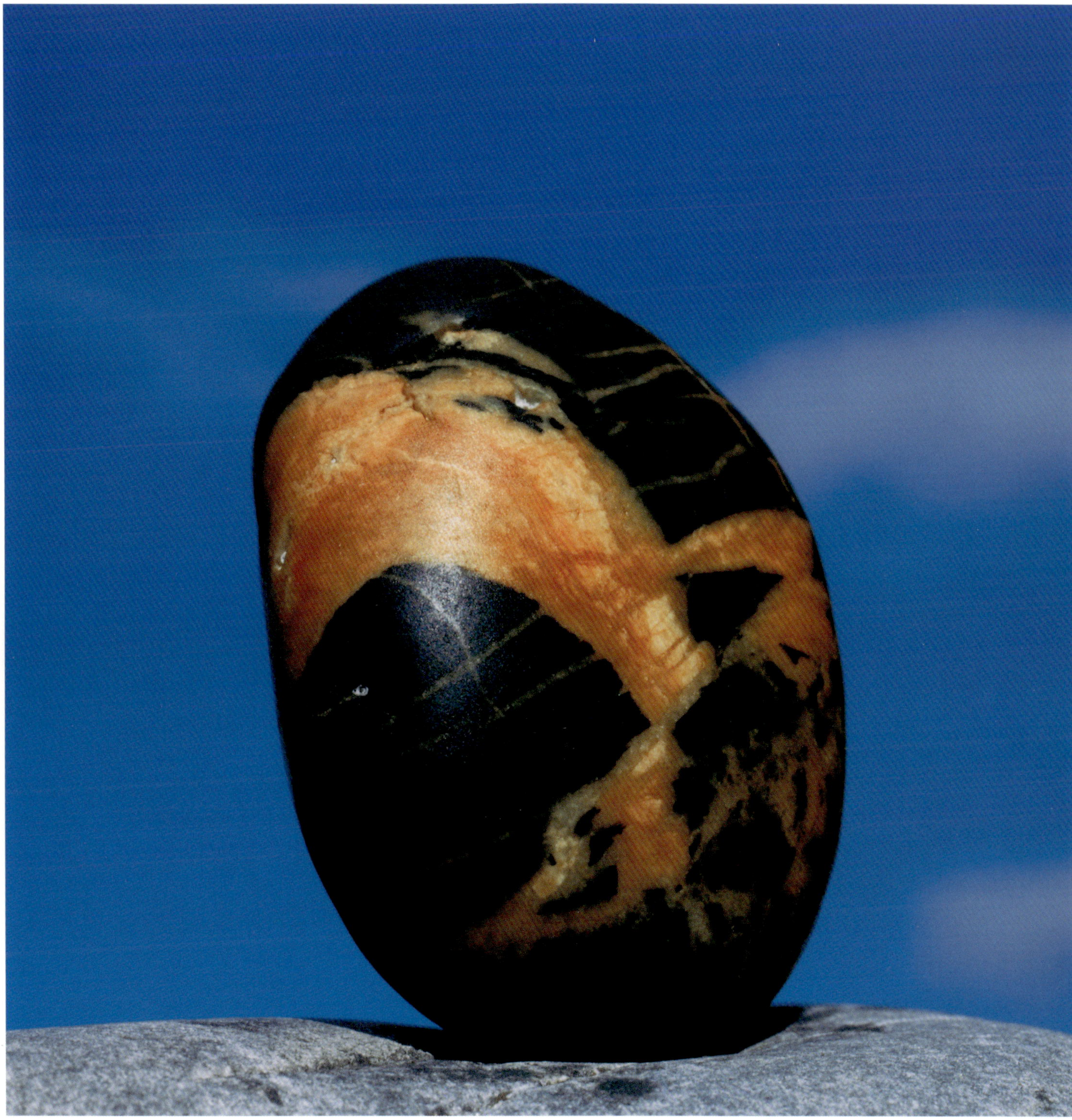

Toni Vidal: Piedras, Mar y Cielo

Toni Vidal dice que el creador de estas piedras es el mar. Pero ¿qué es el arte sino un descubrimiento, un hallazgo, tanto exterior, objetivo, como subjetivo, surgido en el interior del artista? El creador no ha de poner intención: algo, surgido muy de dentro, le empuja a hacer esto o aquello, y la obra de arte surge. En la creación, algo, en nuestro interior, abre paso en el momento oportuno, sólo a medias consciente, porque, en último extremo, la obra se hace, como quien dice, sola.

Pero el mar... El fotógrafo, aquí como escultor, se sorprende por la obra que ha creado. ¿Y el mar, tiene conciencia el mar? ¿Sigue habitando Poseidón entre nosotros? ¿Lo ha encontrado alguna vez Toni Vidal en una de sus fotografias de rocas, mar y cielo, al revelar un negativo? ¿Es efectivamente así, y él lo calla, por respeto y para no turbar el silencio y la paz, cada vez más relativa, de Menorca, por las oleadas de curiosos de todo el mundo que acudirían para ver al dios?

El mar ha configurado esas rocas sin saberlo, sin ni siquiera preocuparse, y podríamos decir, exagerando para ser mejor entendidos, que quien de verdad es el autor de estas sorprendentes esculturas es Toni Vidal. Pasábamos por delante de ellas, caminando o nadando, y no las habíamos descubierto. Él, sí. El creador es un ser humano –y, si lo creemos así, divino– que sabe estar atento. La atención lo es todo. Esas rocas, sencillamente, antes no estaban ahí, no existían. Ha sido Toni Vidal quien las ha hecho suyas en su laboratorio, después de descubrírnoslas en un paseo atento por parajes entre rocas, un mar y un cielo que conoce muy bien. Y seguro que, a pesar de que había sabido ver desde el principio, el primer sorprendido de cómo son, de cómo llegan a ser estas rocas, ha sido el propio artista.

Estas rocas son muy diversas. Las hay que parecen filigranas. El mar las ha horadado, ha abierto su interior y las ha ido acariciando a lo largo de miles, acaso millones de años, hasta dejarlas en este estado. Que no es definitivo. En el futuro, gracias a este gran fotógrafo, unos hombres podrán contar con el testimonio de su estado actual, cuando cataclismos geológicos, y quién sabe si provocados por nuestra misma especie, hayan introducido grandes modificaciones de estos parajes. También esos hombres y mujeres serán distintos. También, si no el mar, el viento o vendaval de ideas y técnicas, más sofisticadas y peligrosas que el mar y las brisas, habrán cambiado el perfil, su presencia exterior y su interior.

Algunas de estas rocas son más o menos antropomórficas. Cuando se trata de rocas de formas muy trabajadas por el mar, el resultado puede ser un tanto monstruoso o amenazador, al menos por lo que tienen de extraño, de inesperado. Sensación de sosiego y equilibrio la dan las amplias superficies rocosas. Aquí, lo que conviene advertir son las calidades de los colores y tonos –tonos tostados, ocres, rojos, con grises y vetas de blanco–, en contrastes y transiciones delicadísimos. Color y tramas, que podemos llamar dibujísticos, crean conjuntos de gran belleza.

Y están también las fotografías en que la presencia de las rocas queda eclipsada por la del mar. Son unas imágenes soberbias, en las que el azul y el verde de las aguas contrastan con el azul más claro o los grises y matizados blancos de los cielos. Y en todas ellas juega un papel esencial el blanco de la espuma. Nunca habíamos visto hasta ahora, nos decimos, un blanco tan luminoso. Unas veces, en una explosión de luz, entonado, emborrachado otras con el azul y el verde. Todo es juego, lucha y amoroso abrazo de la luz y la oscuridad. ¿Cuántos pintores han sabido trasladar al lienzo estas pinceladas que ha dado el mar, en el romper de sus olas o en la conciliación de la luz y la sombra del atardecer?

El mar, aquí, y el fotógrafo, como observador-creador, han actuado como pintores de una gran sensibilidad plástica. Lo comprobamos también en las sugestivas y sorprendentes grietas producidas por las fracturas y en las diferentes capas. Estas líneas son a menudo curvas y también rectas –¿quién ha dicho que en la naturaleza no hay rectas?–. Las fallas geológicas, sobre todo, ponen de relieve lo traumática que puede ser la acción de la naturaleza. Pero encontramos asimismo zonas suaves, incluso serenas, donde se respira la paz que es capaz de ofrecer esa misma naturaleza cuando se halla conciliada consigo misma.

Humanizaríamos en exceso si dijésemos, metafóricamente, que el mar ha obrado con suma paciencia y que no le ha importado –¿què es lo que importa a la naturaleza, si le importa algo?– que transcurrieran miles, millones de años, para realizar estas formas, estos calados, estas superfícies pintadas, dignas de los mejores museos. Lo ha hecho el mar, y ahí está. Pero el haber sabido descubrir estas rocas y la manera tan creativa como profesional de hacérnoslas ver a nosotros es creación de Toni Vidal, y cada una de estas fotografías es una verdadera obra de arte.

José Corredor-Matheos

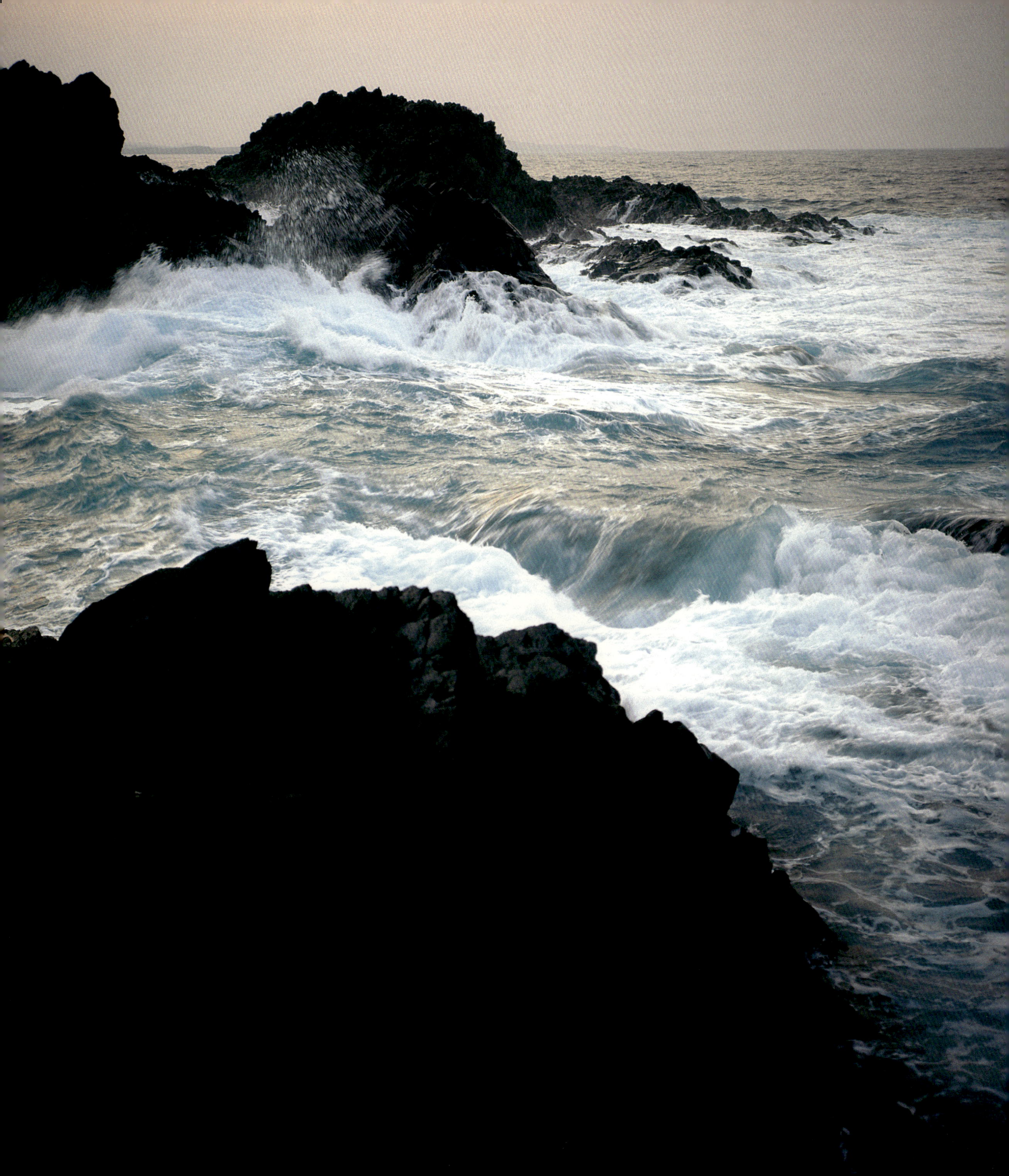

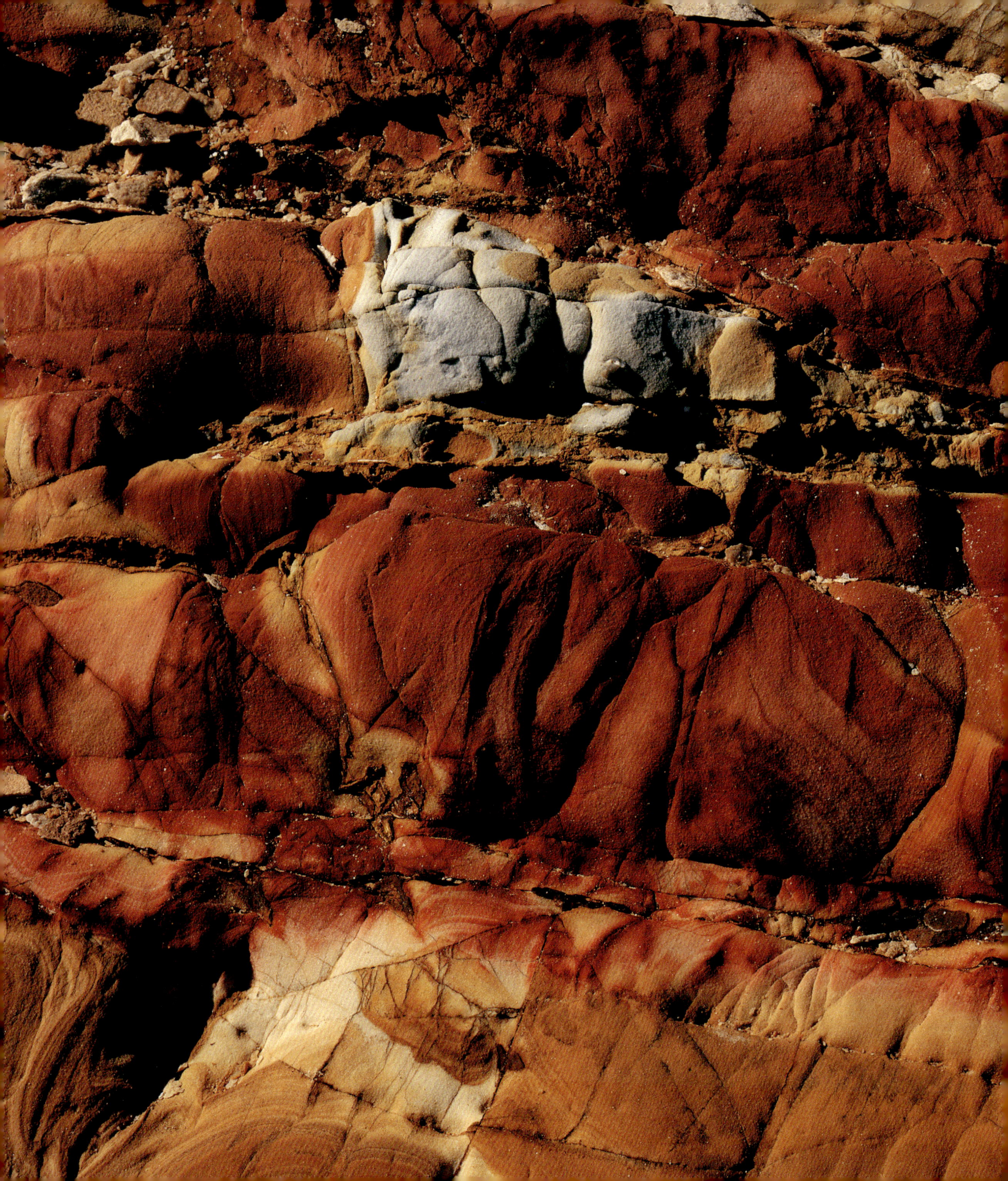

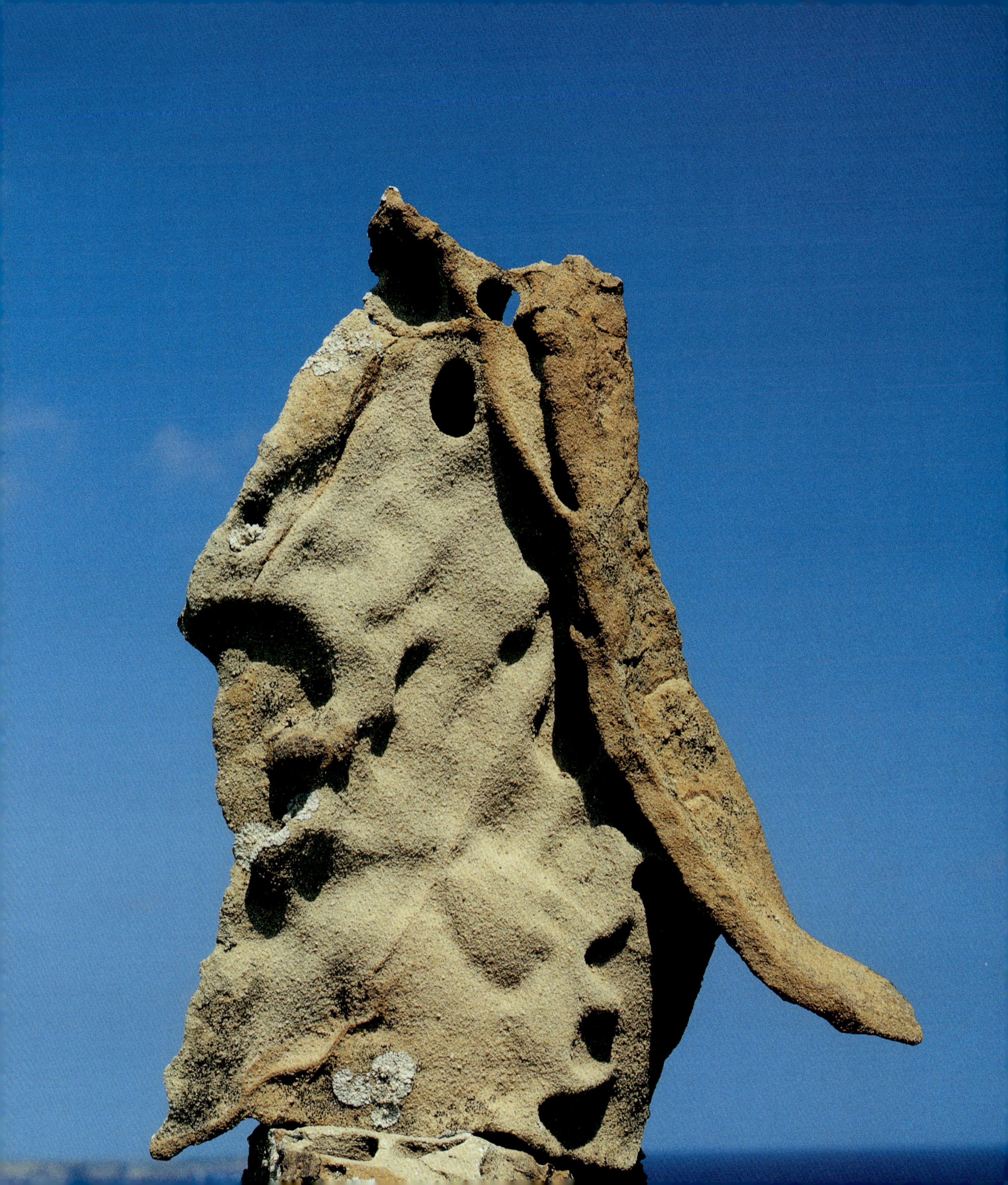

Roques

Aquí la mar se'ns
presenta brava i altiva
batent amb força contra
les roques rogenques i
grises, plenes d'estries
que, impàvides,
s'alcen contra vents i
tempestes, contra pluges
i sols massa ardents
i llunes plenes que
les omplen de presagis i ombres.

Però així fustigades elles també
lentament es trenquen,
s'esmicolen, s'esberlen
i a poc a poc esdevenen rocs,
pedra, arena, pols
que el vent i el mar
s'emporten.

Montserrat Abelló
Barcelona, març 2001

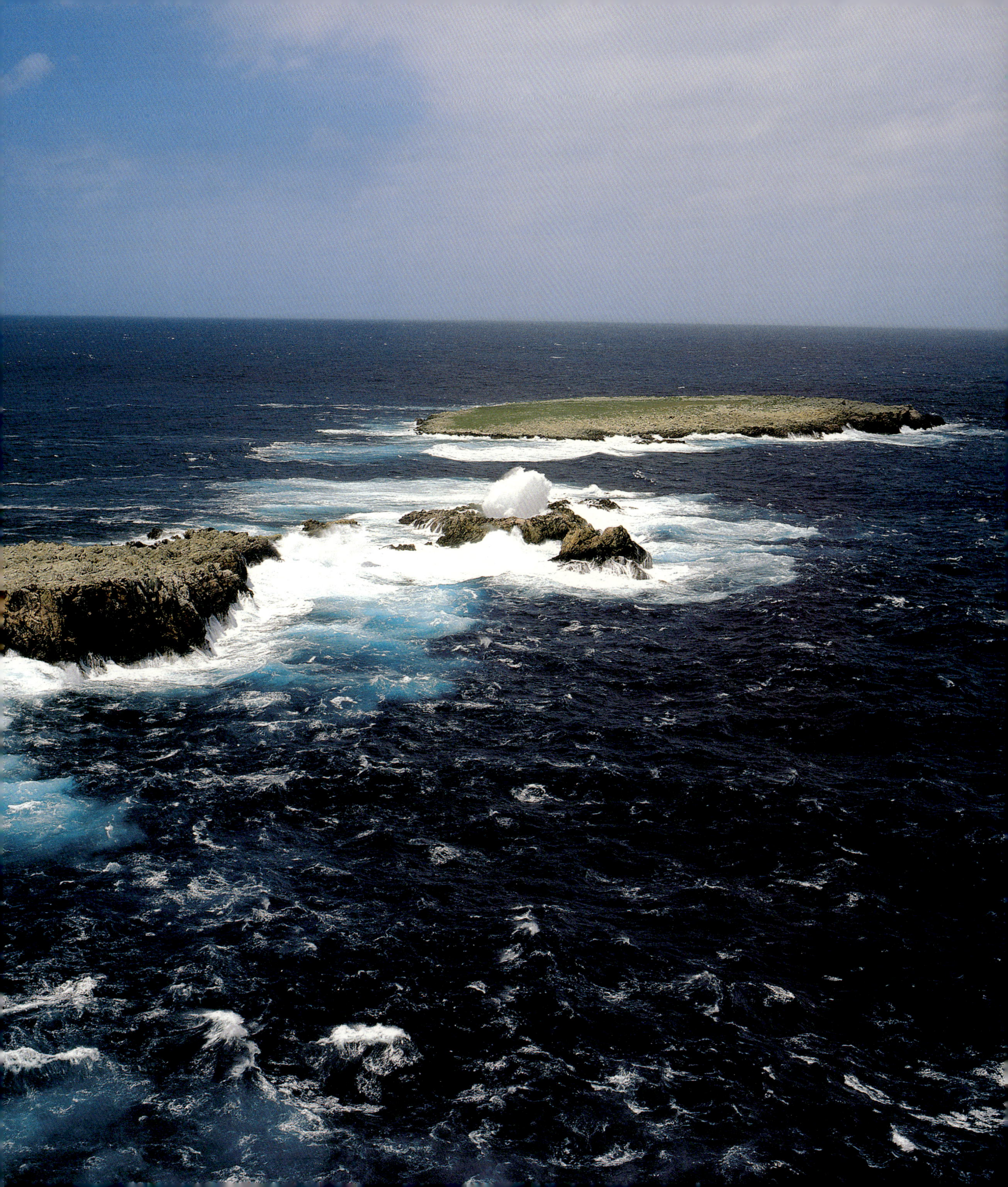

Poetes estimats, estimades!
En les llargues nits,
quan lentament m'acuiten
les diàries certeses
de dolor i solitud
i el regust agre de la fruita macada,
obro els vostres llibres
de mots espaiats
i la vostra solitud m'acompanya.

Cors abocats sobre el meu cor,
sou només paraules poderoses.
Certes com la pedra i vives!
Tanta cobejança en tinc,
que en sóc avara.

MONTSERRAT ABELLÓ

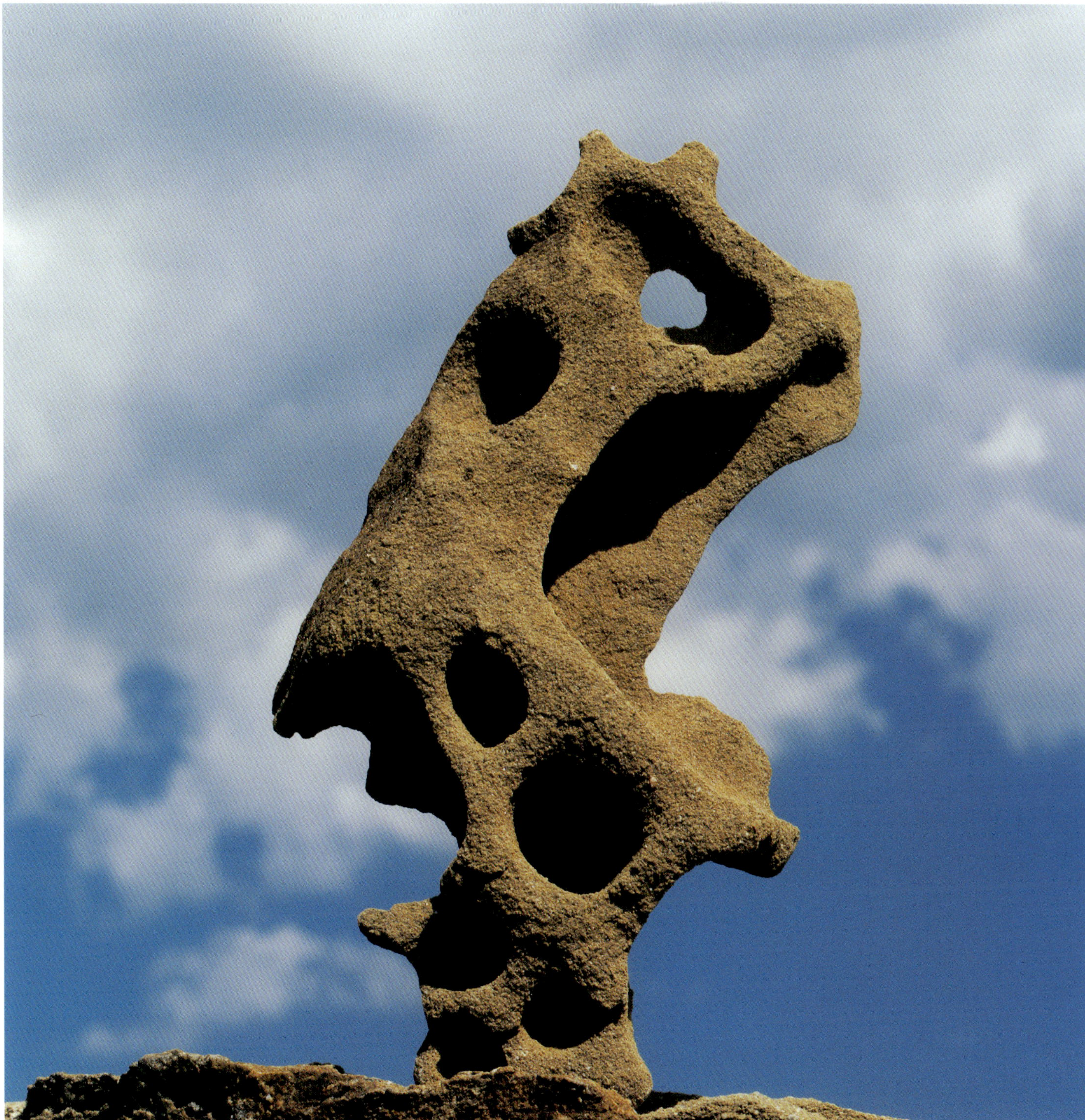

Geognosia

Para Toni Vidal

En el pensar está la forma, el sol
que existe porque da dureza al muro.
En la nada del aire está el pensar.
No hay árbol que no venga de una noche.
Lo escrito está en las cosas, cuanto sé
lo he tomado del río prolongado
al resonar del puente y de los seres
que esperan a que el agua les relate
aquello que no cuentan de sí mismos.
En el pensar está el final del cielo.
Lo que vive en los ojos, duerme a solas.
El infinito, su caída en ti,
es un dueño que tiene posesiones
en cualquier fosa de esta primavera.
Una a una las rocas, una a una,
son los nudos que arrastran superficies,
el relato de Job hecho a los mares
para ceñir su nave hacia la forma.
Y esas rocas, que van contrapesando
el mundo, están en todas las balanzas
que igualan nuestra compra de estar vivos,
el pensar del vacío en su volumen.

Ramón Andrés

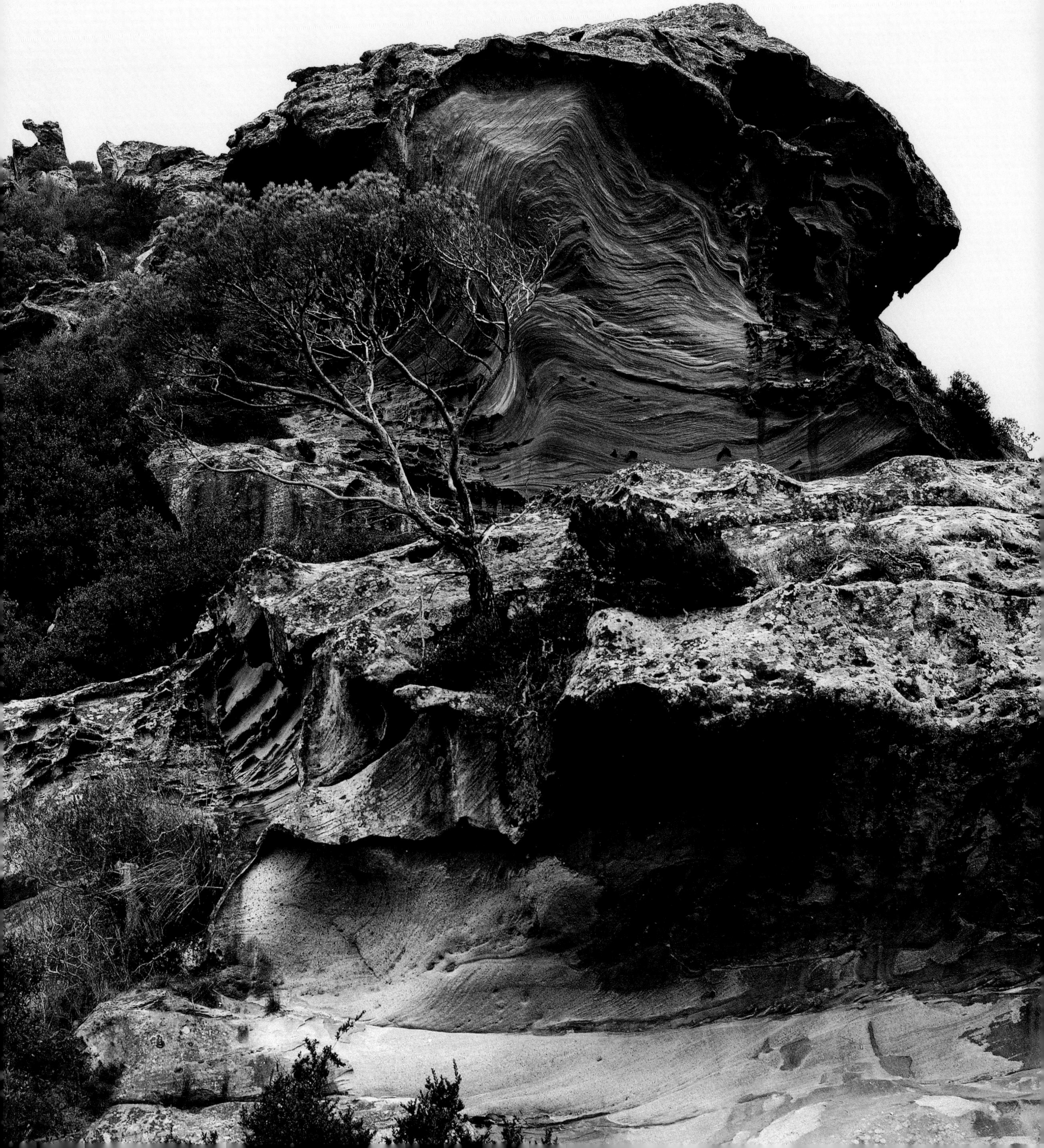

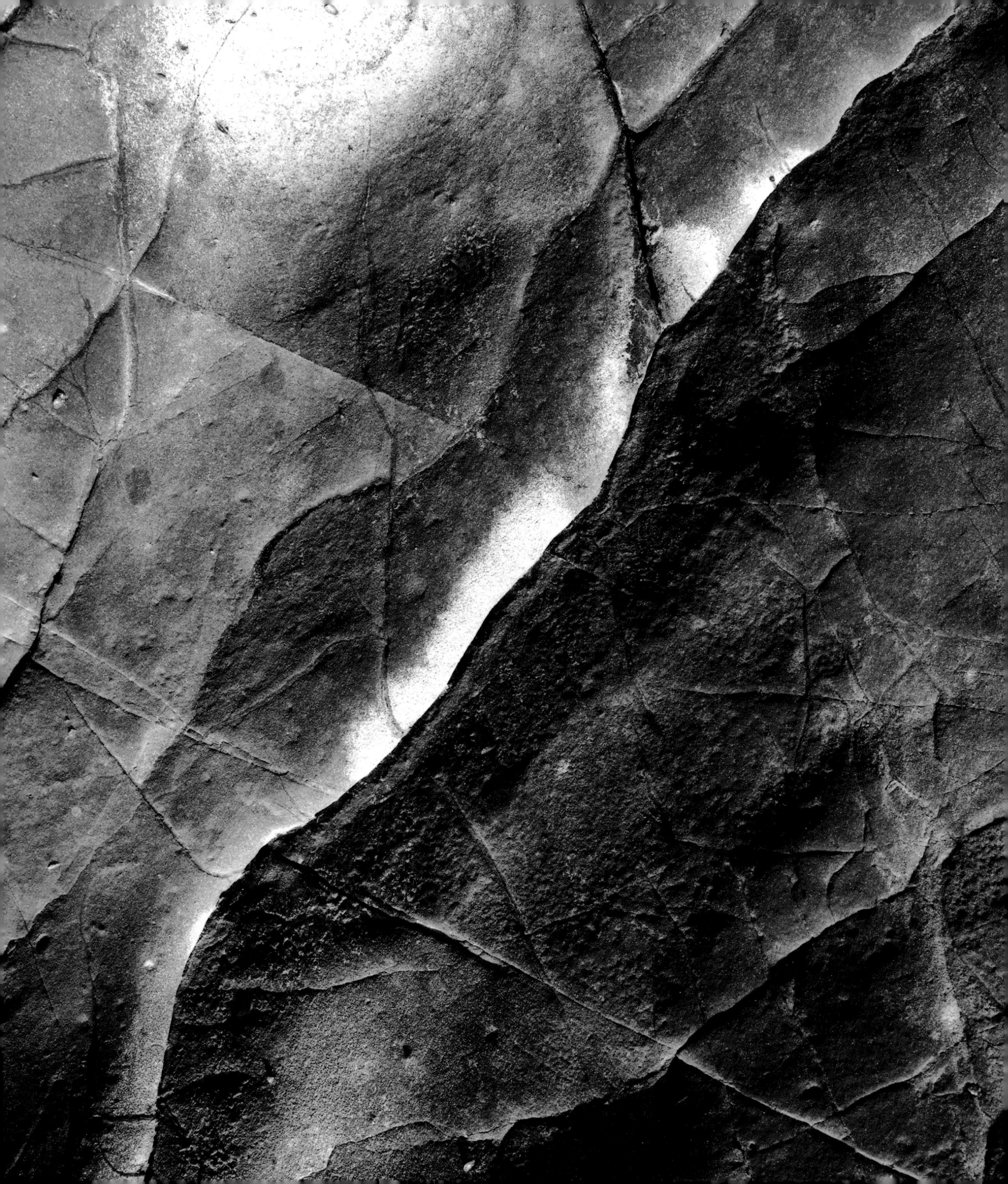

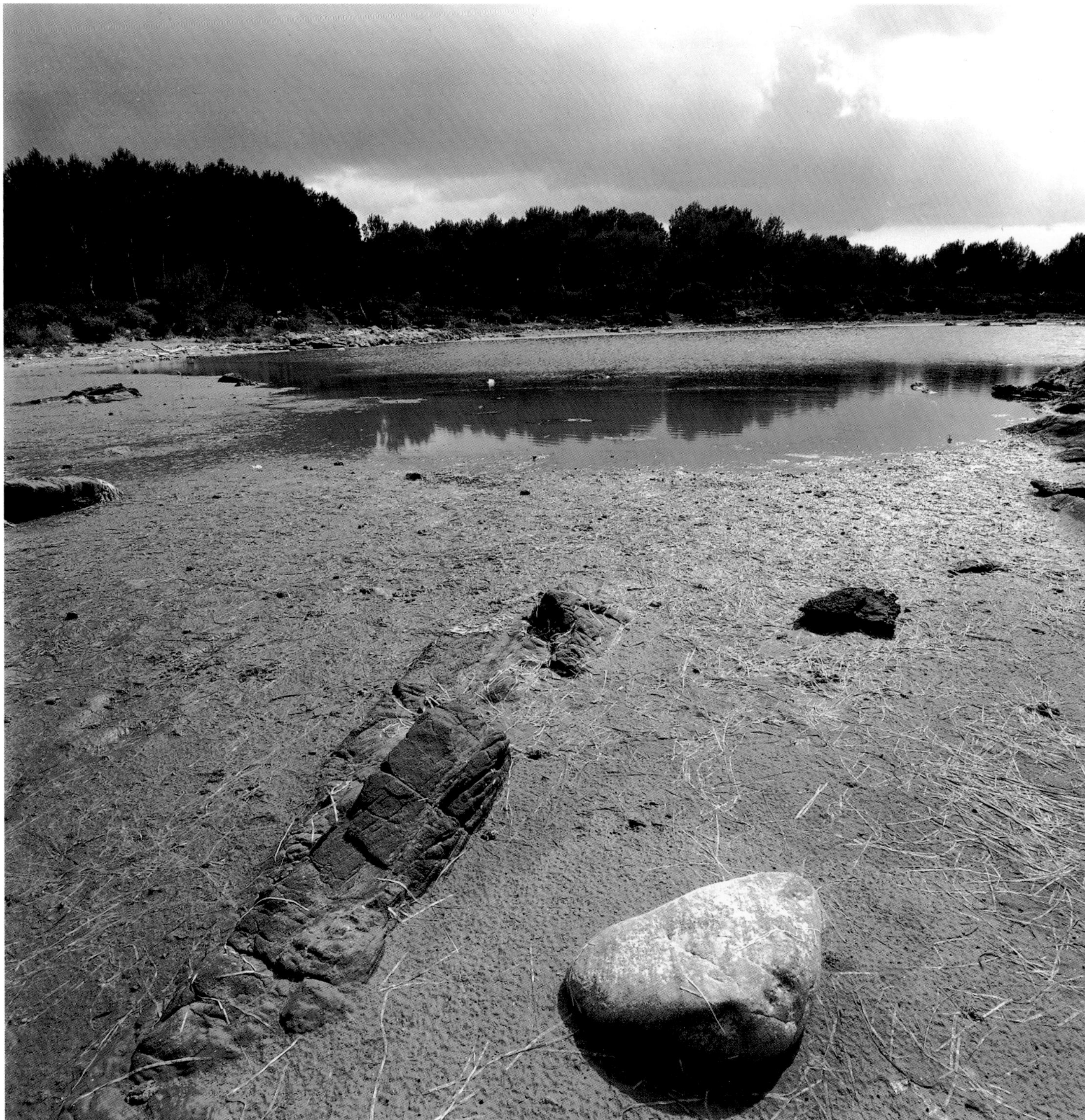

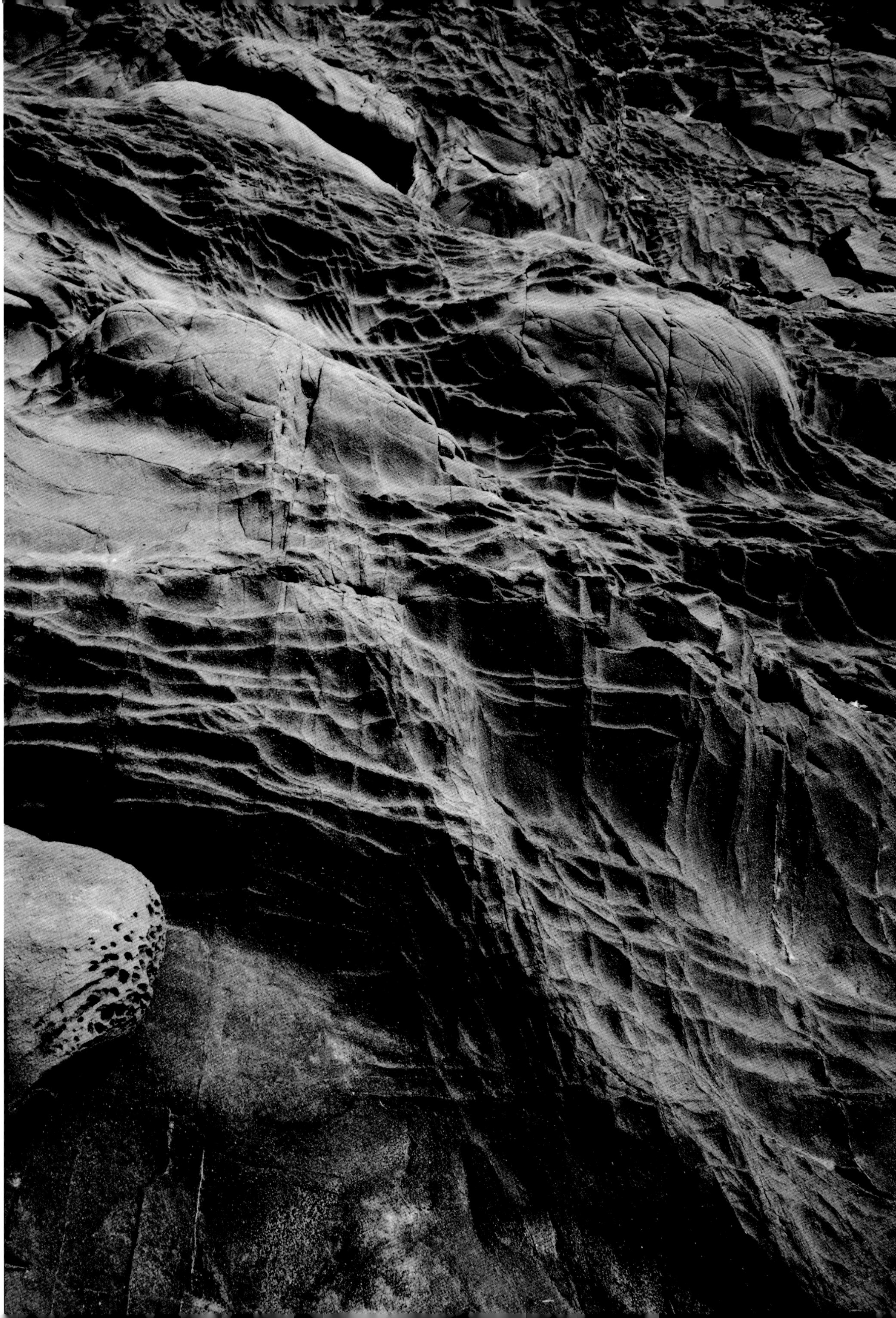

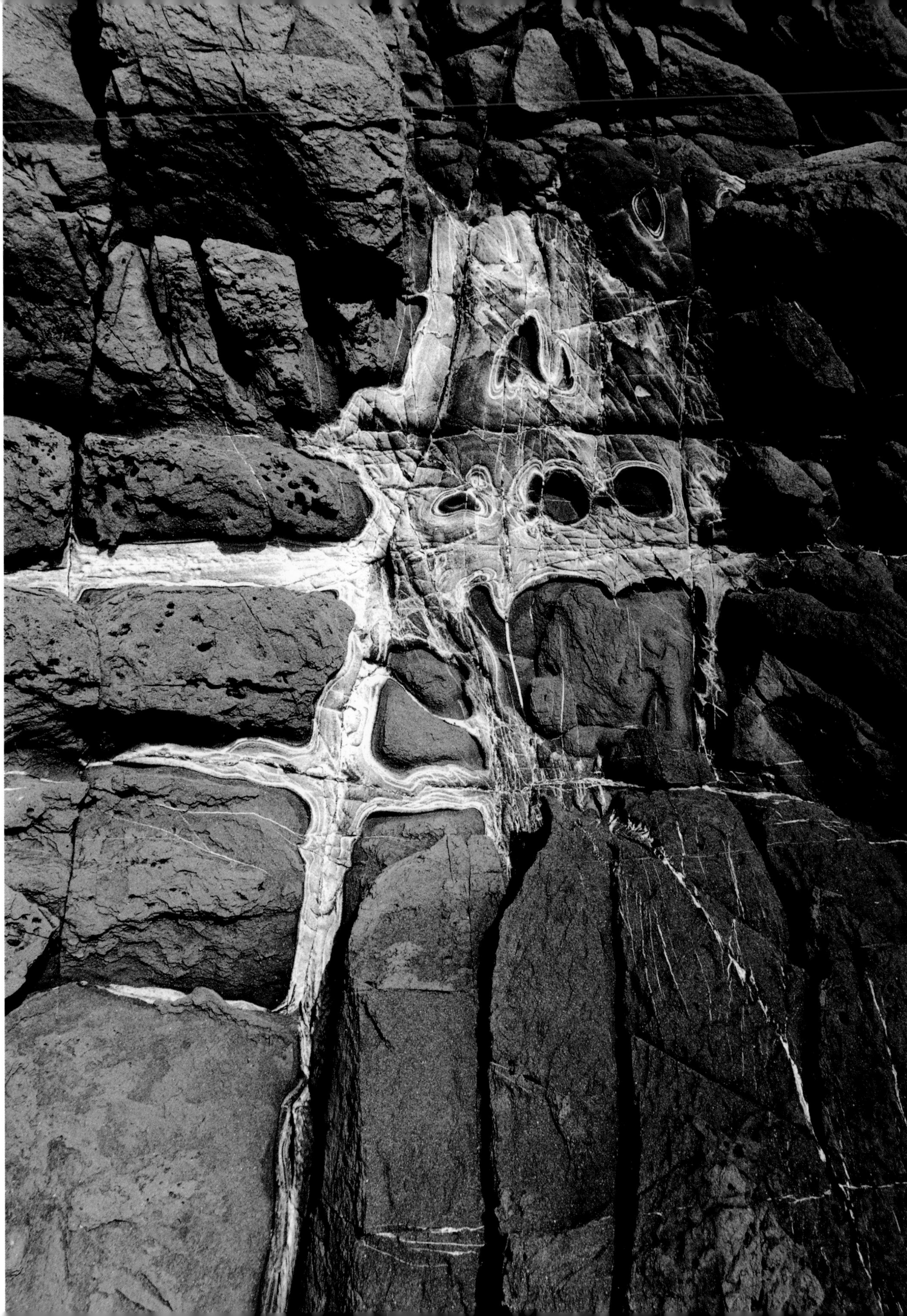

"... únicament anhelar esser pedra
en aquell lloc on s'entrecreuen el segle i el segon,
no esser més que un punt en aquesta pàtria que s'anomena lluny."

Joseba Sarrionandia

Com en els macars
de petjada inèdita
cercam tots on agafar-nos,
on poder esser.
Però de la identitat de les pedres
res de res:
l'ànima se'ns insinuarà amb raigs ultraviolats,
inútils per a nosaltres.
I en un lloc del món
dues persones
inventaran espurnes,
talment pedres fogueres
que s'ignoraven,
dissimulant-se d'ells
per no fer trémer
ni la sort de saber-se.

Joel Bagur

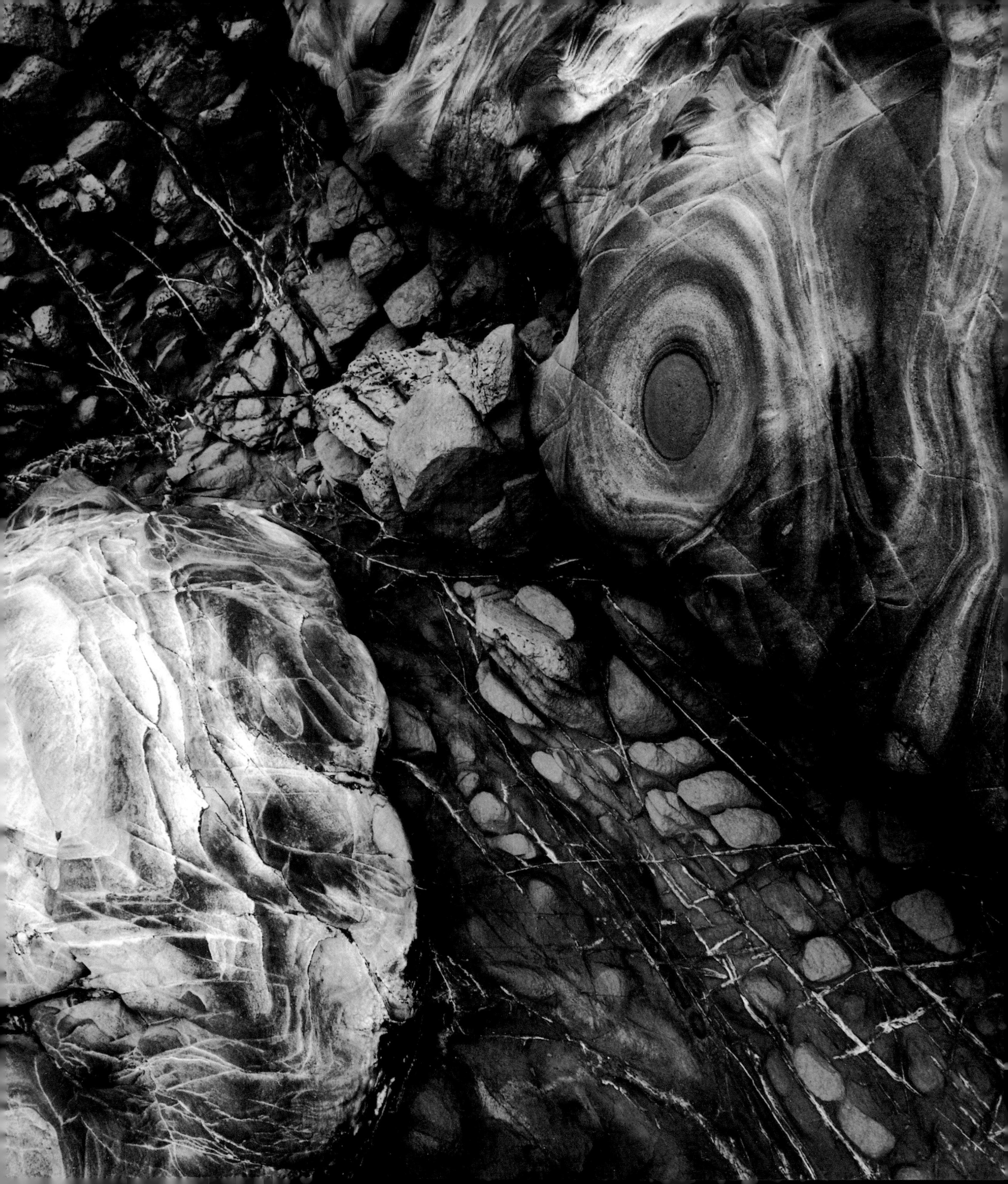

Són els amics

Són els amics;
la forma arrodonida de les pedres
que fan en el camí
la soledat més àgil
i el carruatge de l'abandó
més noble.

MARGARITA BALLESTER

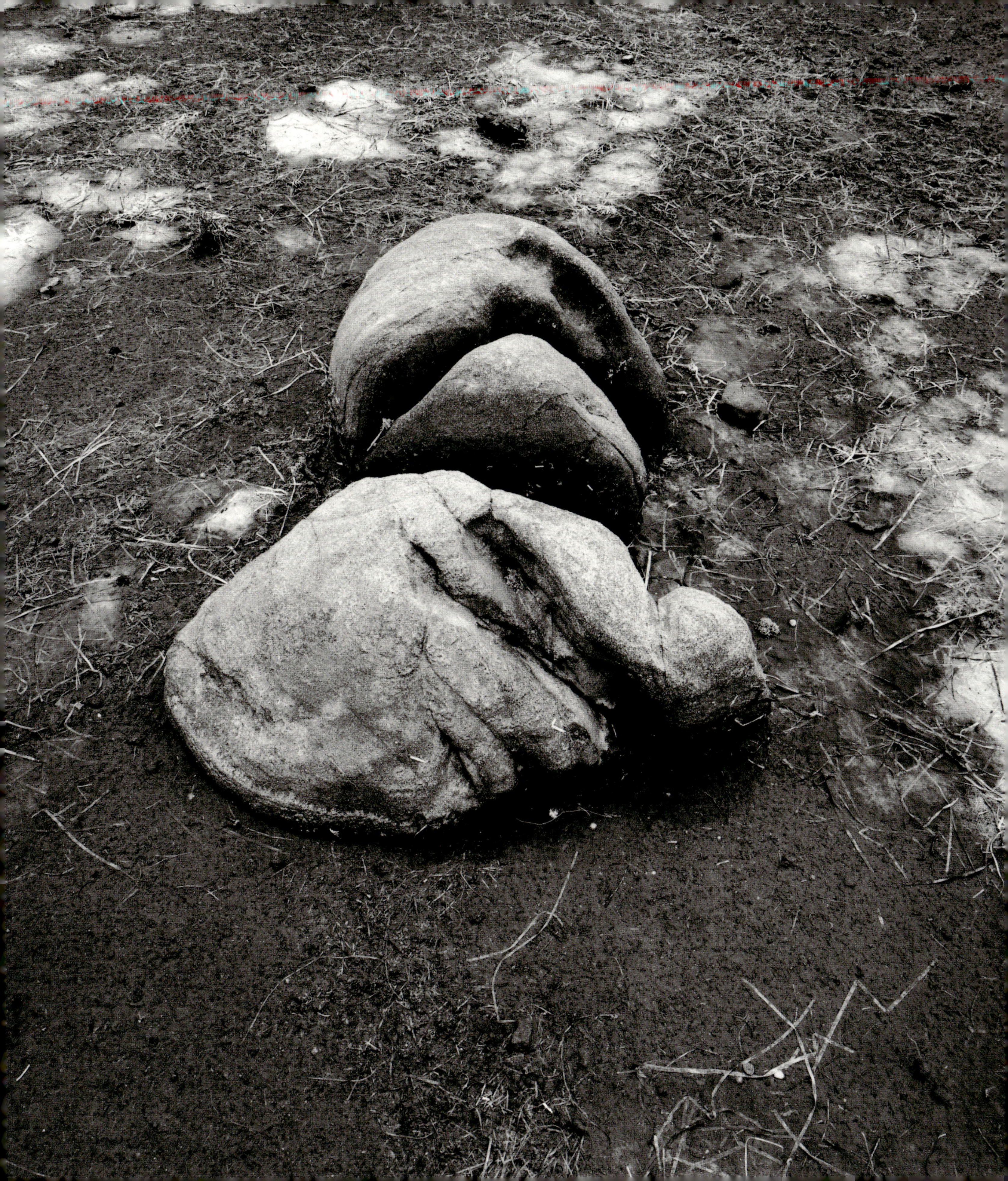

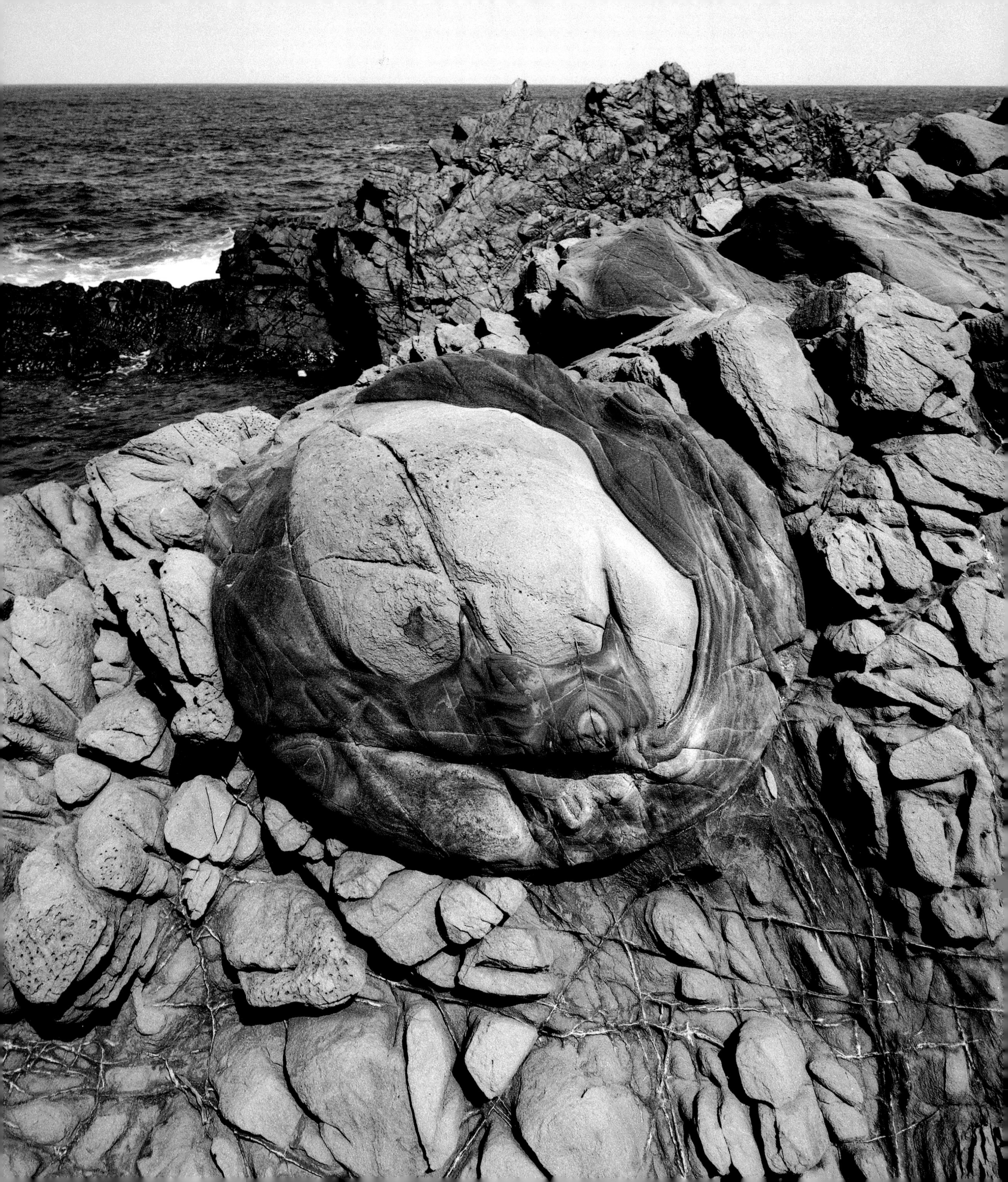

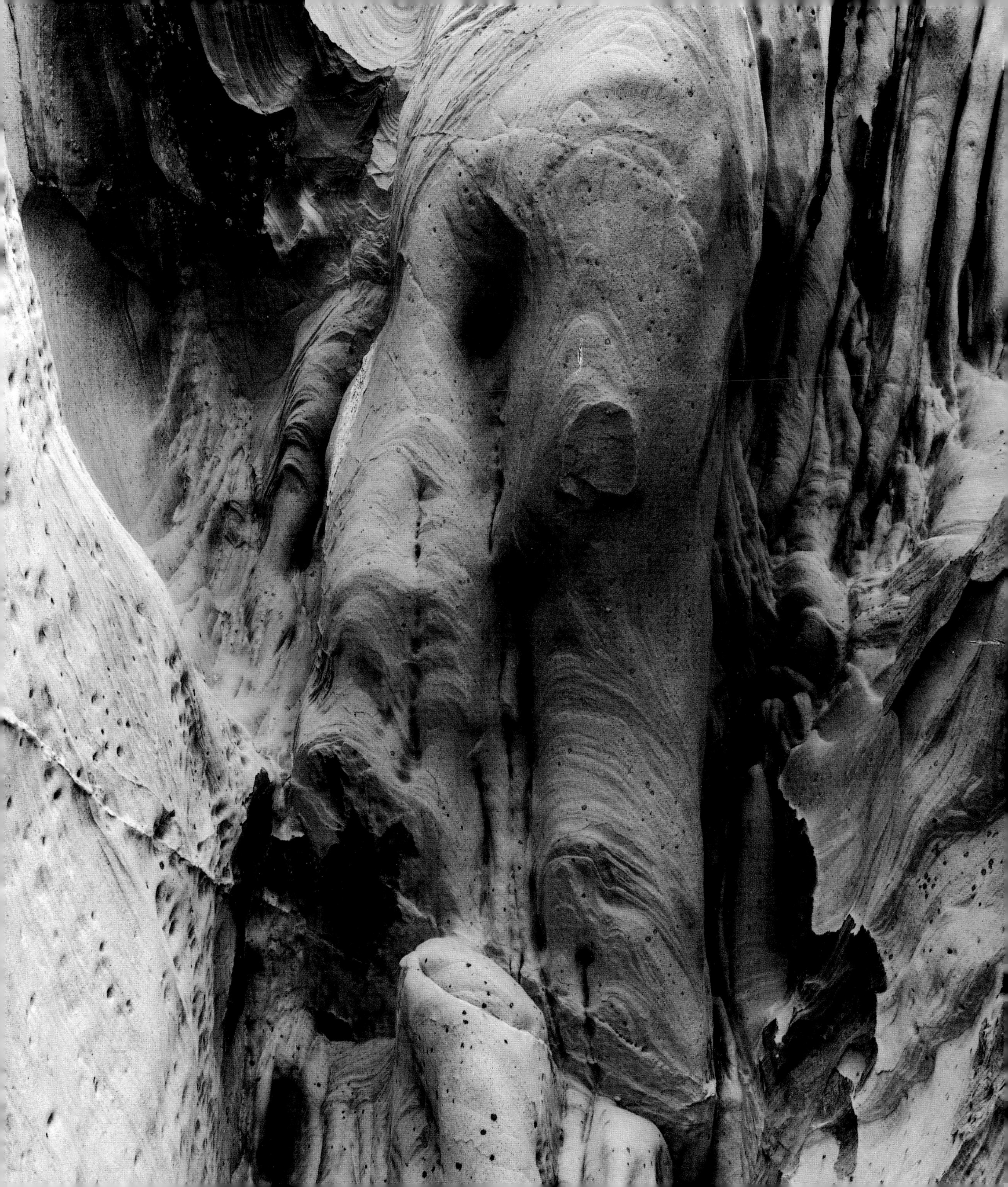

Litosfera

Un alè llarg de tramuntana
i l'obstinada salabror
de les onades, les gavines...
Niells, secanys i farallons,
l'embat del vent, i el de les ones.

L'embat del vent, i el de la pluja,
damunt de quers i esbaldregalls,
el pas ferrat de l'haveria
entre cairells i grenys i esqueis,
l'escalf del sol a les cadolles
o uns peus menuts, dins les avarques,
per les codines i els fiters.

August Bover

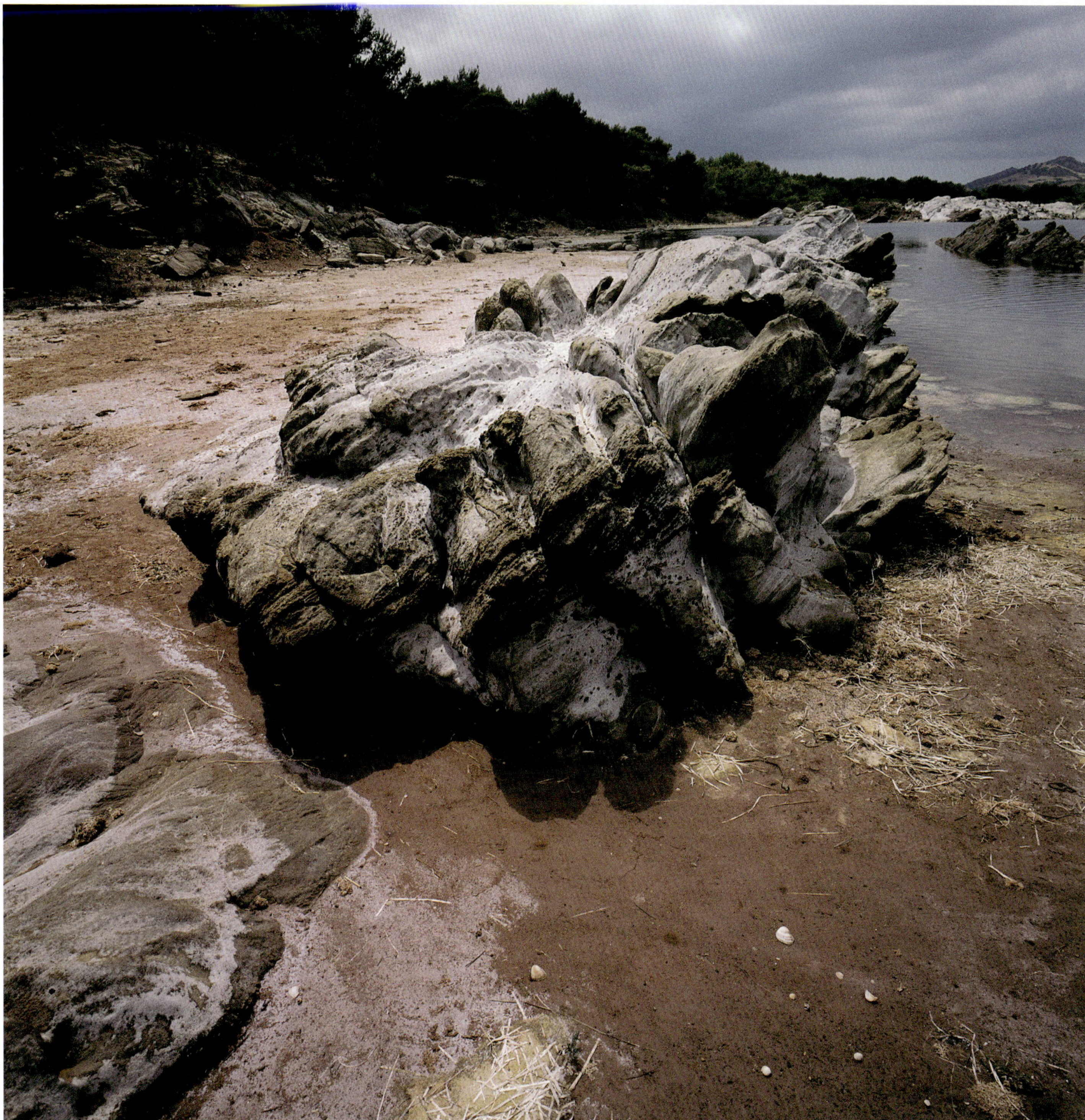

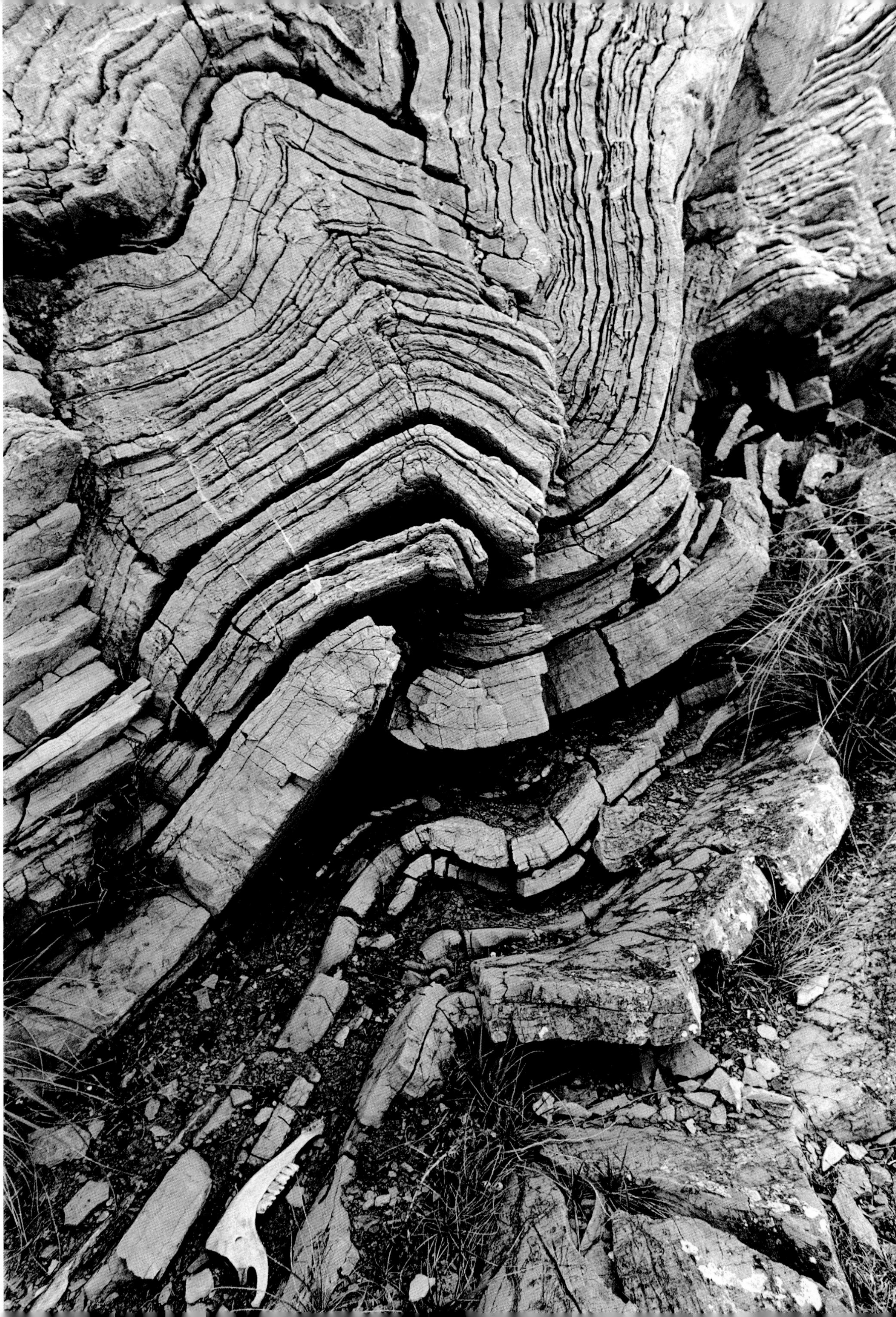

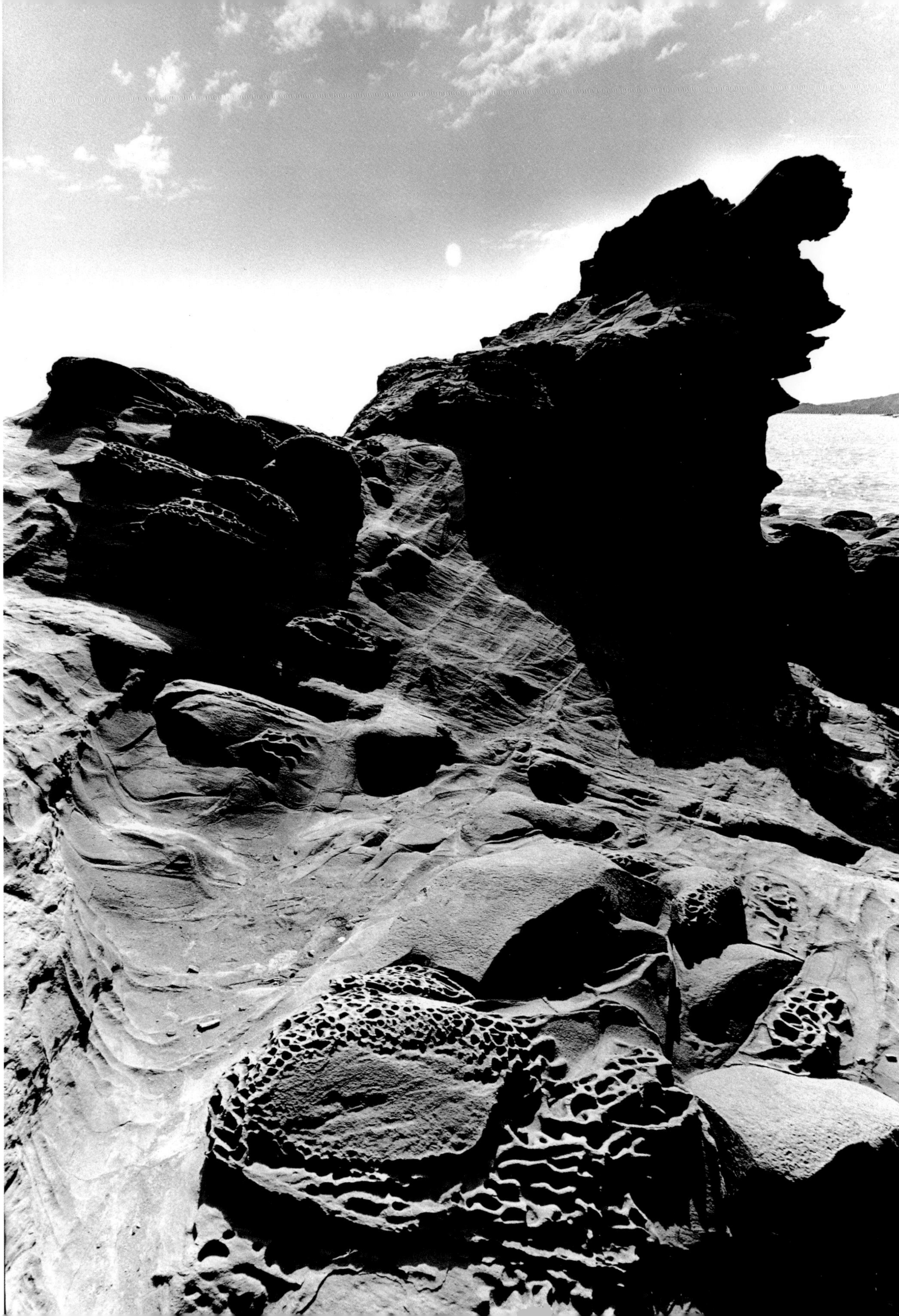

Nocturn

Amor,
aquest poema
et posa als llavis precisament el
mot que ha de ser callat.

Els signes
consisteixen en uns traços gravats
profundament a la roca més dura
i que han estat coneguts perquè
durant segles i segles els homes
han tornat a gravar les mateixes
ratlles a les mateixes
roques.

Joan Brossa

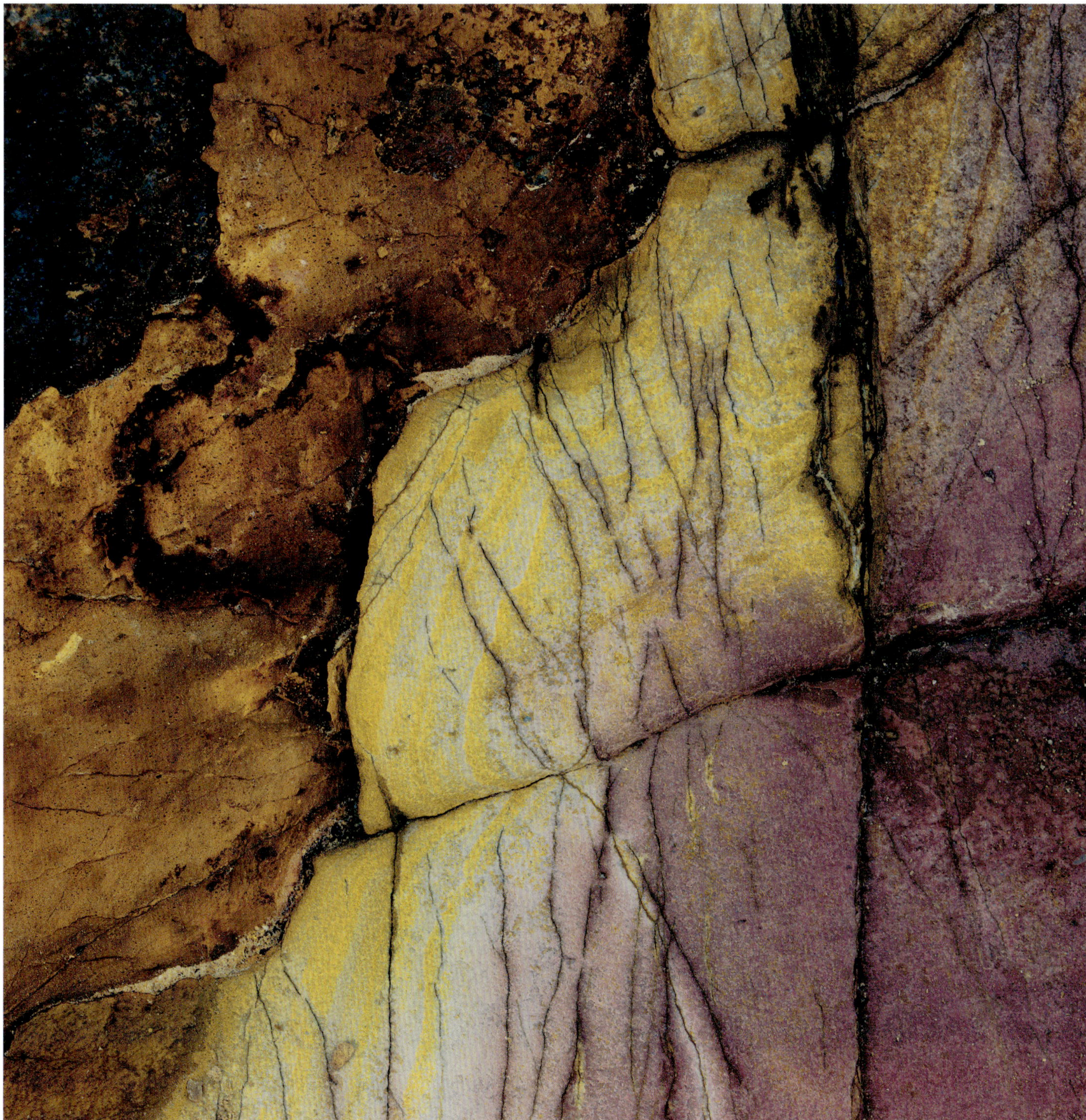

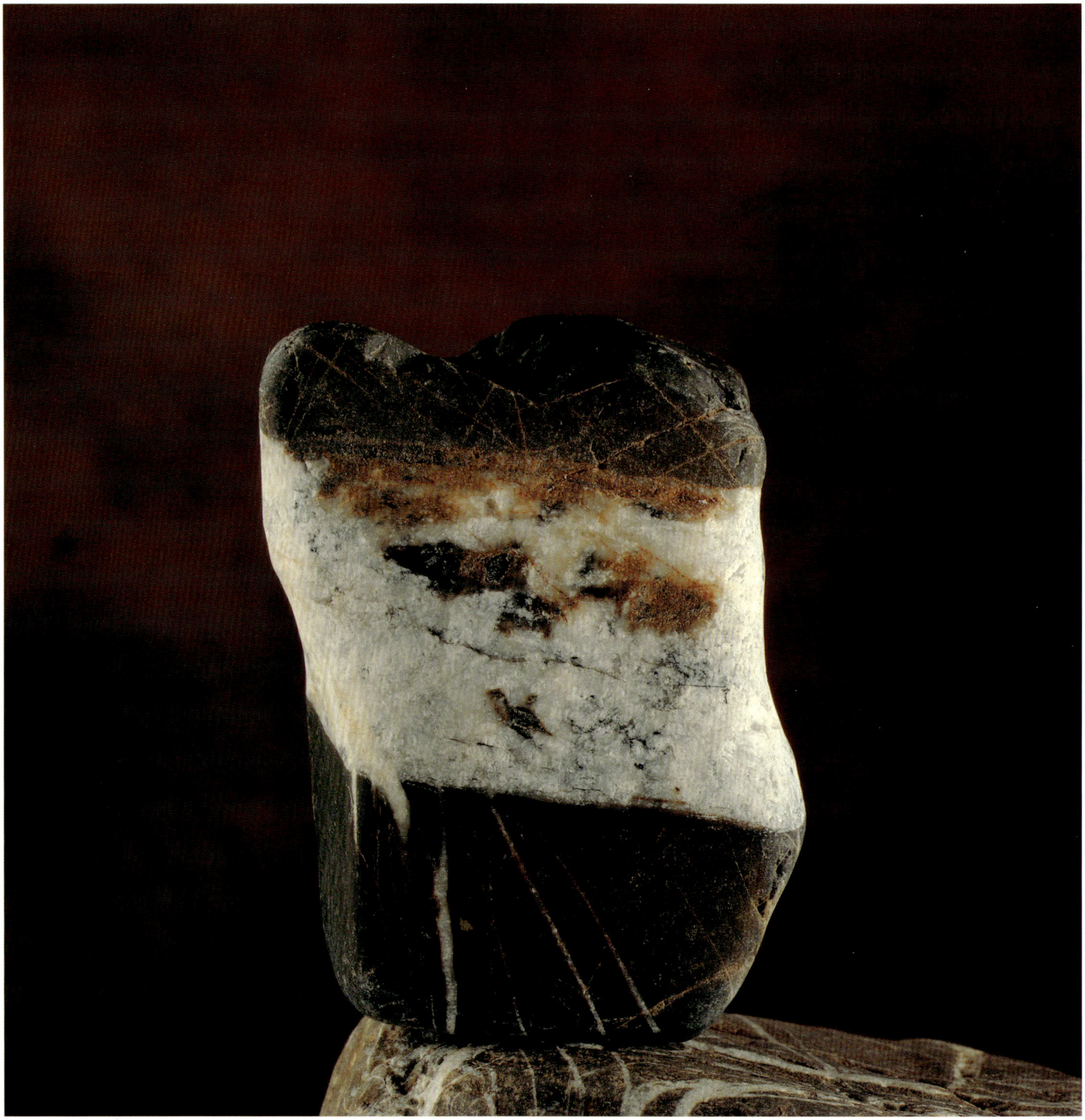

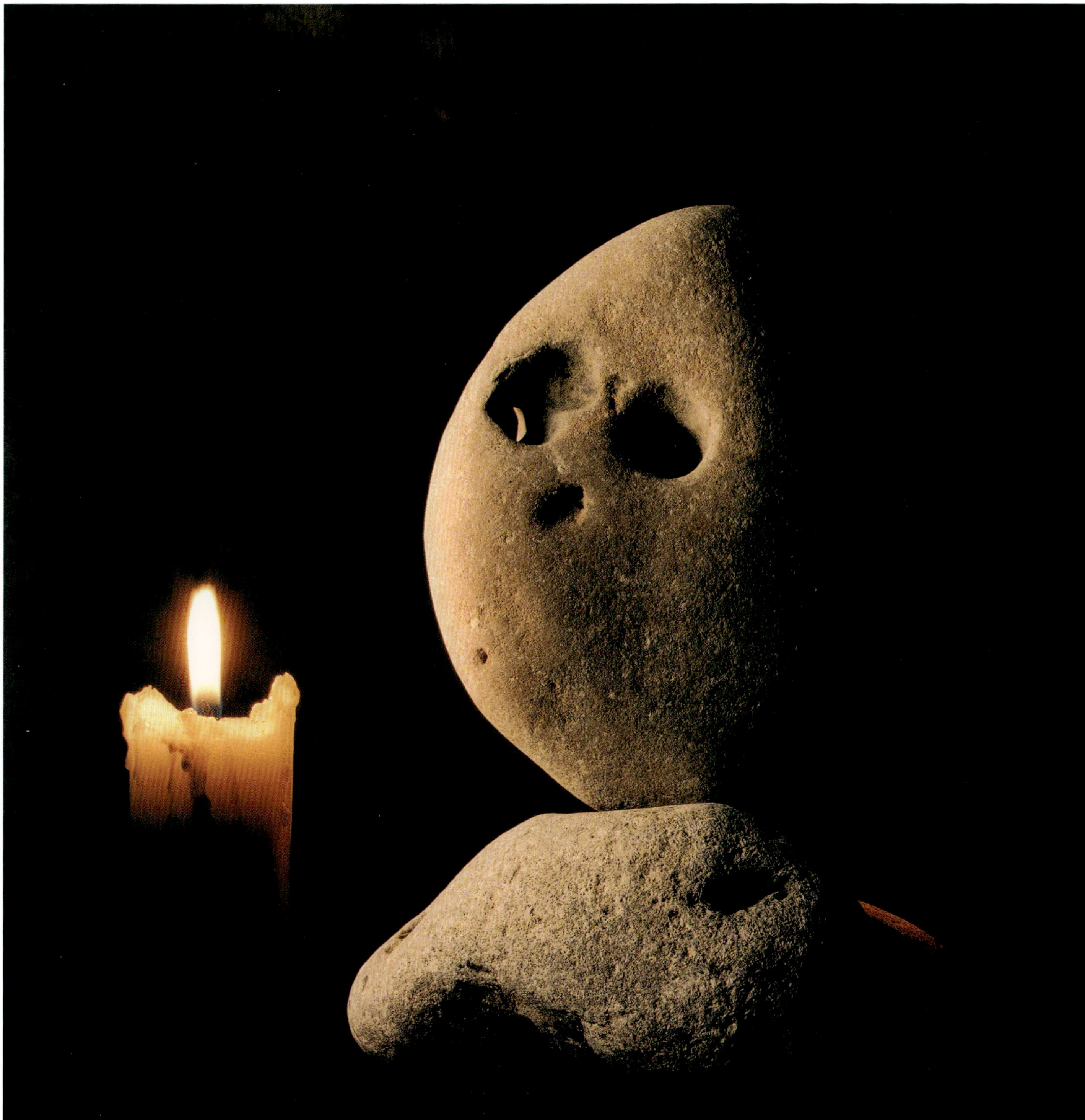

Hontocom

Del litoral
no paren d'arribar esparvers.
En aquest punt un tro roda les calaixeres.
S'enfosqueix més i més. Bufades
de vent. Em giro
cap a muntanya: la
nuvolada va baixant,
baixant.

Tant que les nits
de lluna, el perfil de les
muntanyes retalla la superfície
com un peix intel·ligent
que passés de l'aigua
a l'aire...

Ara,
amb forquilles
lligades al barret, forado
el sostre i, si us quedeu a menjar,
us serviré algues marines.

JOAN BROSSA

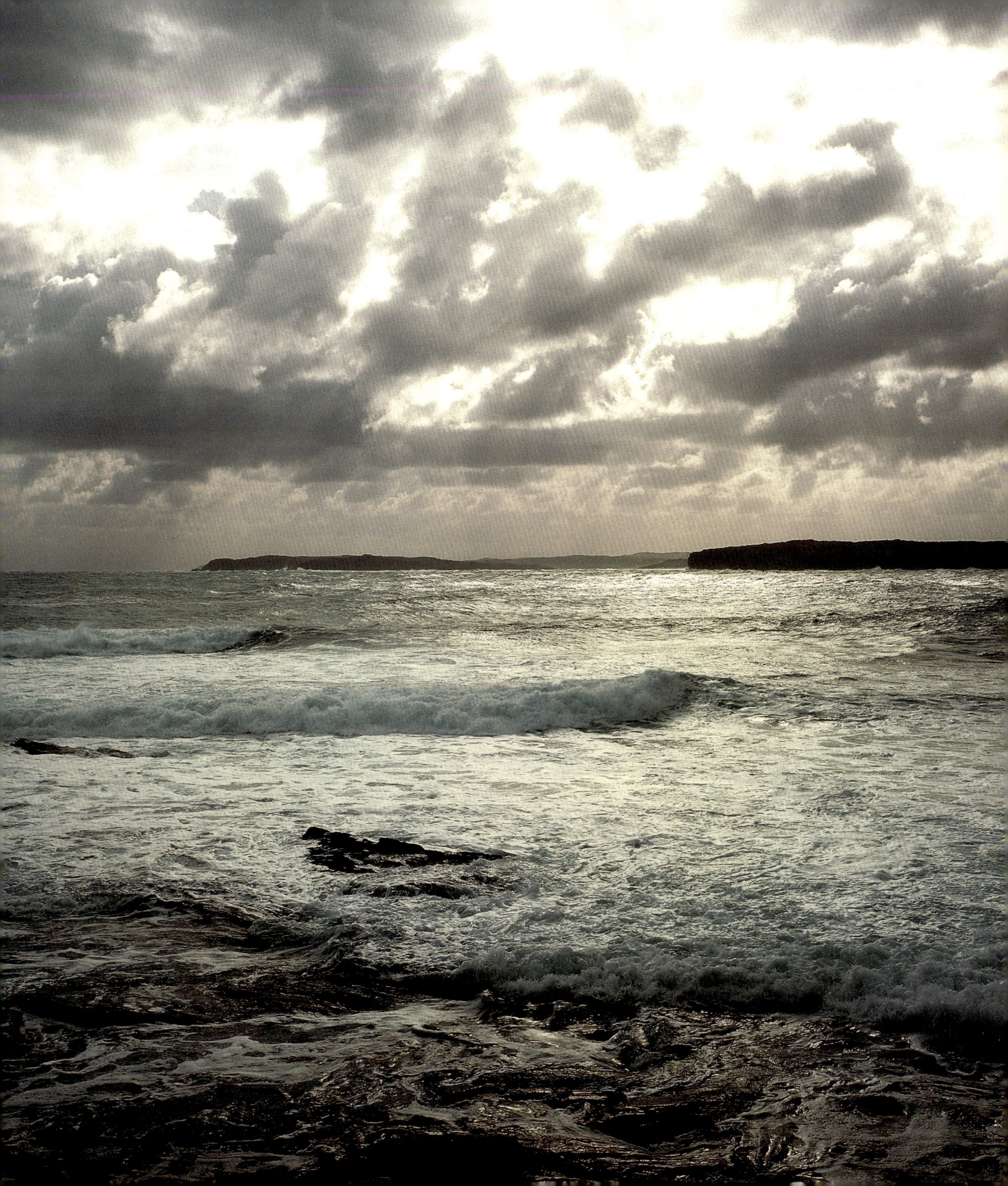

Roca

Al cor del remolí,
intemporal, eterna,
carn permanent, oferta
als embats durs del vent
de la fugacitat,

i no solament viva,
pàlpit de pètal, fèrtil,
flor tu mateixa, roca,
memòria de la mel
al paradís dels símbols.

NARCÍS COMADIRA
19.03.01

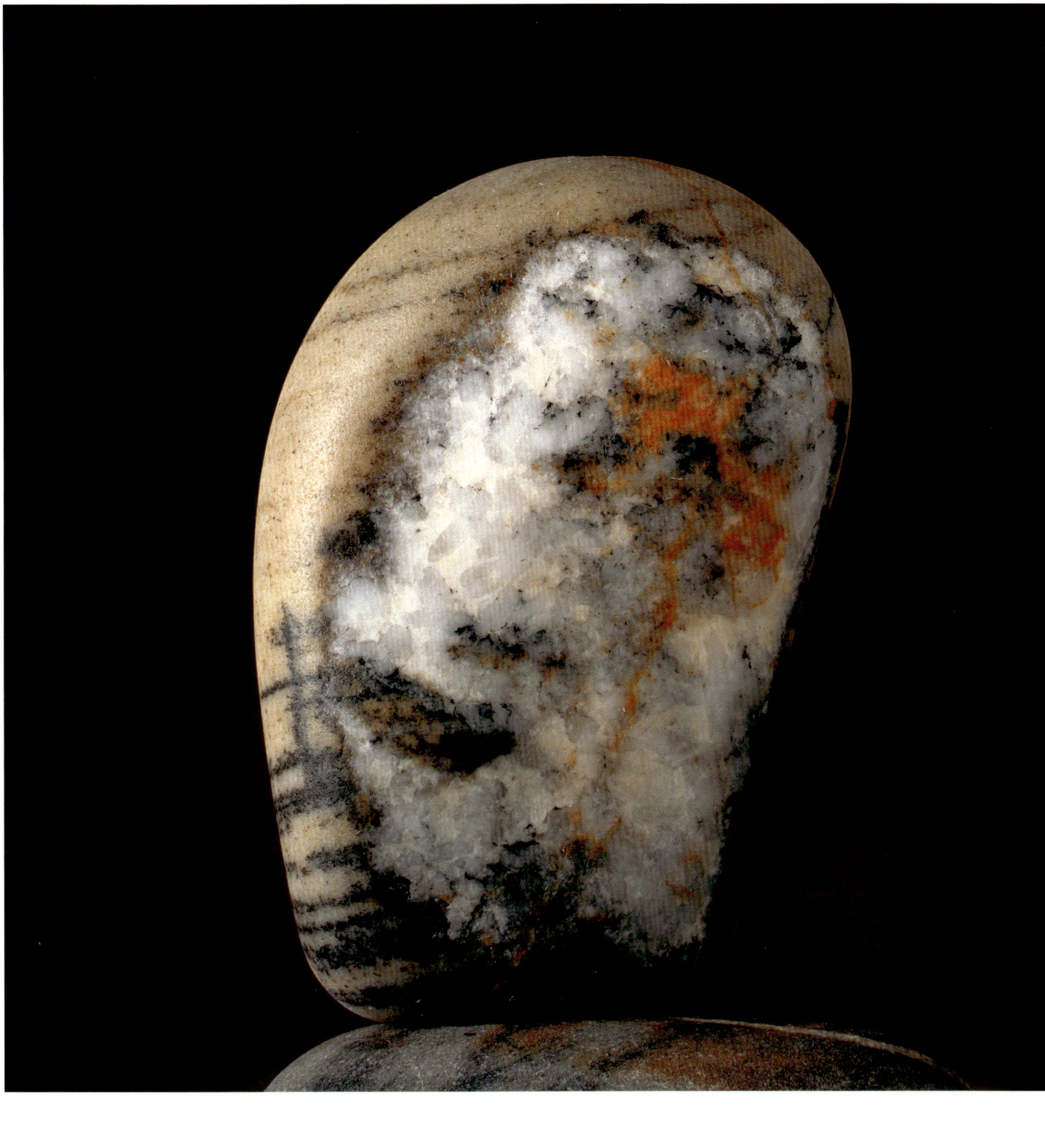

Fruita del Temps

Quin suc simbòlic, mac, amagues
sota la pell cristal·lina de sucre?
Mai no tindré prou dent per mossegar-te,
fruita del Temps, madura, incorruptible.

Narcís Comadira
15.05.00
Per en Toni Vidal

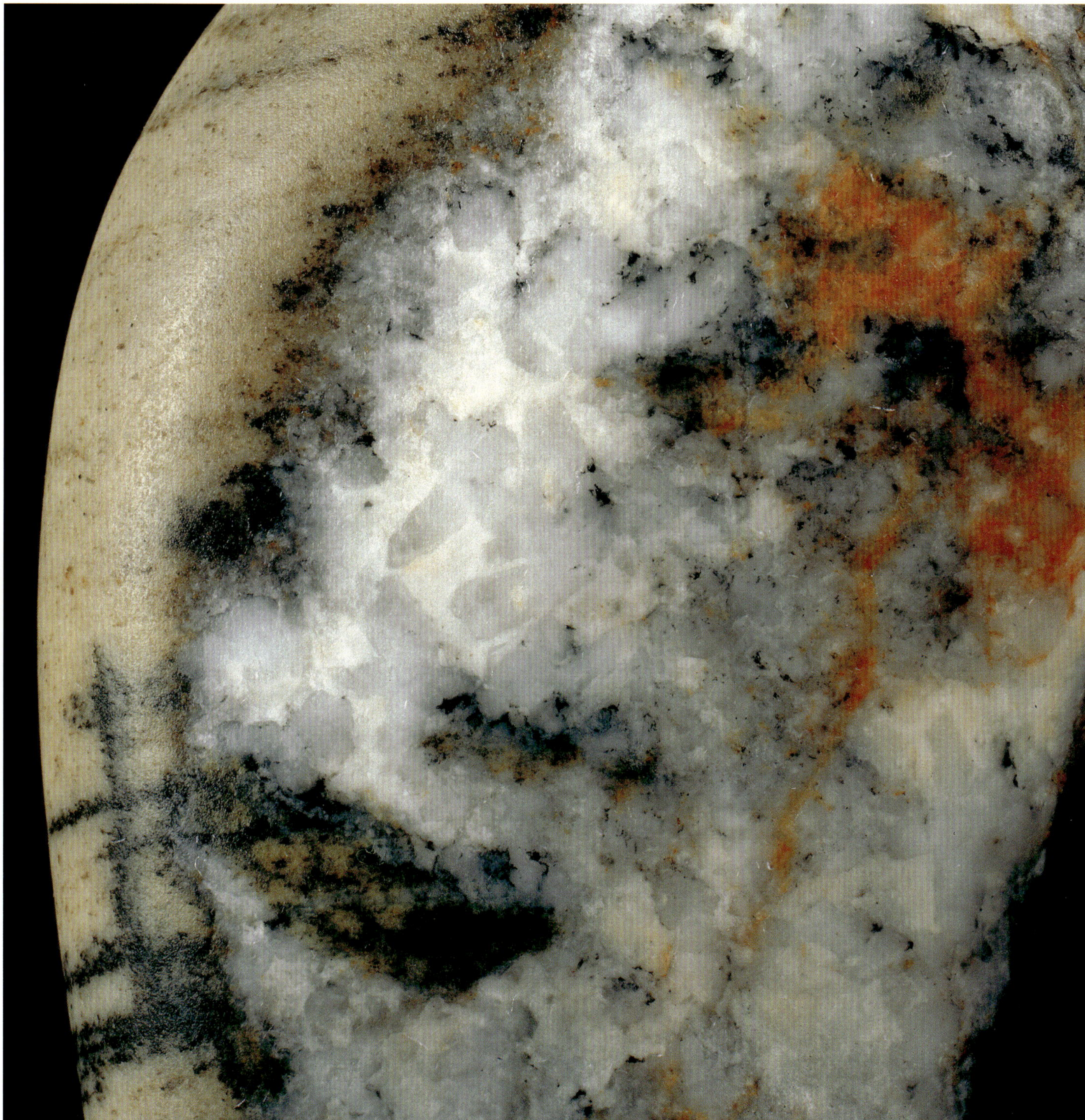

L'estranyesa

Sòlida l'estranyesa com el gel mil·lenari
gèlida la desproporció i l'esforç que significa
l'estranyesa com un roc com un meteorit
i l'inclement vent del nord que no para
pensa en les lleis de l'univers
els cossos tendeixen a separar-se
empesos per l'expansió
devers l'ineludible estranyament d'ells mateixos
i entendràs que el nostre cos ple d'aigua
no està fet per suportar
un pes de roca tan concís
no s'està fet per suportar que el cor del cos vulgui sortir

Josefa Contijoch

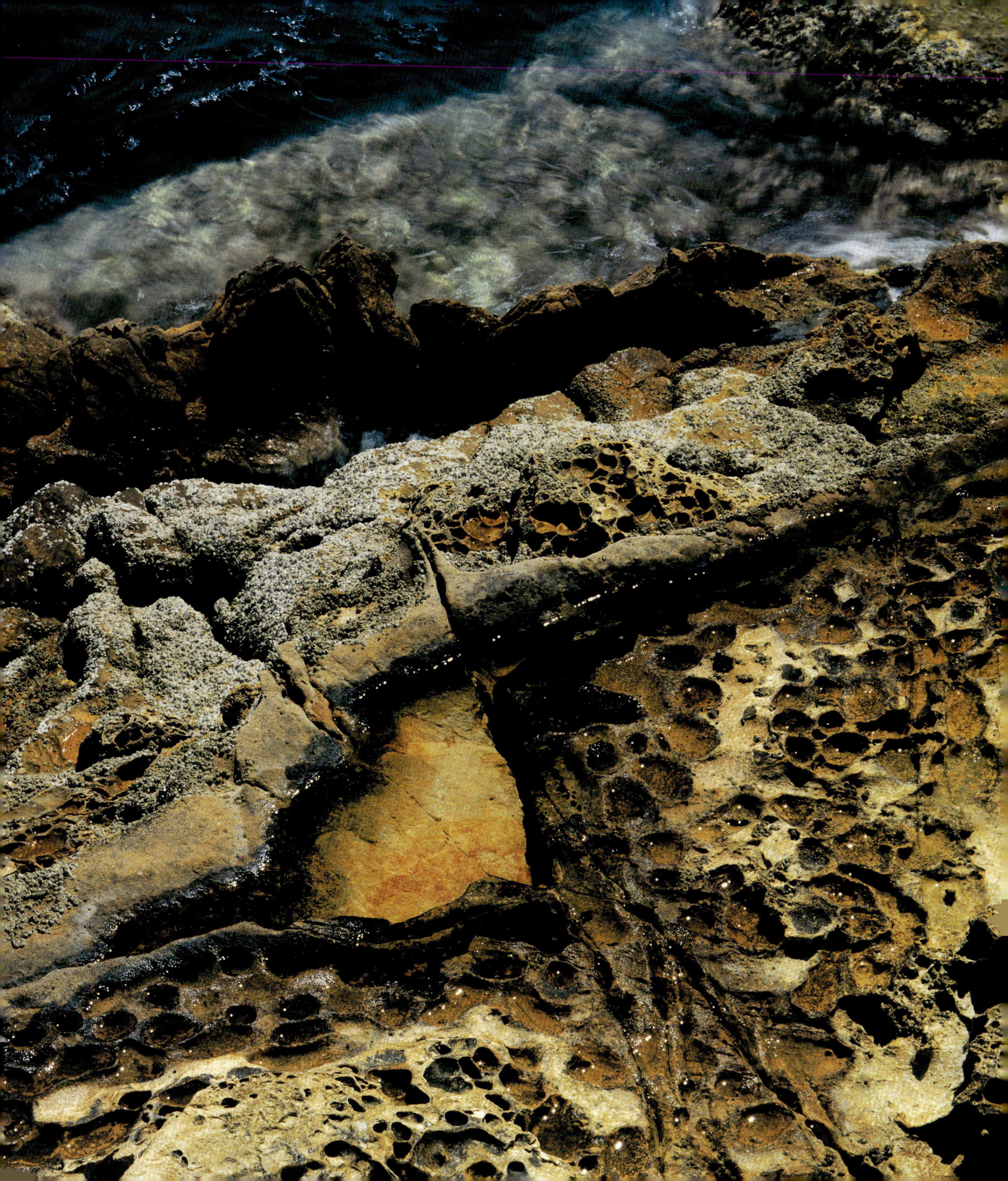

Espai deseixit d'afanys, de sofriment: inabastable, aquesta mar d'arena i de vent que travesses –feixuc, lent– i que t'acull en la seva desolada solitud. Cap traça, cap ombra, no deixa el teu caminar. (No graviten, potser, els teus passos fatigats?) Al mig d'un claper, la forma orgànica del temps, atrapada en una roca: un rostre deformat, sense conca d'ulls. (Quina mirada et mira?) Ni t'atures ni sotges per tal d'endevinar a qui podia pertànyer la imatge –record d'un altre caminar pretèrit. Prossegueixes el camí. (N'hi ha, de camins?) Infinita repetició d'un mateix; únic paisatge que no admet comparança.
Que ets tu mateix –sense memòria de tu.

Antoni Clapés
Per al Toni, amb afecte i admiració.

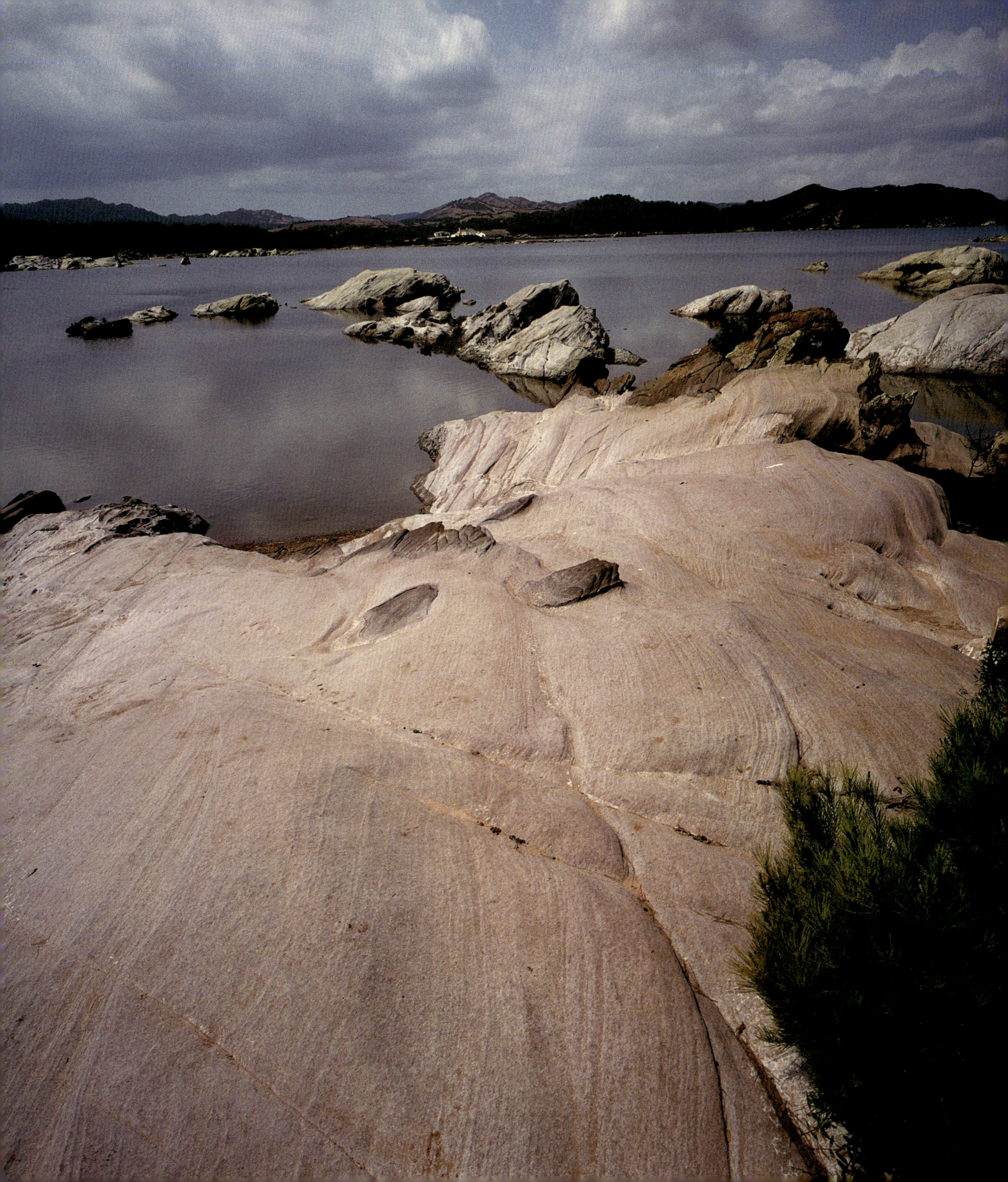

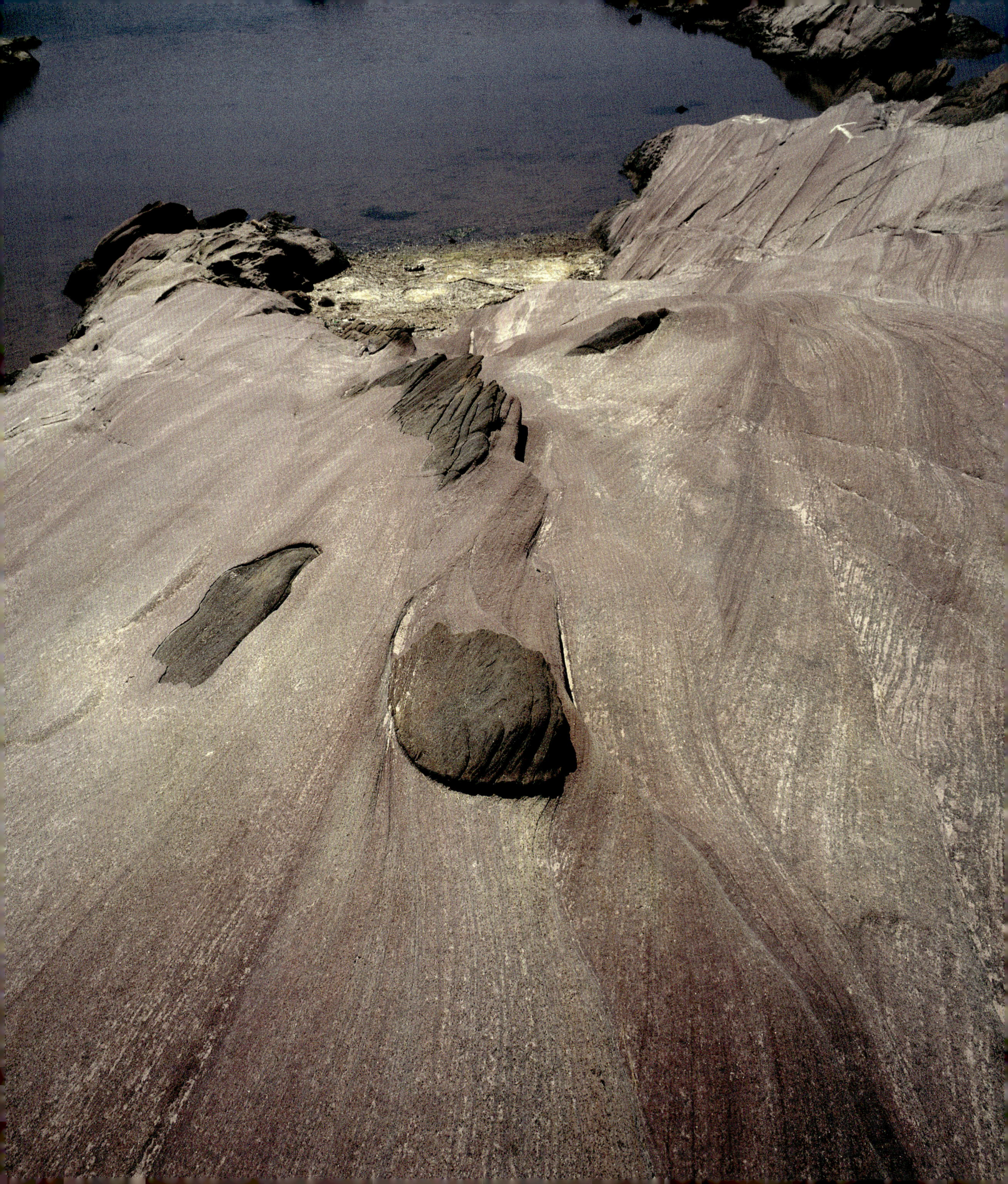

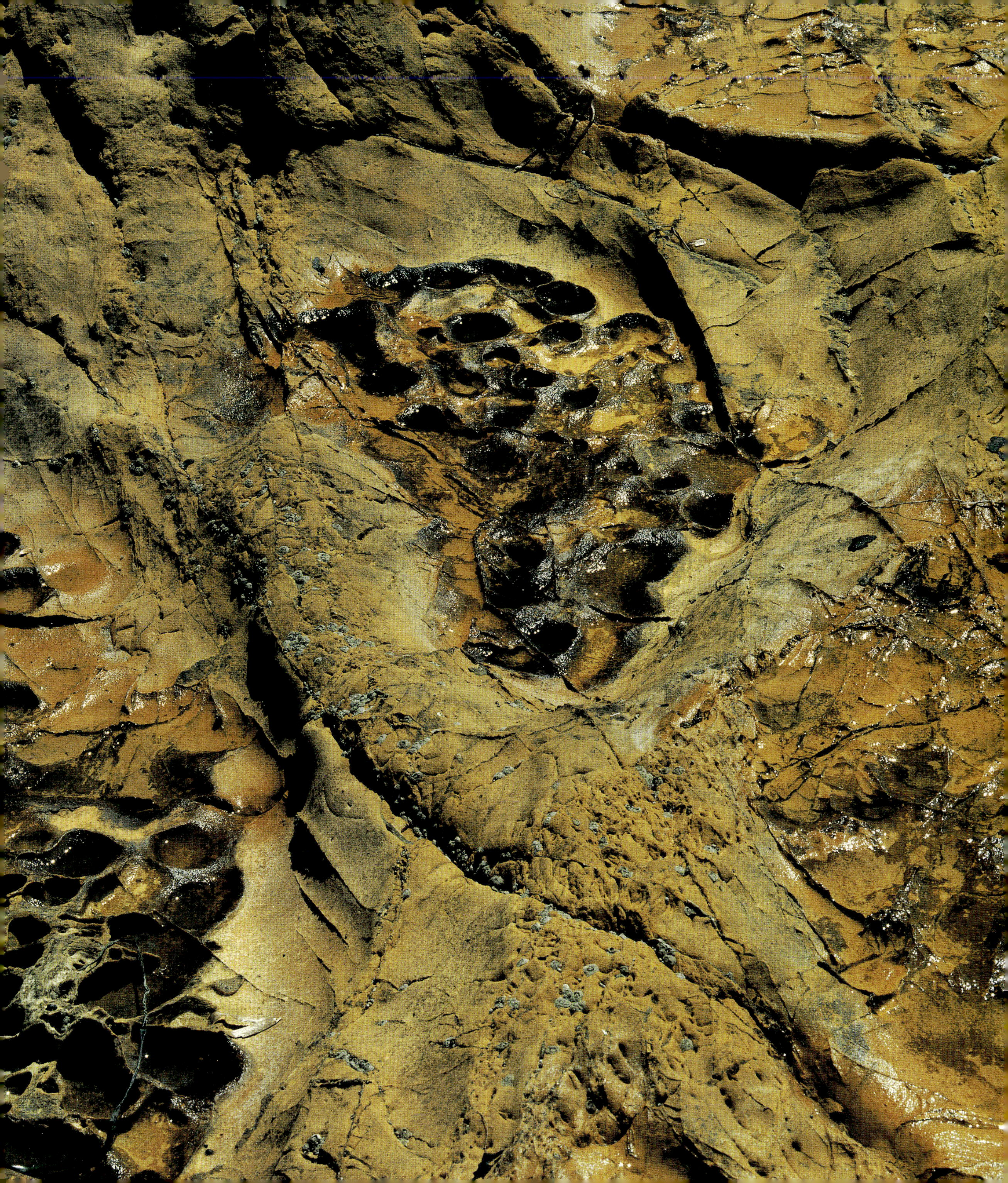

A Toni Vidal

Geometría del tiempo
cristalizado aquí
en las rocas desiertas
bajo el sol
dormidas en mis manos
que las han inventado
y las contemplan
sintiéndolas crecer
vivas ya para siempre
belleza que se abre
entre las olas
quebradas superficies
horizontes de lava
rocas que se desnudan
sin nadie que repase
estas profundas grietas
las rugosas cortezas
el manto del silencio
piel mordida
donde está escrito el tiempo
que se escapa
cristal en que me miro
sin poder encontrarme
dónde el mundo se abre
a la pura belleza de la nada
a un fulgor hecho piedra.

José Corredor-Matheos
Febrero de 1987

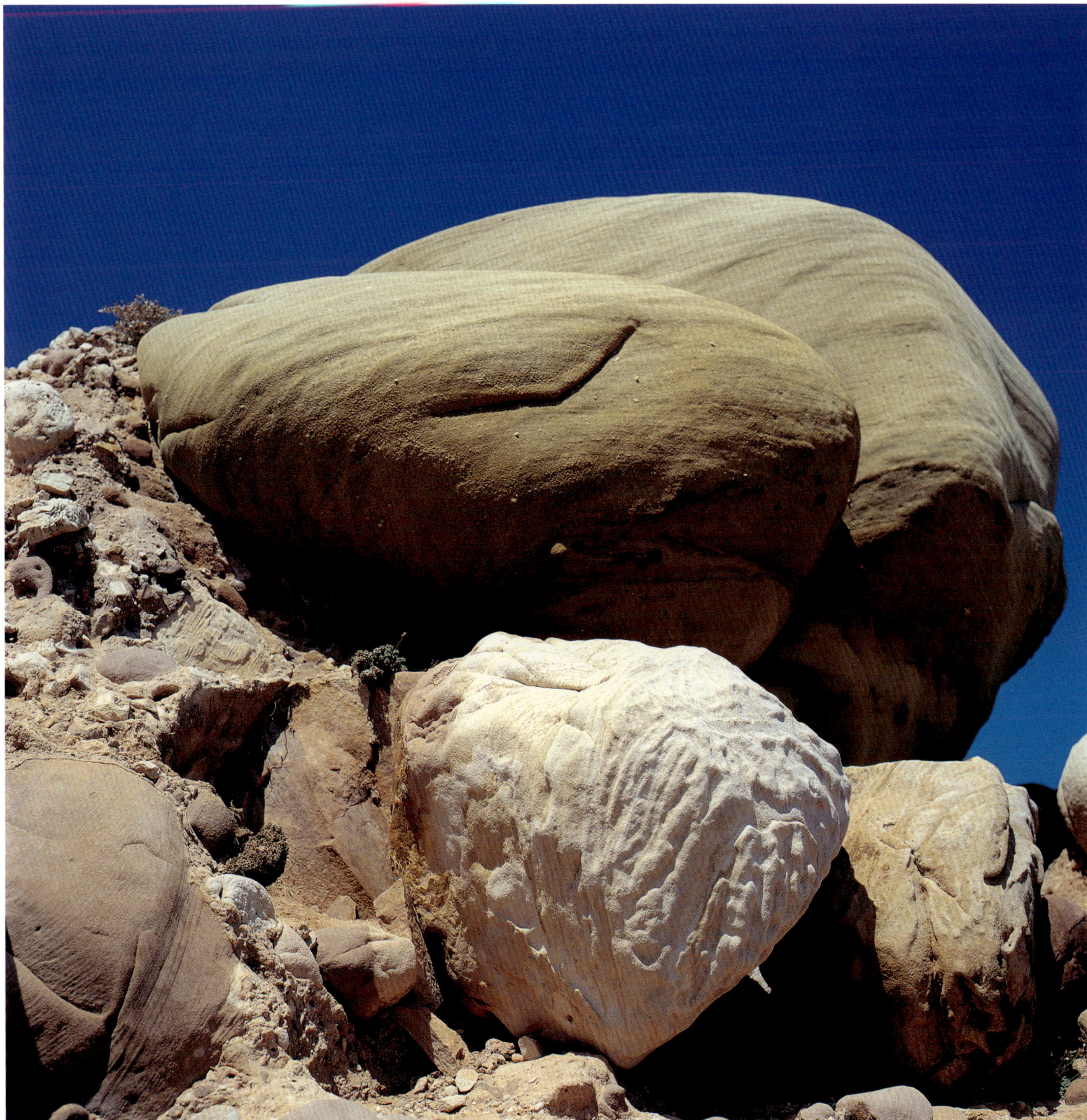

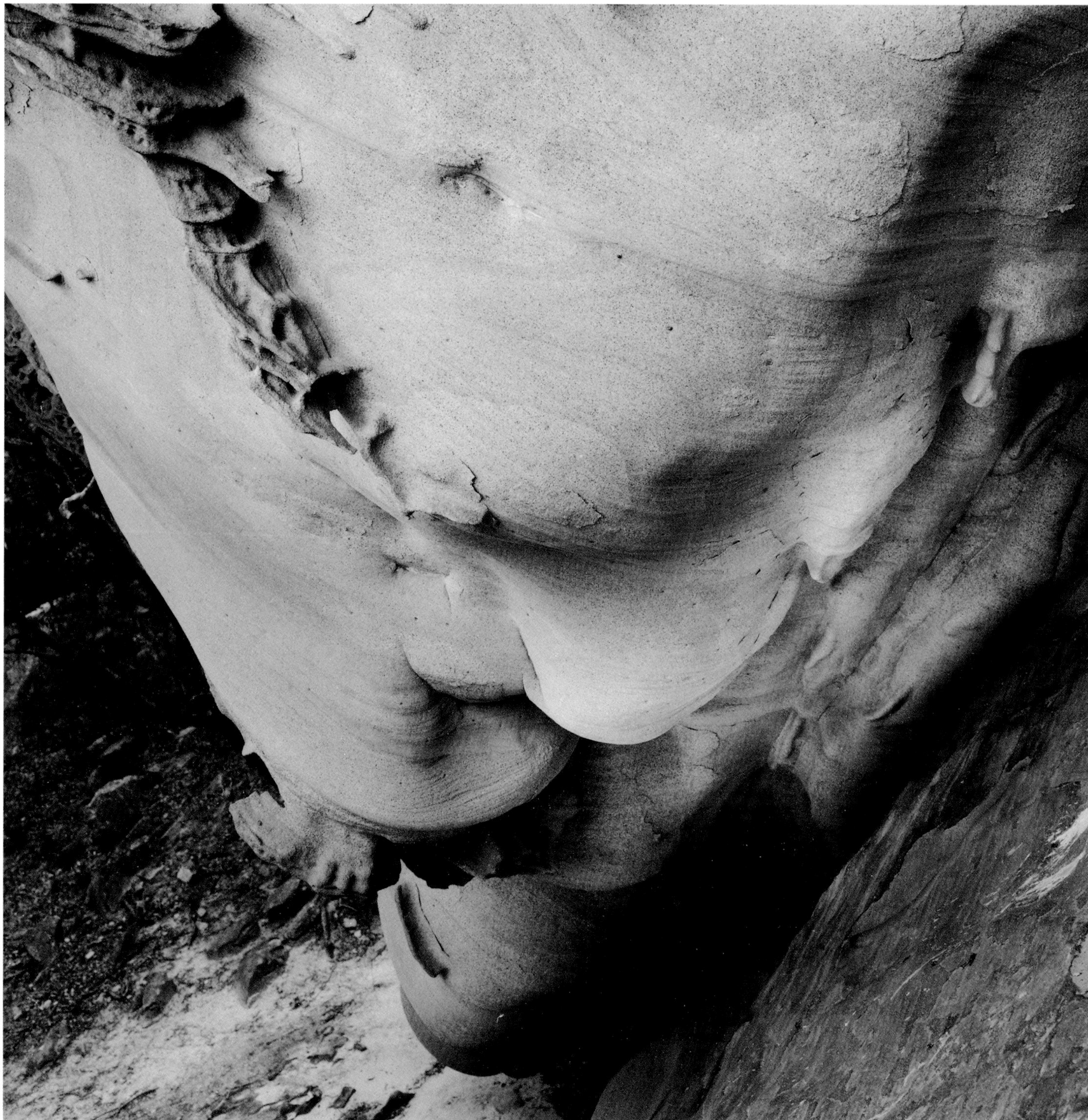

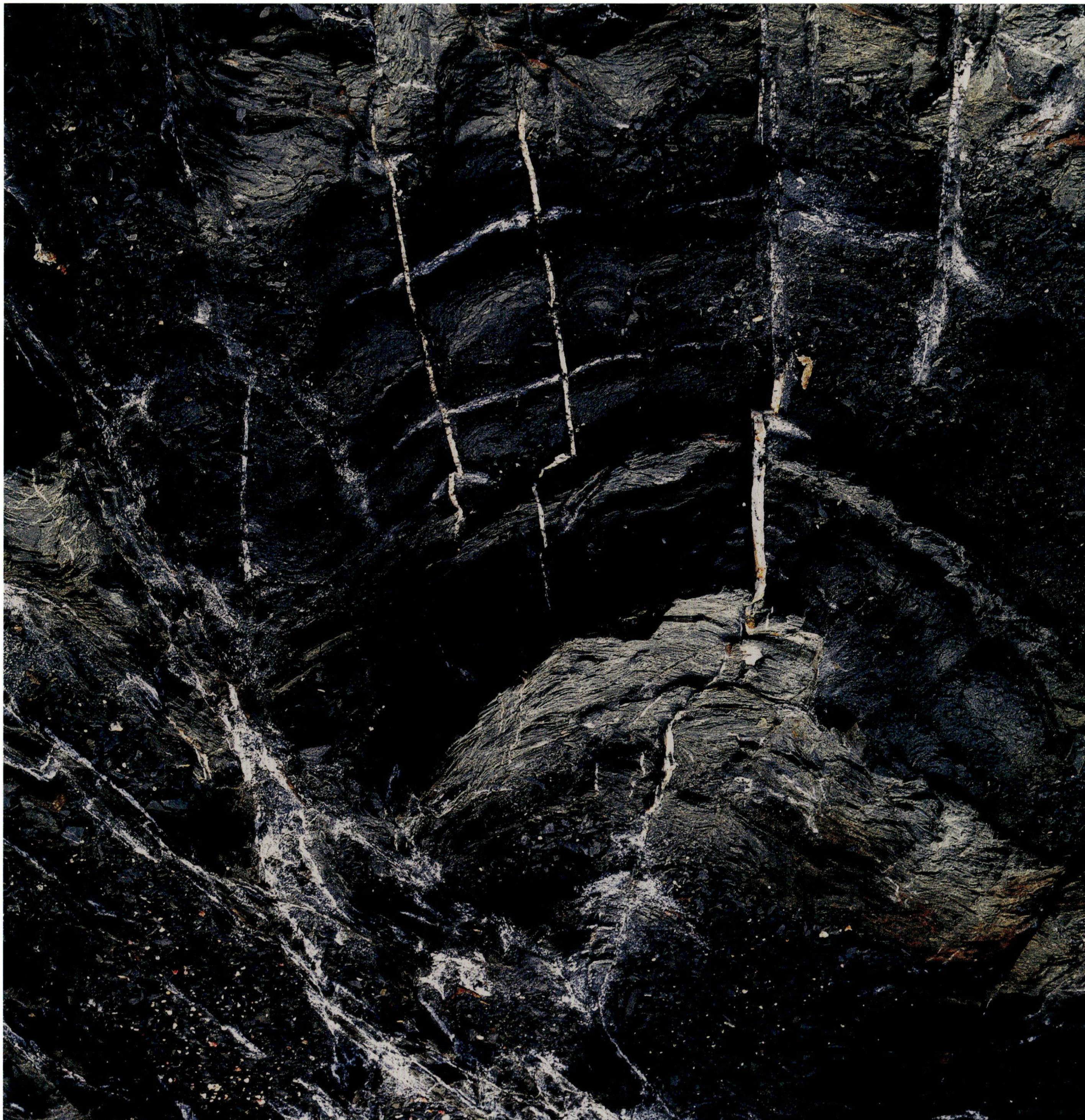

Has creído ver algo
entre las rocas,
junto a vetas de cuarzo,
conchas petrificadas,
mil reflejos de luz
y ahogados peces.
Has visto abrirse el agua
y pararse los vientos.
Si descubres la senda
entre las hierbas
crecidas de improviso,
¿qué quedará de todo,
qué importará ya todo?

JOSÉ CORREDOR-MATHEOS

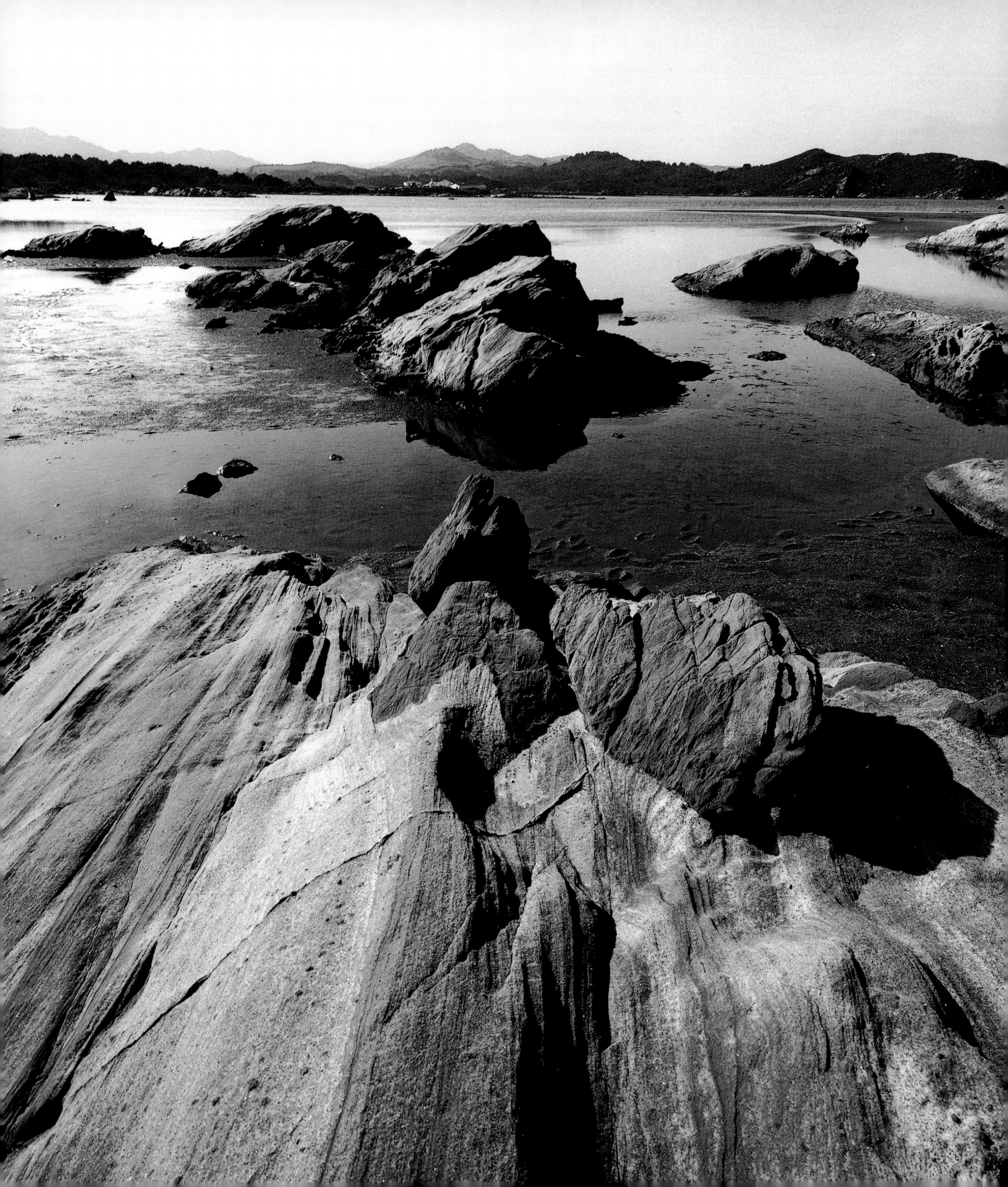

Teofanía

Cuando el poder del fuego
anula al tiempo, se hace
impenetrable espacio
-dios que a todos engendra-;
cuando la altiva llama
a sí misma en belleza
y duración esculpe,
su ascensión equilibra, y su descenso,
y se siente ya pronta a concebir
al oro que no muere;
cuando una gota de astro
se hace palabra de un futuro verso
en el que el aire empieza a caminar
hacia los penetrales de su ser
y, así, su vocación
de quietud recupera
-no sin ondulación, no son sin reflejos,
y vagos simulacros
que ha aprendido del agua--,
entonces el prodigio
se confiesa: la piedra.

Ángel Crespo

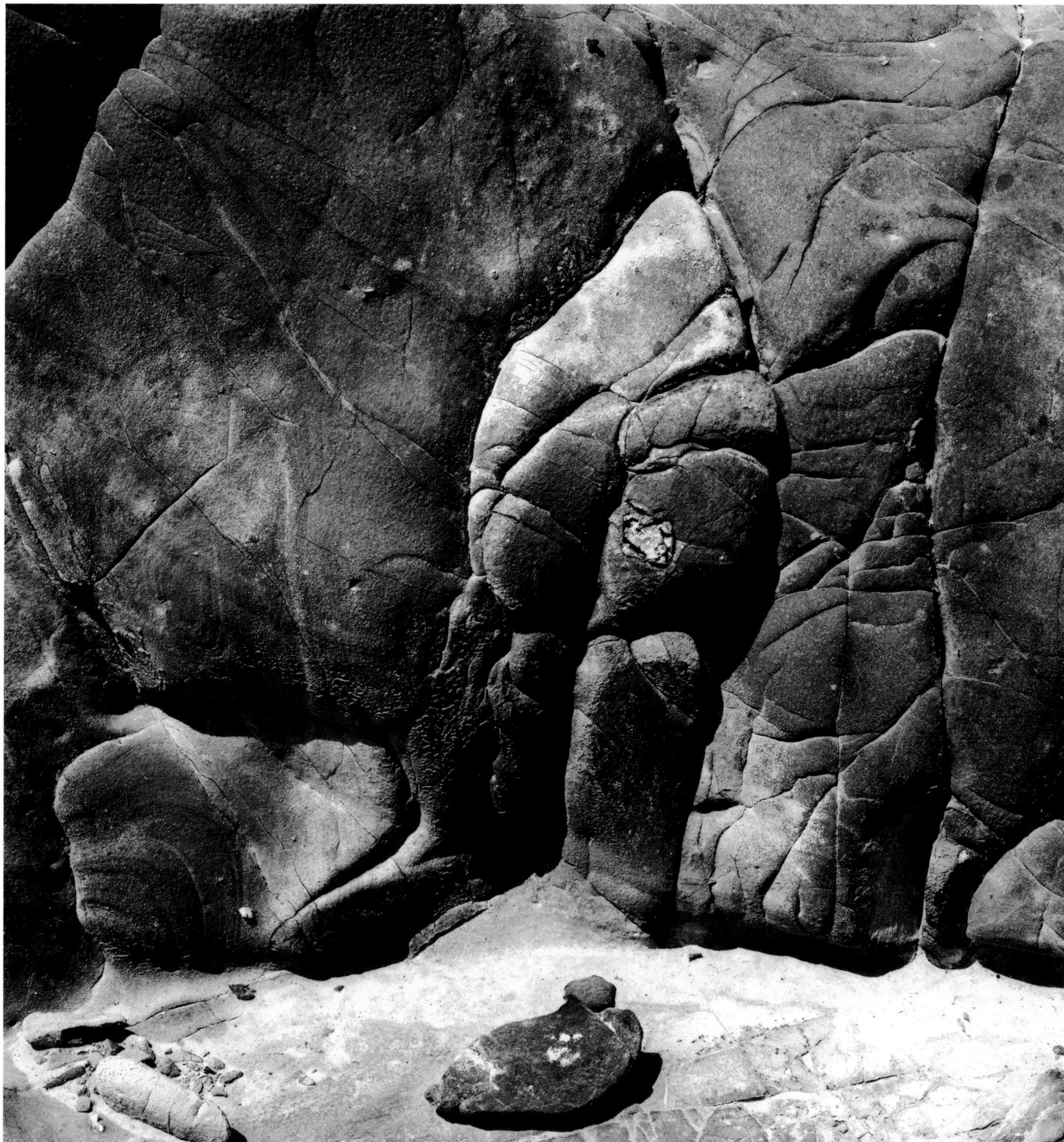

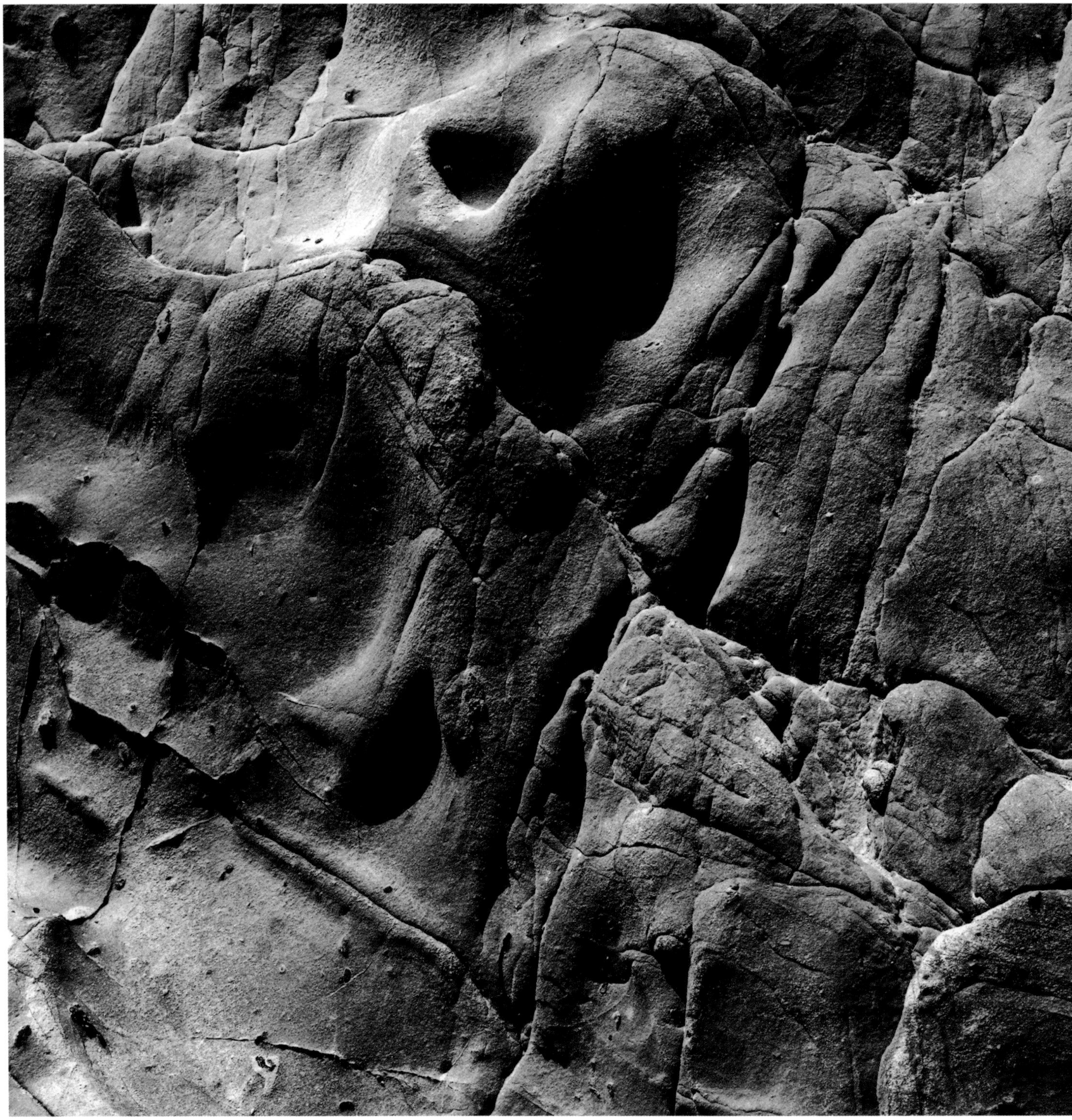

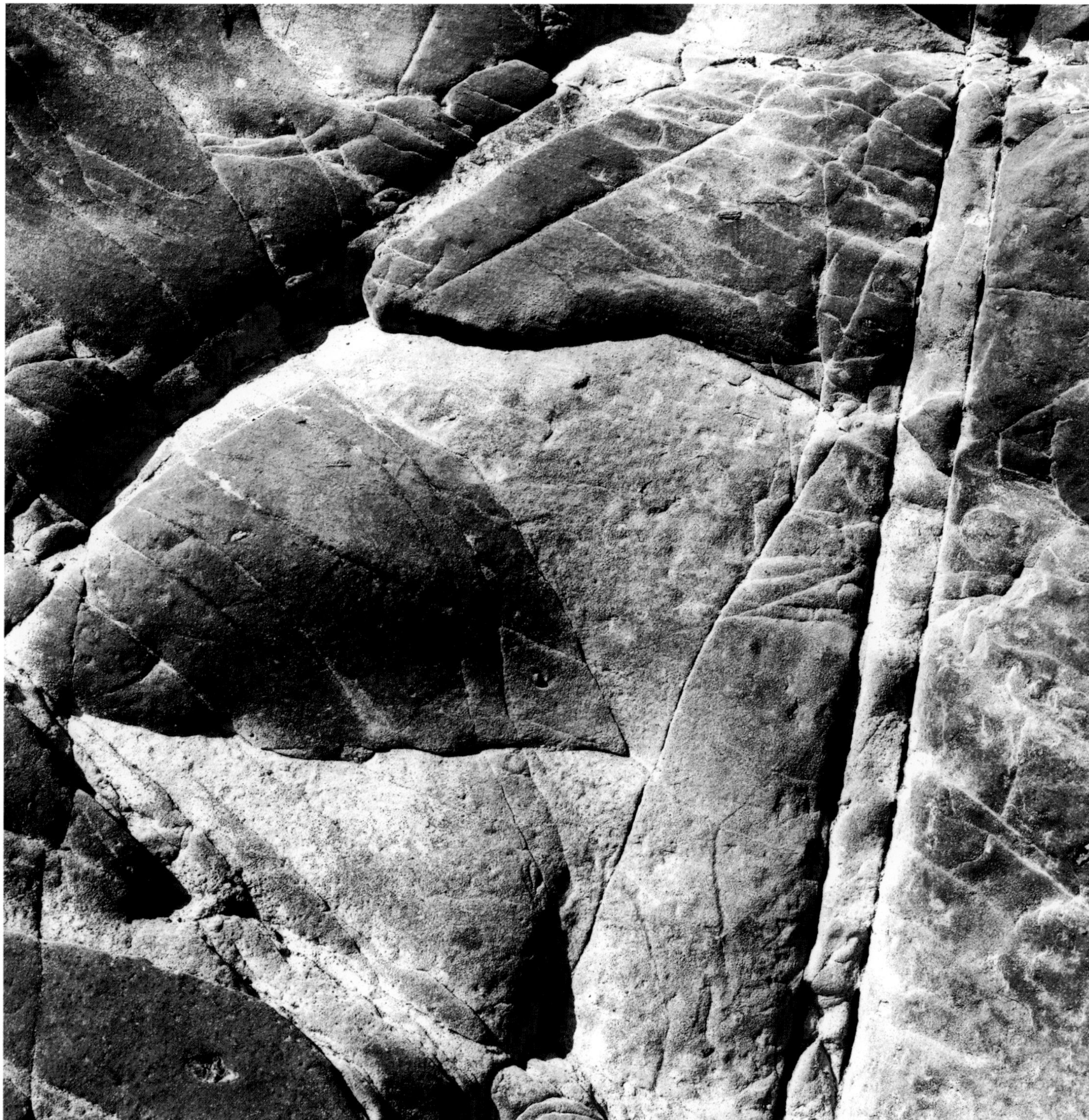

I si les illes fossin deesses
nascudes de la mar, com Venus,
i els homes només tristos mortals?

Per a Toni Vidal

Ull de fotògraf fixant-se
en l'amarada roca polida
que ha emergit de la mar,
ben nua o vestida d'algues
acabarà enjoiada amb líquens
o qui sap si despullada per
millor lluir forma i color.
Ull de fotògraf abstret
que, fet agut bisturí,
penetra la dura roca
incommosa i ben segur que és
més eterna que no pas
la dèria o el pas de l'home.
Ull de fotògraf que afina
entre filtres de colors
i jocs de llums i d'ombres,
tècniques que amoroseixen
les inamovibles roques
que insensibles i belles
són paisatge transitori
del tan cregut com efímer transitar
de l'home pel clos del món.
Si les roques afloren del mar i
el fotògraf les fixa en suport de paper
l'home tremola en veure
un món de bellesa sens l'home i
es dol en trobar la naturalesa inanimada feta
bellíssim paradís i, ves, prescindint d'ell.

RICARD CREUS
El Perer del Corb, 12 de maig de 2003

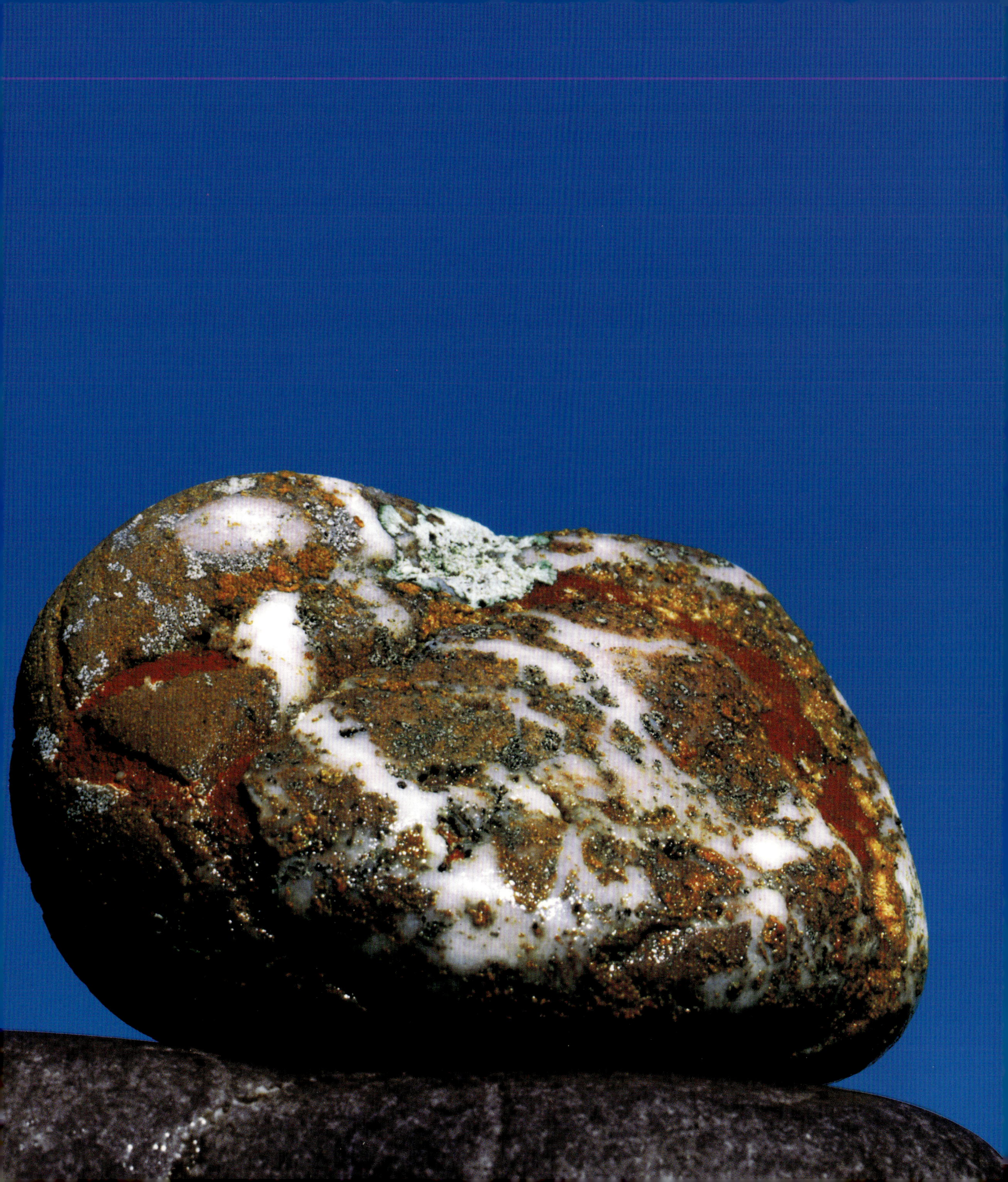

Comienzo
un nuevo viaje
en
esta piedra

Myriam Diocaretz

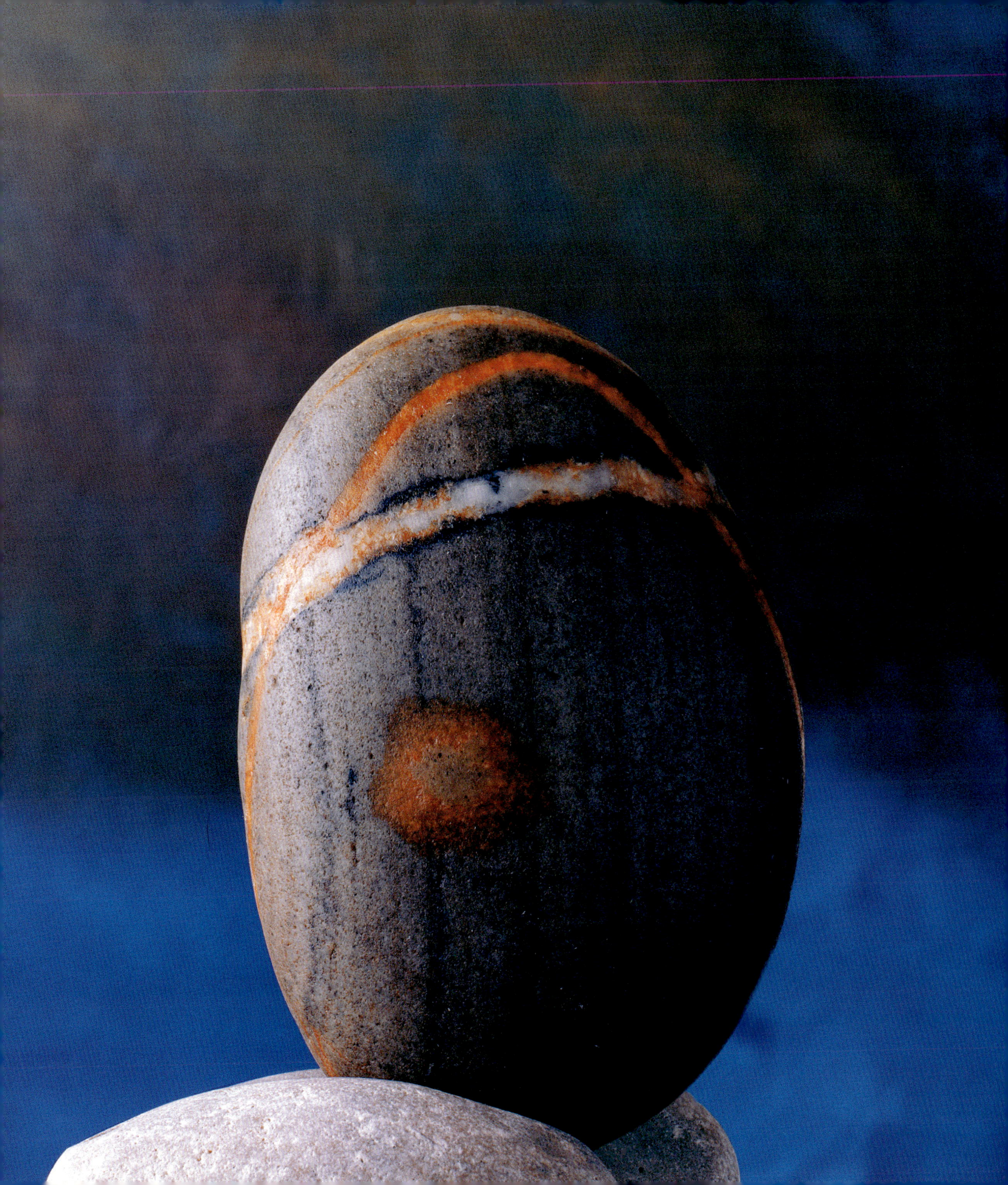

Diàlegs a la sorra

A Toni Vidal

I

–No interrogava,
tornat de l'aventura,
les mudes branques
que d'una ruta nova
signaven el silenci.

–Però les pedres,
immòbils, et retornen
de camins falsos.

II

–Com qui passeres
fa saltar damunt l'aigua
des de la riba,
freguem només per sobre
el rabeig de les hores.

–La pedra, a l´últim,
s'enfonsa en ressonàncies
de tomba viva.

III

–L'espera nua
contra el pedrís de marge
no reposava
sinó de la fatiga
de no seguir cercant-se.

–Aquestes pedres
també són una fruita,
penyora oferta.

MIQUEL DESCLOT

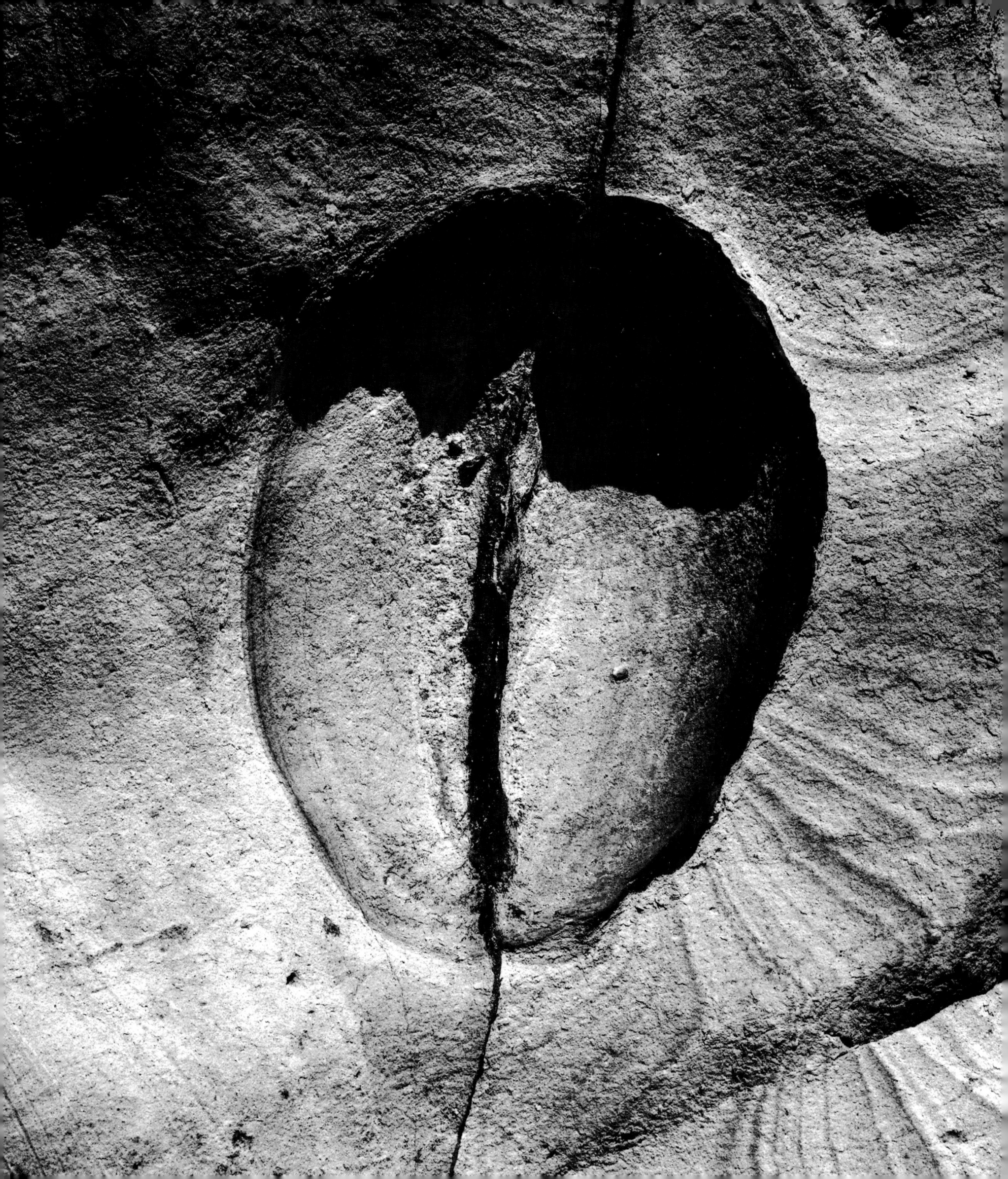

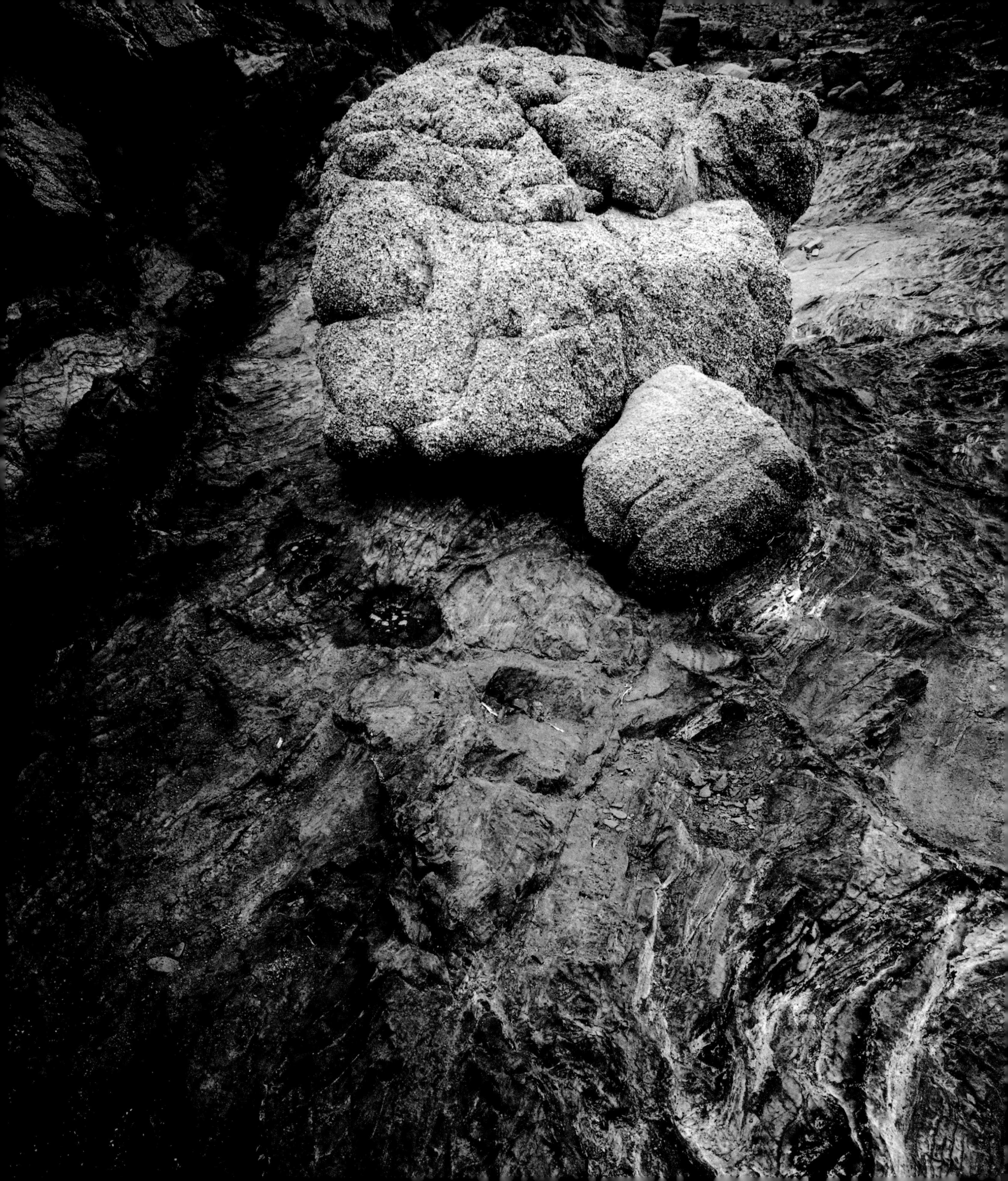

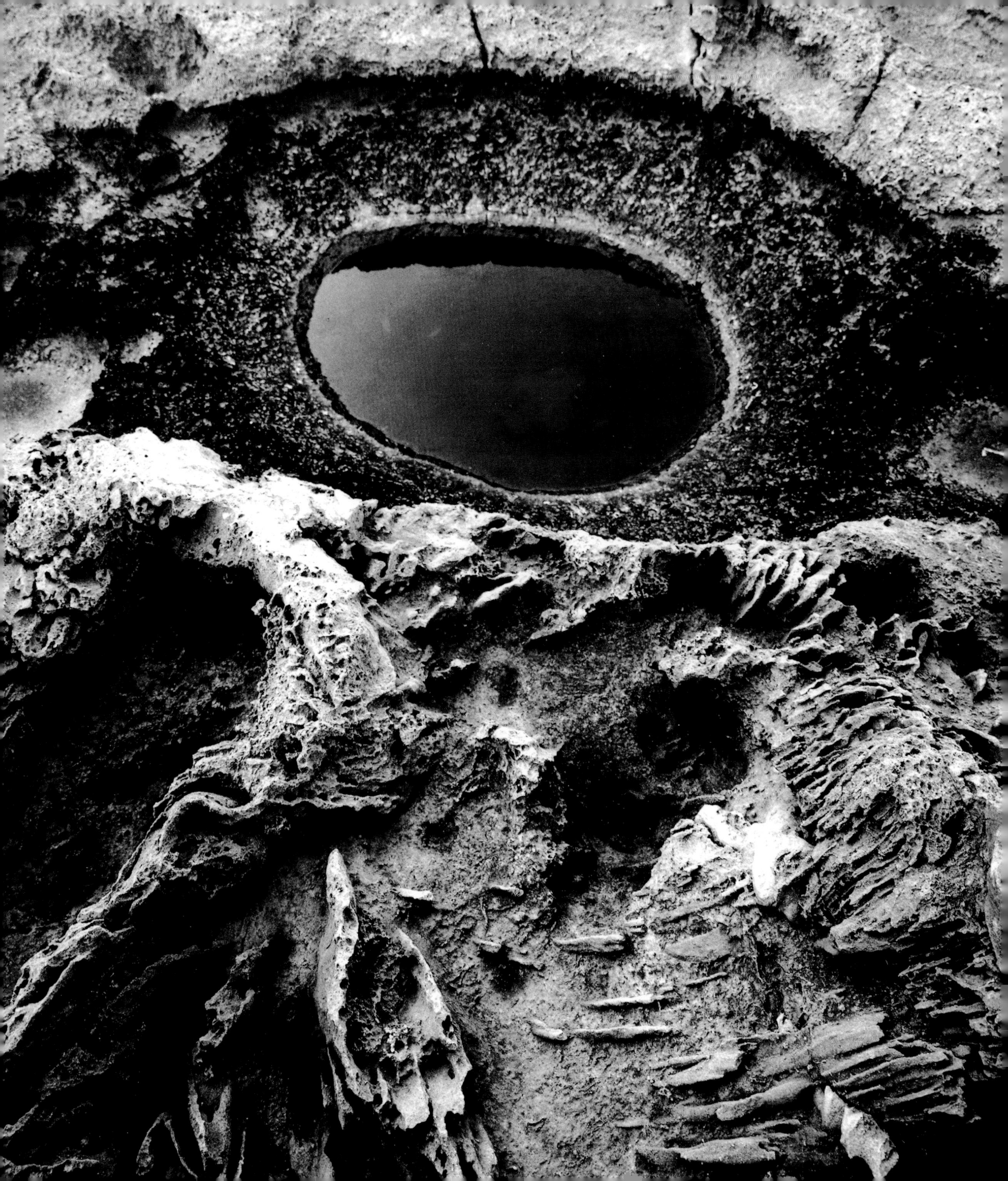

I

L'aigua s'emporta
I passa, cantadora.
La pedra guarda.

II

De dins la roca
El cargol em reclama
I la falguera.

III

La pedra crema.
És foc, és aire, és terra.
Callada, canta.

IV

La pedra és viva.
És aigua, és molsa, és liquen.
La mare pedra.

Miquel Desclot

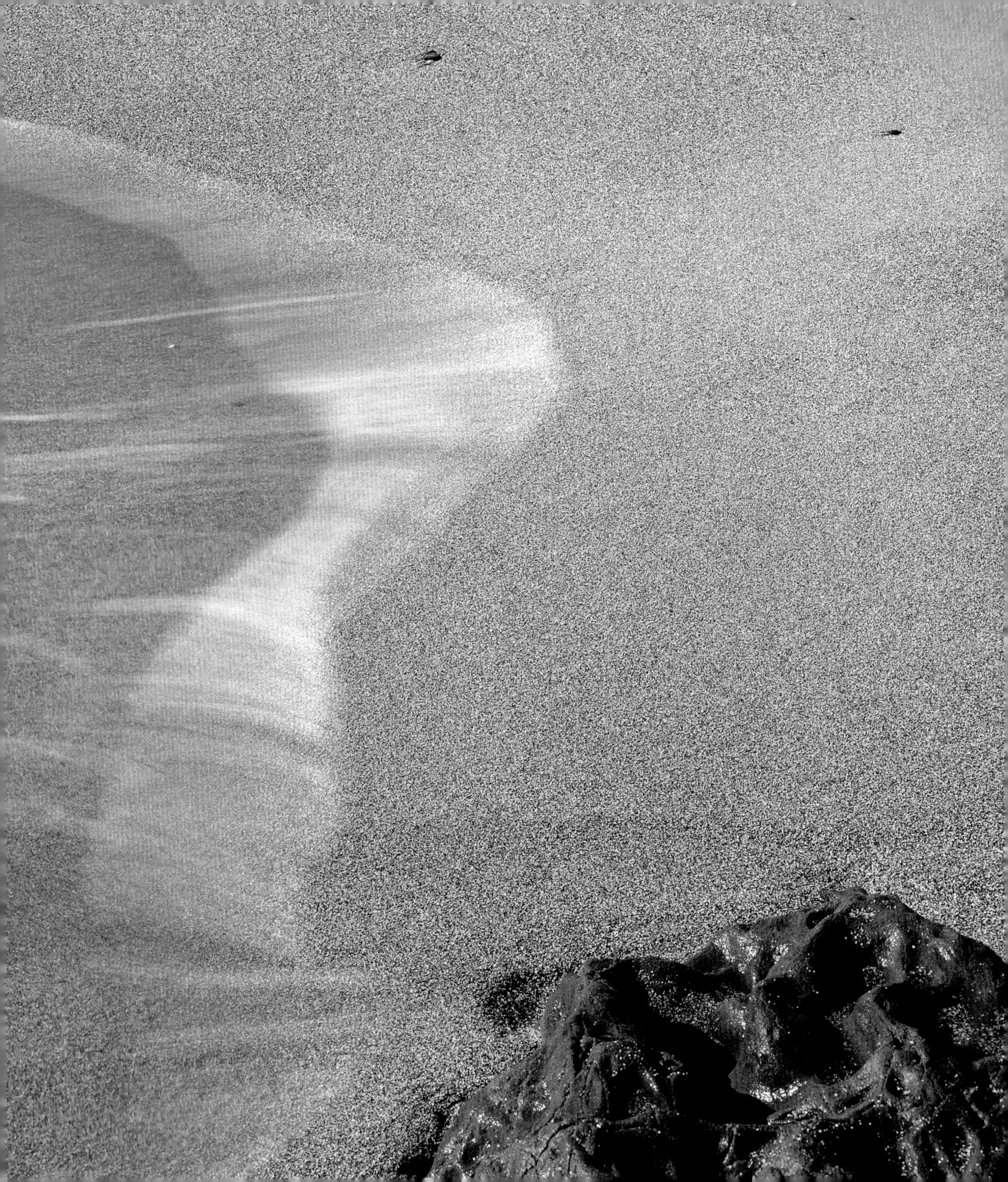

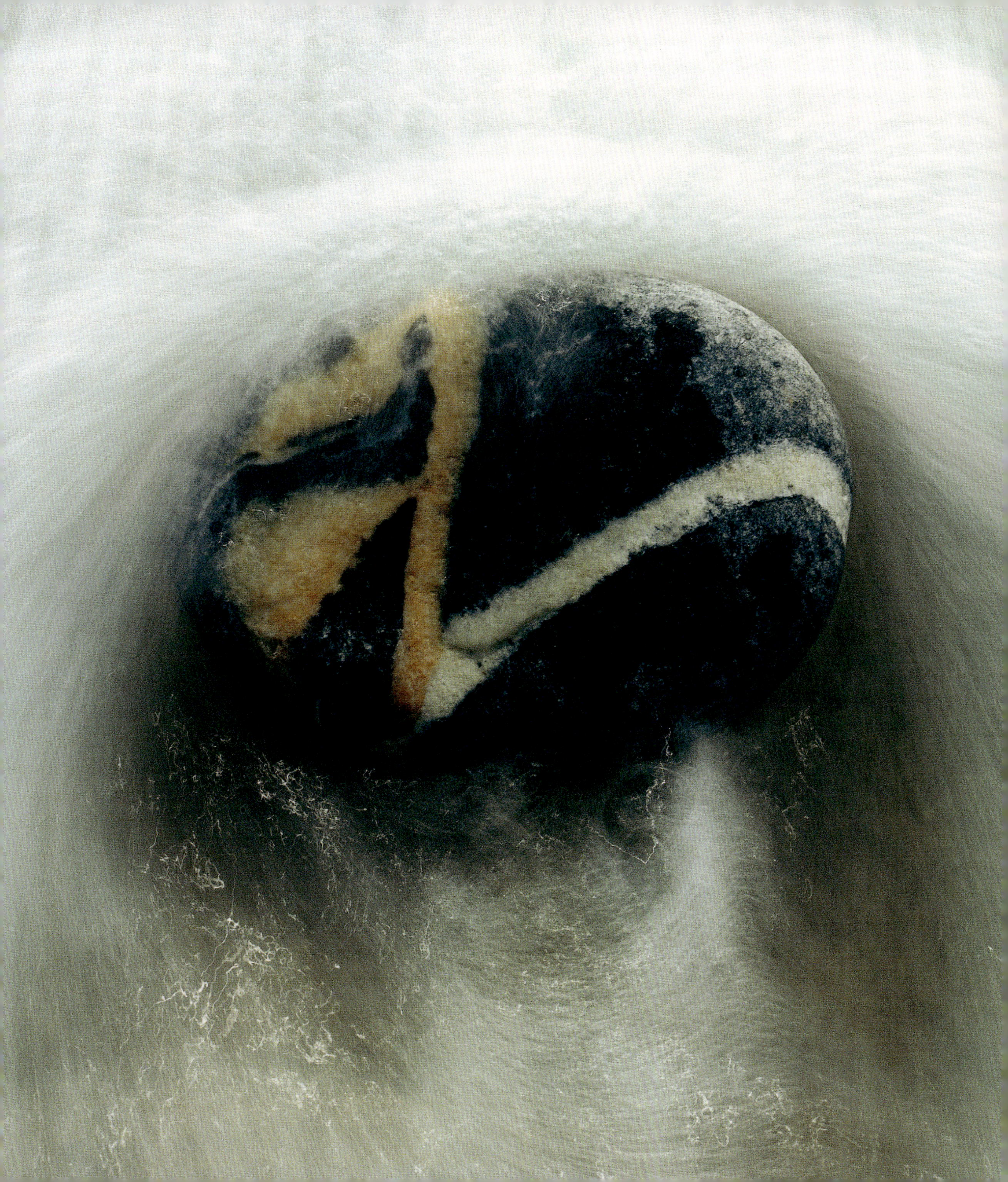

Roques

Des de la perplexitat
Des del temor
Des del dubte
Des de la feblesa
Des de la fragilitat
Des de la brevetat
Des de la indecisió
Des de la irresolució
Des de la inquietud
Des de la volubilitat
Des de l'aprensió
Des de l'ambigüitat
Des de la confusió
Des de la fugacitat
Des del desassossec
Des de la inseguretat
Des del titubeig
Des de la inconsistència
Des de la limitació

Difícilment veiem les passes
D'una lentíssima evolució
Que se'ns escapa.

Feliu Formosa

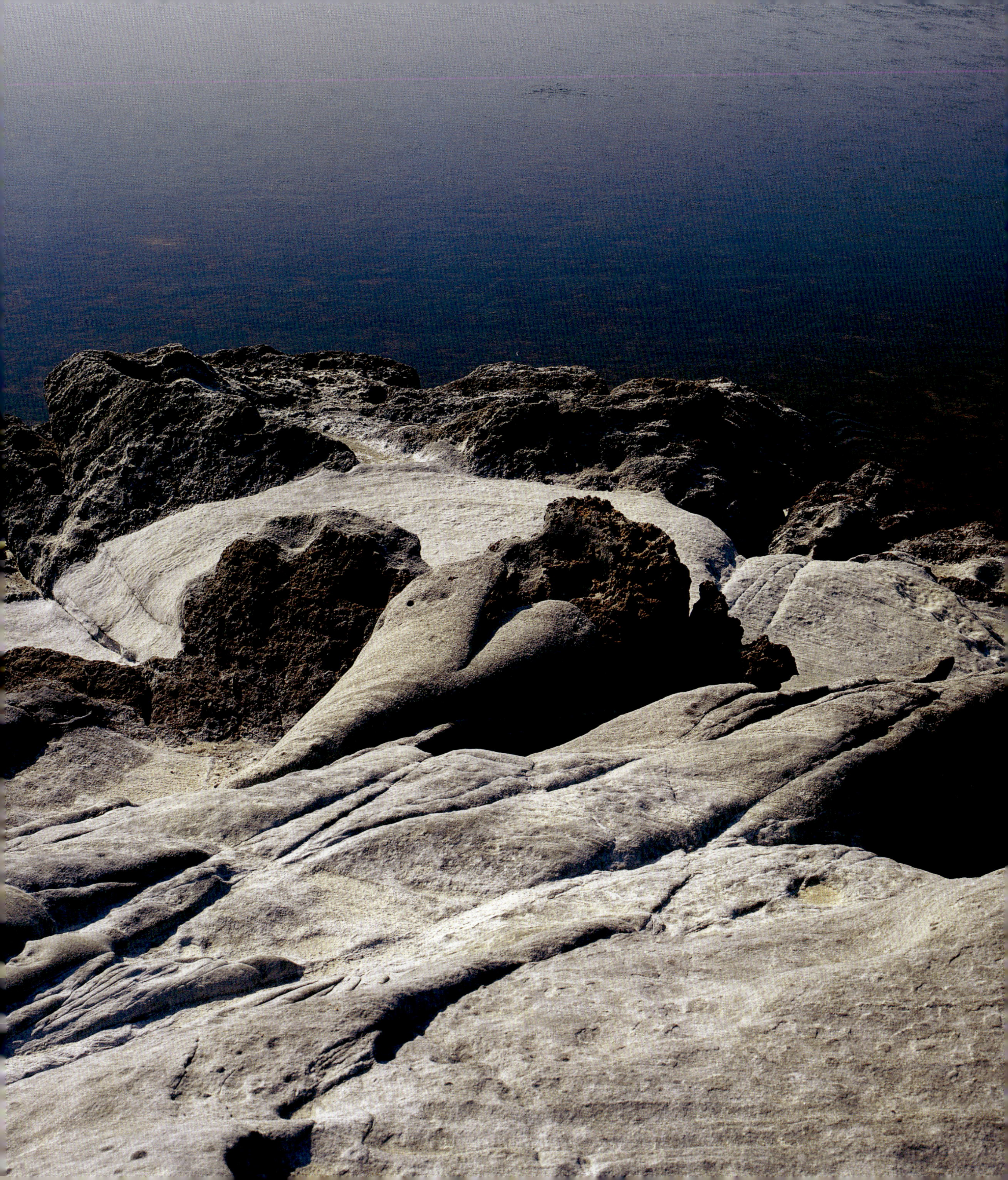

Pedra i Forma

Estela indeleble
transmissora de saviesa
i de normes.
Mans llunyanes
et van inscriure
els pensaments
a la pell.
Ets antena de vida
i de crida ancestral.

O ets codina
que l'aigua llepa
i esculp i forada,
perquè et trobi
l'artista,
s'enamori de tu,
i et transformi,
crisàlide,
en menhir. O bé roca.

I et retorni
a la vida.

Rosa Fabregat
març 2000

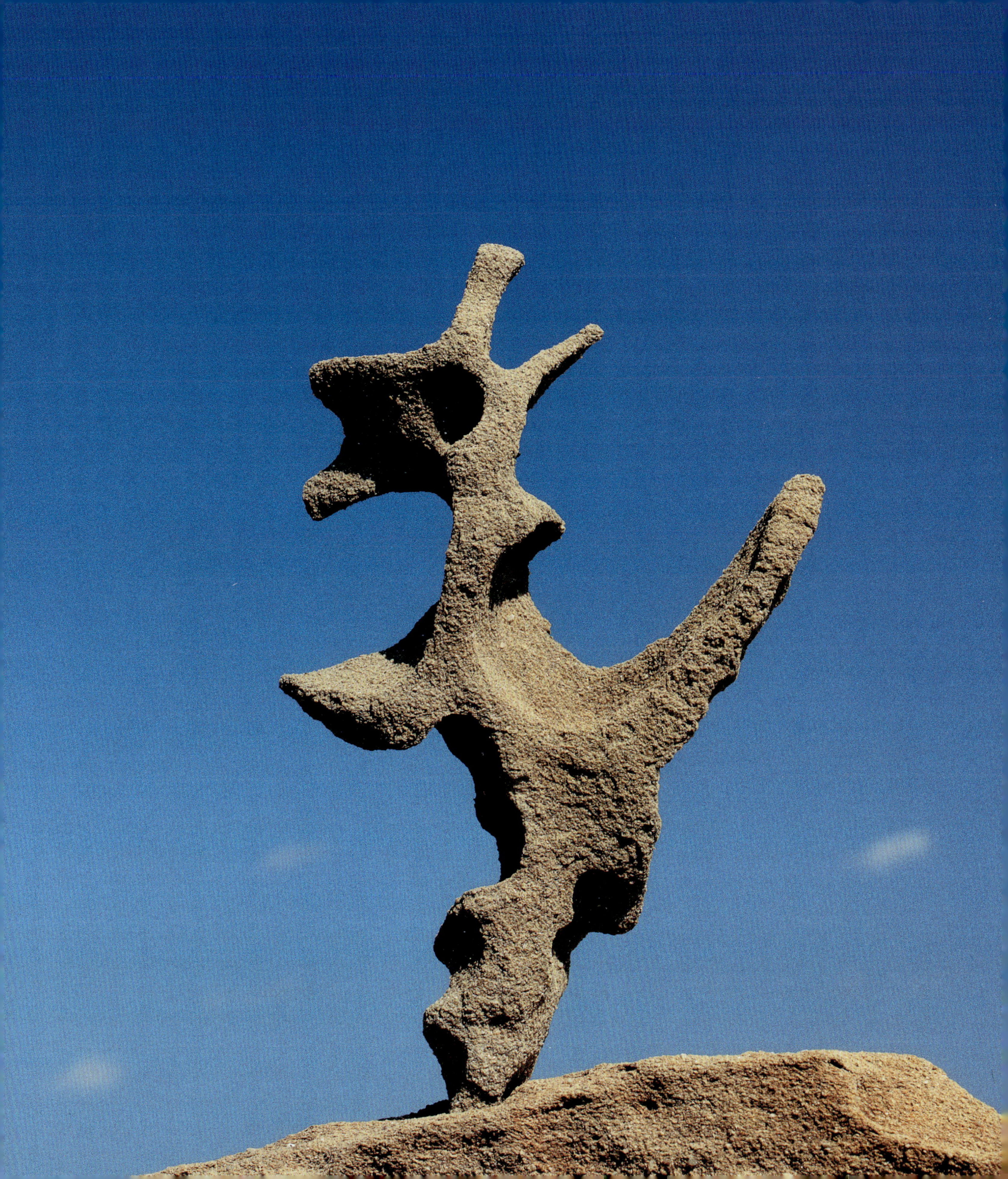

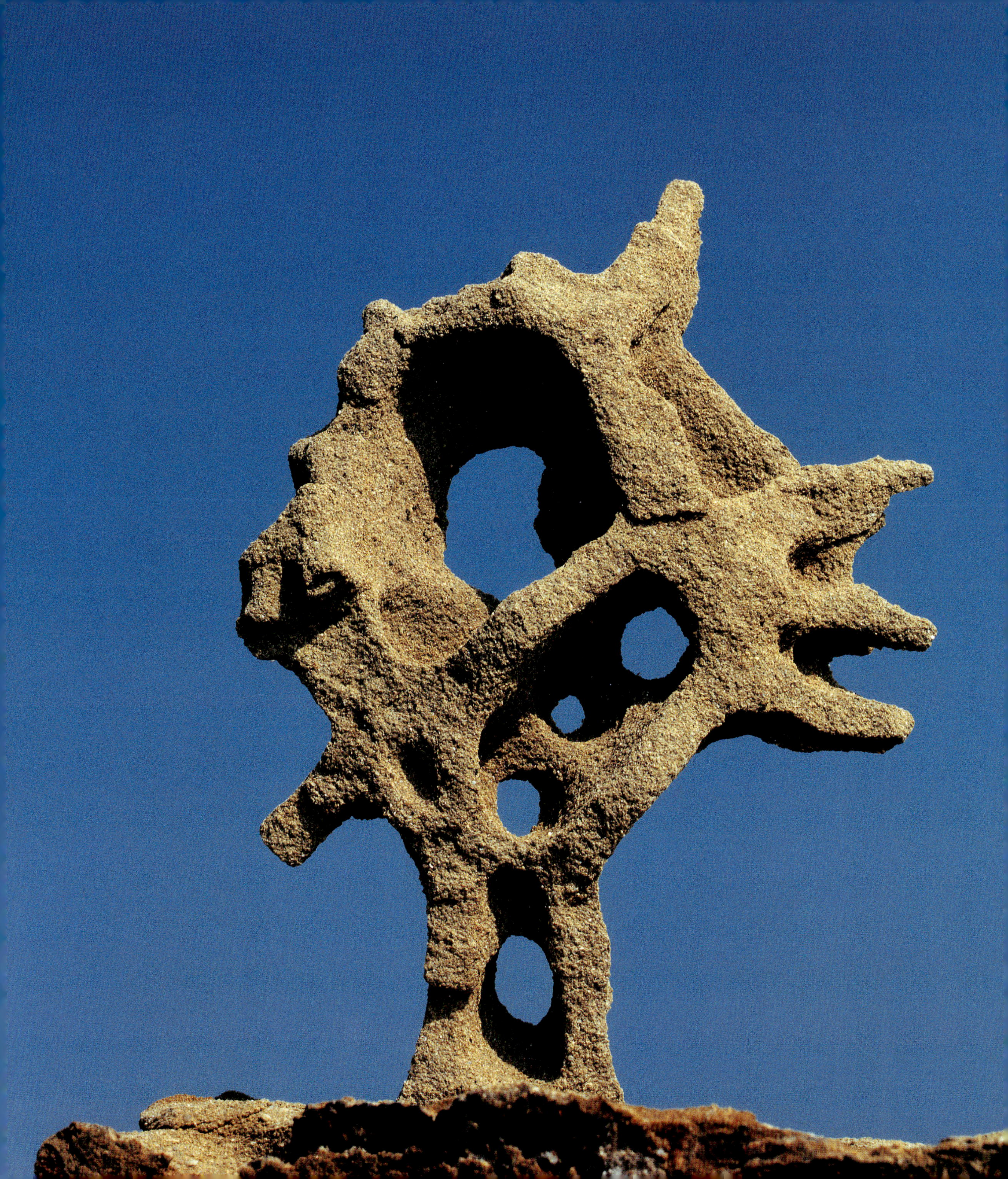

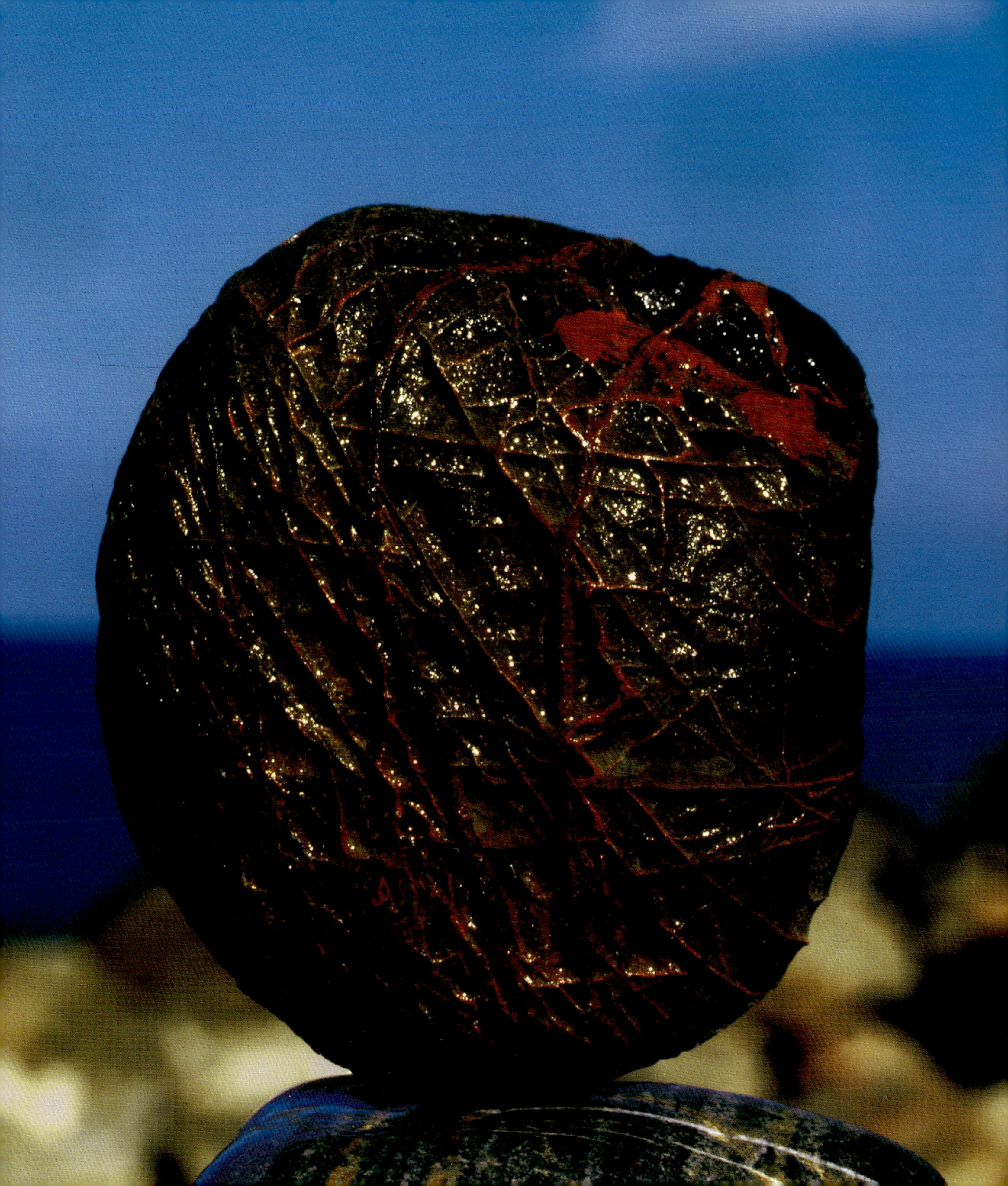

Simfonia de roca

A Toni Vidal

Com un camí iniciàtic vers alguna
bellesa humil, sovint desconeguda,
em descobriu en detalls exquisits
aquesta epifania de la roca.
Caprici incert en l'obrador del temps,
la forma mineral, en dúctils venes,
hi dibuixa la traça geològica,
mapa solcat de camins impensables
perduts en el silenci de l'onada,
del vent o de la pluja que modelen
amb voluptat encesa la figura
de l'obra mai perfecta ni acabada.
En el marc que em presenta la bellesa
batega el cor obert de qui la mostra,
delicada i fecunda, quan revela
aquell fulgor que uns ulls distrets ignoren,
pura presència esdevinguda enigma
quan la mirada atenta la penetra.
Encant elemental de la matèria,
transfigurada roca en l'esplendor
de la imatge sublim que la recrea.

PERE GOMILA

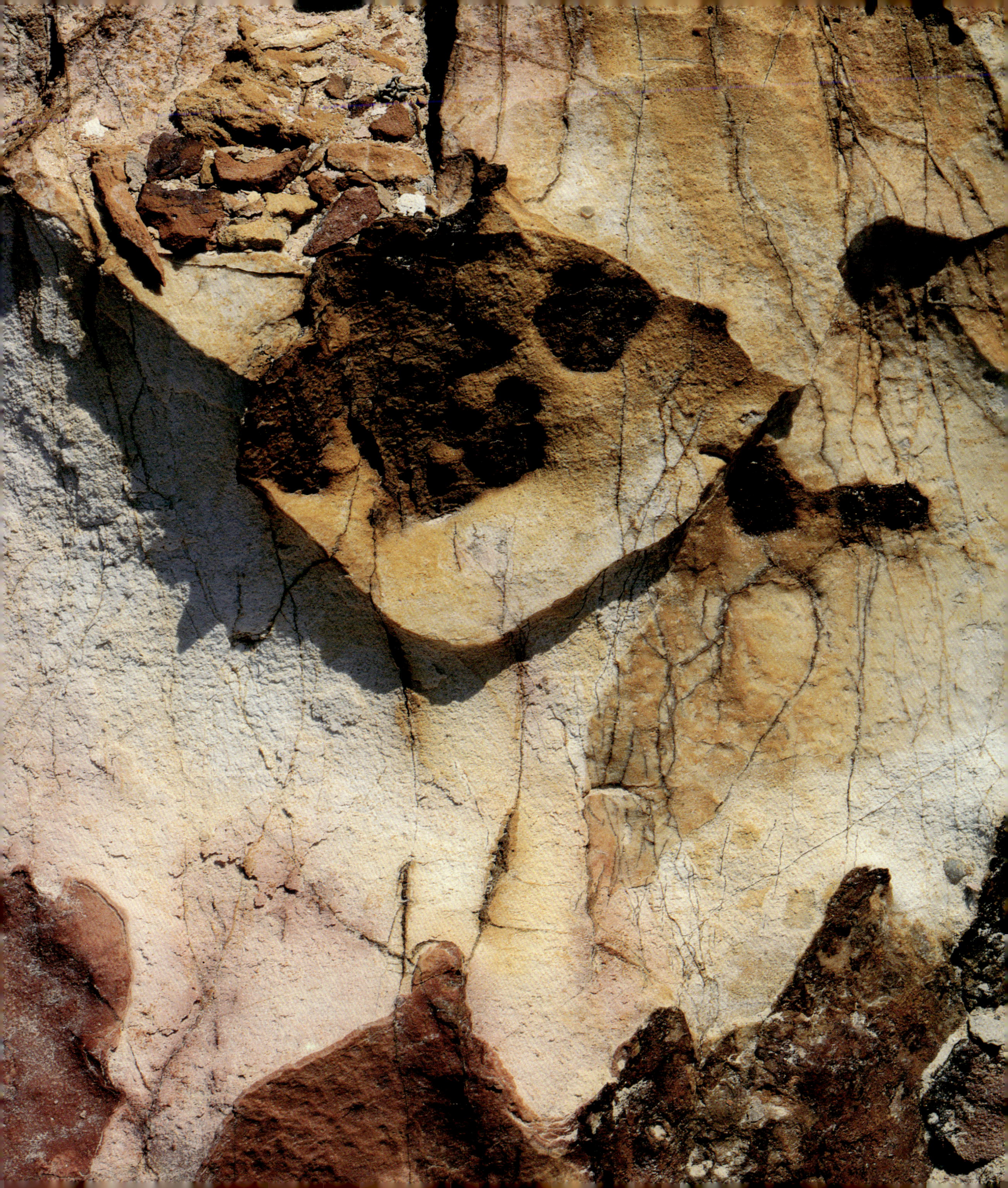

Para ver el prodigio

Sobre la superficie
                                        en las aristas
de las piedras y rocas
que pule el mar o que la lluvia hiere
con sus locas agujas
llegan el viento
                                el frío
                                                y el calor
muerden durante siglos y milenios
los puros silicatos y el carbono
y entonces surgen vetas
de óxido o de sales asombrosas
y metales recónditos:
mira las formas puras
                                                nota el manto
sedoso o arañado del cantil
verás cómo aparecen insólitas figuras
y un código de signos
complejo y misterioso que te habla
de las edades mudas de un planeta
perdido en el fulgor del universo
y en el que la materia te dió vida
inteligencia para que te asombres
manos para poder palpar y ojos
para ver el prodigio
                                            para ver.

José Agustín Goytisolo

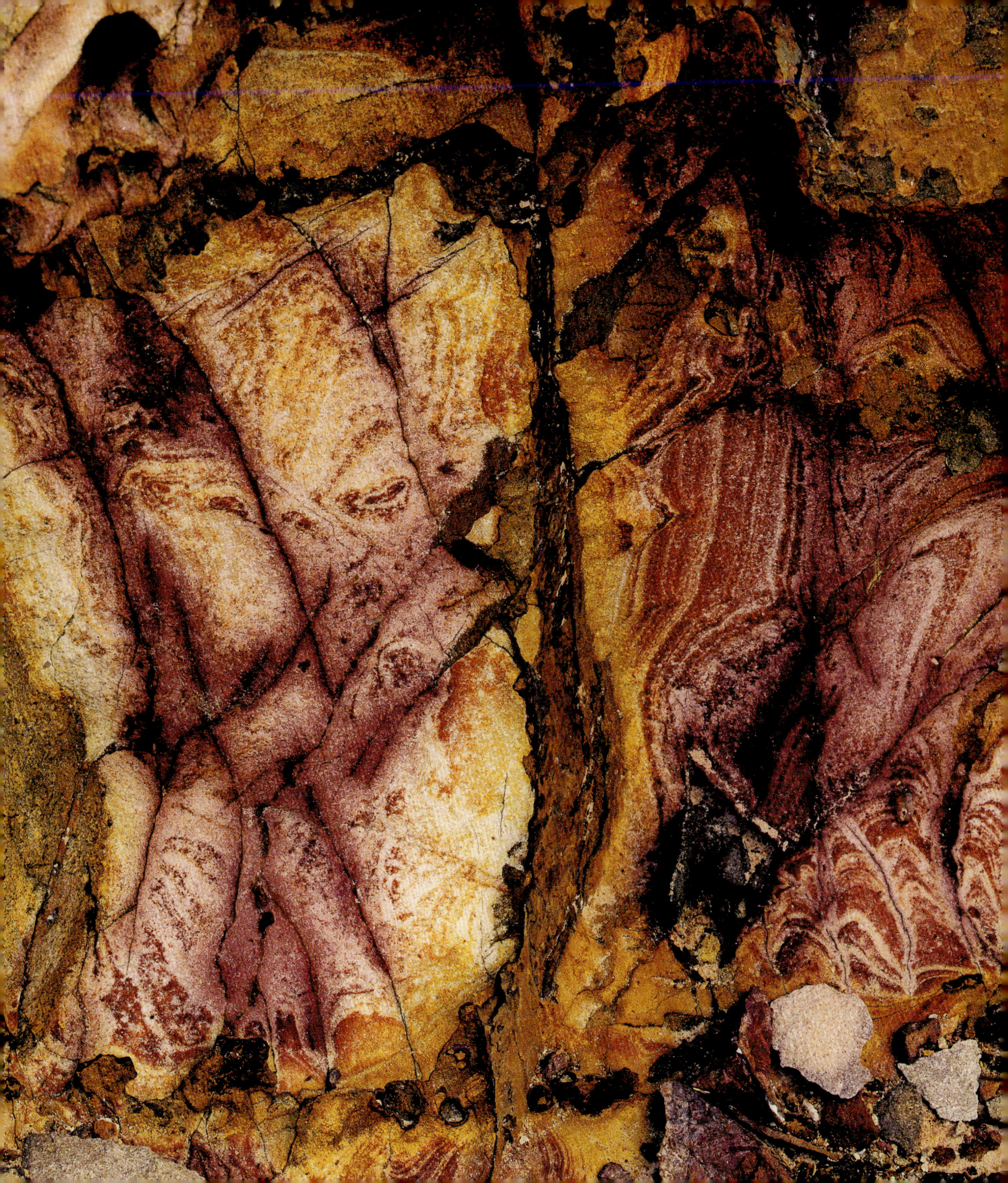

el fotògraf i la roca

(per en Toni Vidal, escriptor de la llum)

endinsar-se amb els ulls dins la roca
esbrinar-ne l'eternitat oculta
interrogar-ne la persistència
traçar els dominis de la pedra, la pols i la sorra
afitar amb l'ànima els límits del seu reialme
elevar l'ofrena de la seva metamorfosi impalpable

holocaust de vent i d'aigua
sense cap més altar
que la naturalesa de Menorca

solidesa i fragilitat de cromàtica bellesa
per tu escrutables
per tu poeta de poques paraules
d'imatges profundes

oratori de crepuscles
sense cap oració
figures esculpides pel vent i espelmes

dreces estàtues en homenatge al silenci del mar
ets amic del silenci: n'omples la teva parla
ralles amb silencis i espurnes a l'esguard
ralles amb imatges que diuen la puresa
deixada per l'imperceptible sedàs del temps
ralles amb visions menudes, serenes i lluminoses

sacerdoci de la contemplació
sense cap ritual
amor, respecte, concentració

Yael Langella

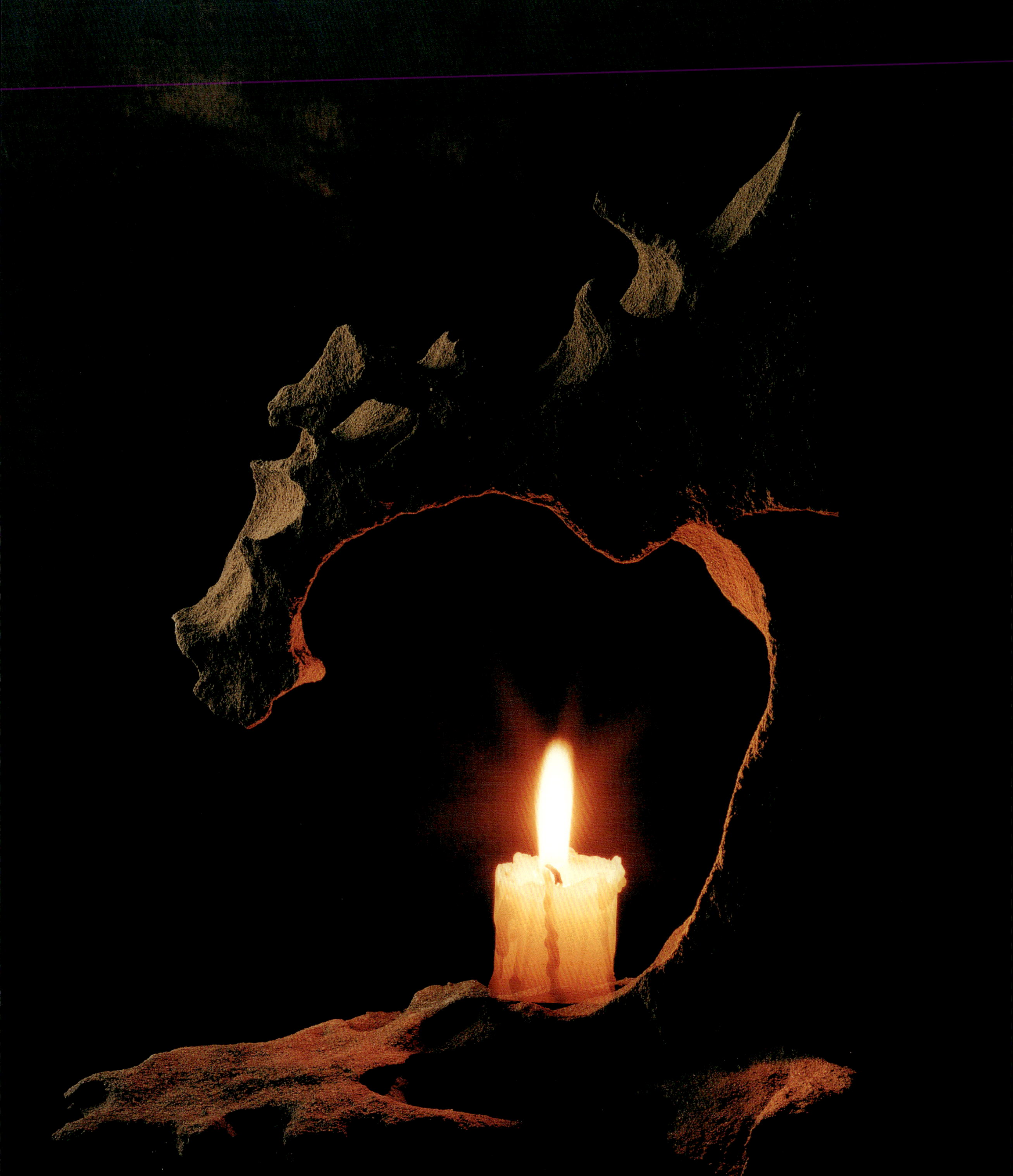

Camí de Llucalari

Heus ací,
de cop,
inabastable,
la rònega calba de rostoll i pedregar,
qualque ajupit ullastre.
Per la pedra seca
–vetlla d'escardasses, letàrgia de cargols –
amb jep feixuc
arrap l'òrfena ombra fatigada.

A mig camí,
lluny d'hort i casal,
ja no puc tornar endarrera:
vergers d'aigua silent
podreixen fruita fada als gorgolls d'antany,
i no hi ha
força de braus,
ni unça d'or,
ni sortilegi
que a la pell tendral
pugui retornar-li la lluïssor esmortida.

Furga la llebre el cau,
i la milana
planeja el seu vol llastat sobre el pedreny.
Un portell obert
i ombratges de pi ver
conviden al repòs de la migdiada.
El sol és alt.
Emmiralla.
Però no puc parar-me.
Tiraré endavant
mentre cregui
que puc salvar una sola cabòria
al fit on triomfa el blau i espurnegen els dofins.

Francesc Llinàs.
Maó, 1966

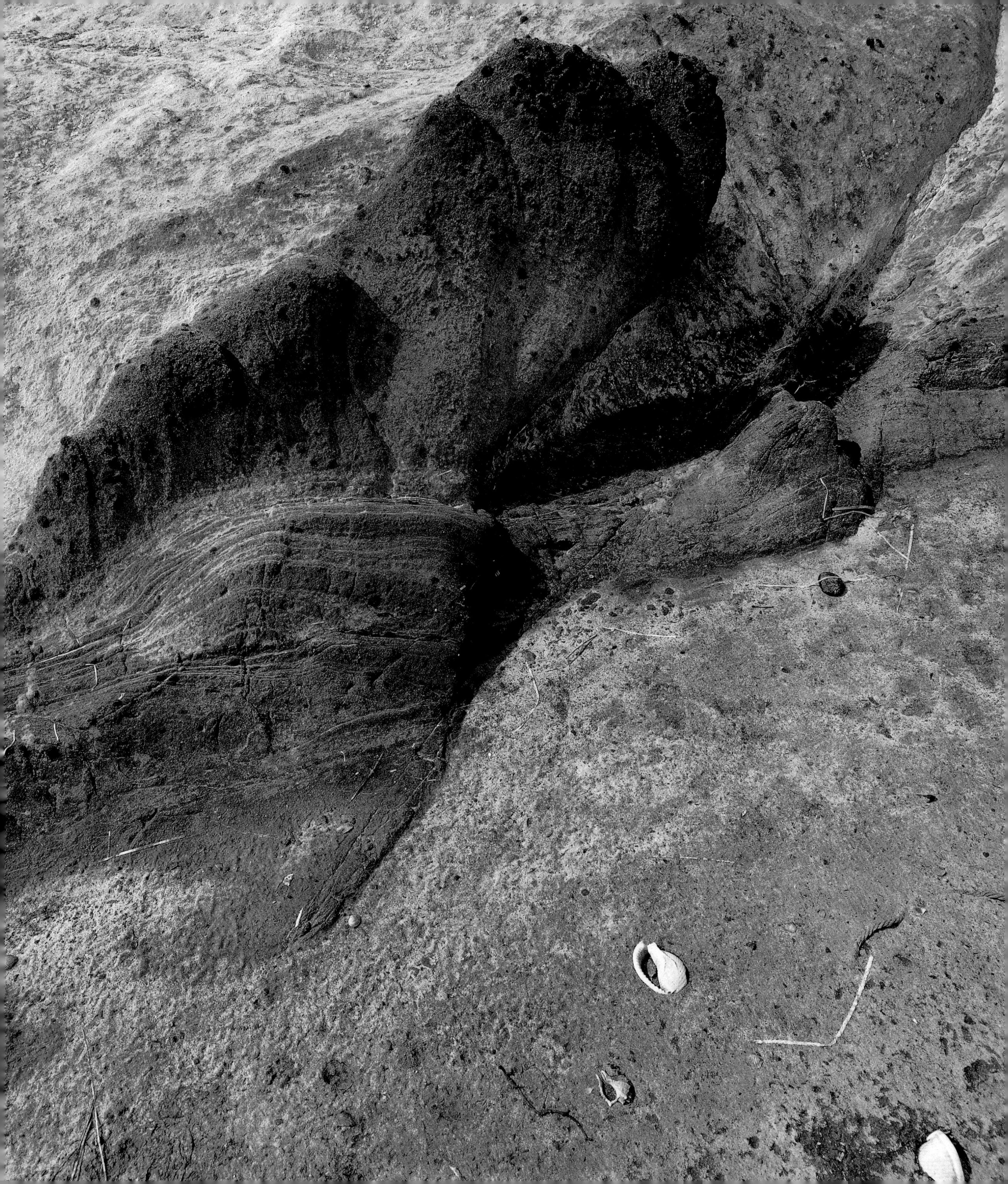

Un altre retorn

Tal vegada el relleu del temps és aquesta
profunditat immòbil de la pedra,
darrera de la qual s'endevinen respostes
a preguntes potser no formulades.
Què hi pot haver més enllà? La paraula
s'atura al caire viu del jeroglífic
i no sap expressar-ne la certesa.
Serà així si volem el minuciós
dibuix de sentiments que anem trenant
i destrenant al llarg de tota una vida;
serà així la claror tenaçment percaçada,
la simfonia de colors, els gorgs
amb miralls remotíssims, les esquerdes
que només el vent ressegueix i penetra.
Tan vastes com l'amplíssim horitzó,
les arrugues dels anys destrien llunes
i sols inesperats; l'absurd és l'ordre
i el desordre és el goig. Amb ull atent
descobrim formes, com qui neix de sobte
a més vida, i se sent esclatar en el prodigi.
Després, l'atzar pot fer-nos encara més
agosarats, i ens tornarà a una infància
que potser crèiem erta i oblidada.

Miquel Martí i Pol
Roda de Ter, gener 1987

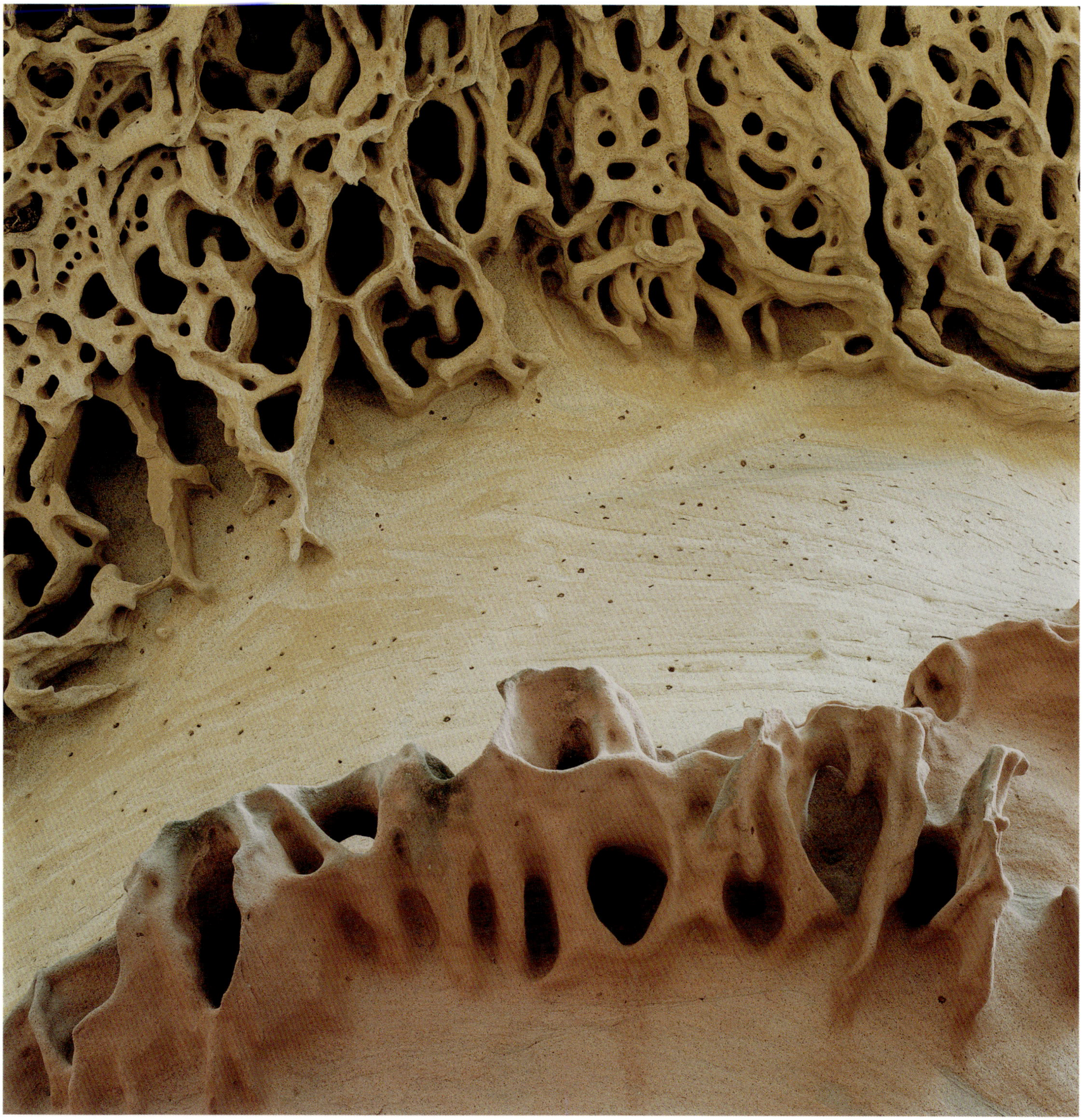

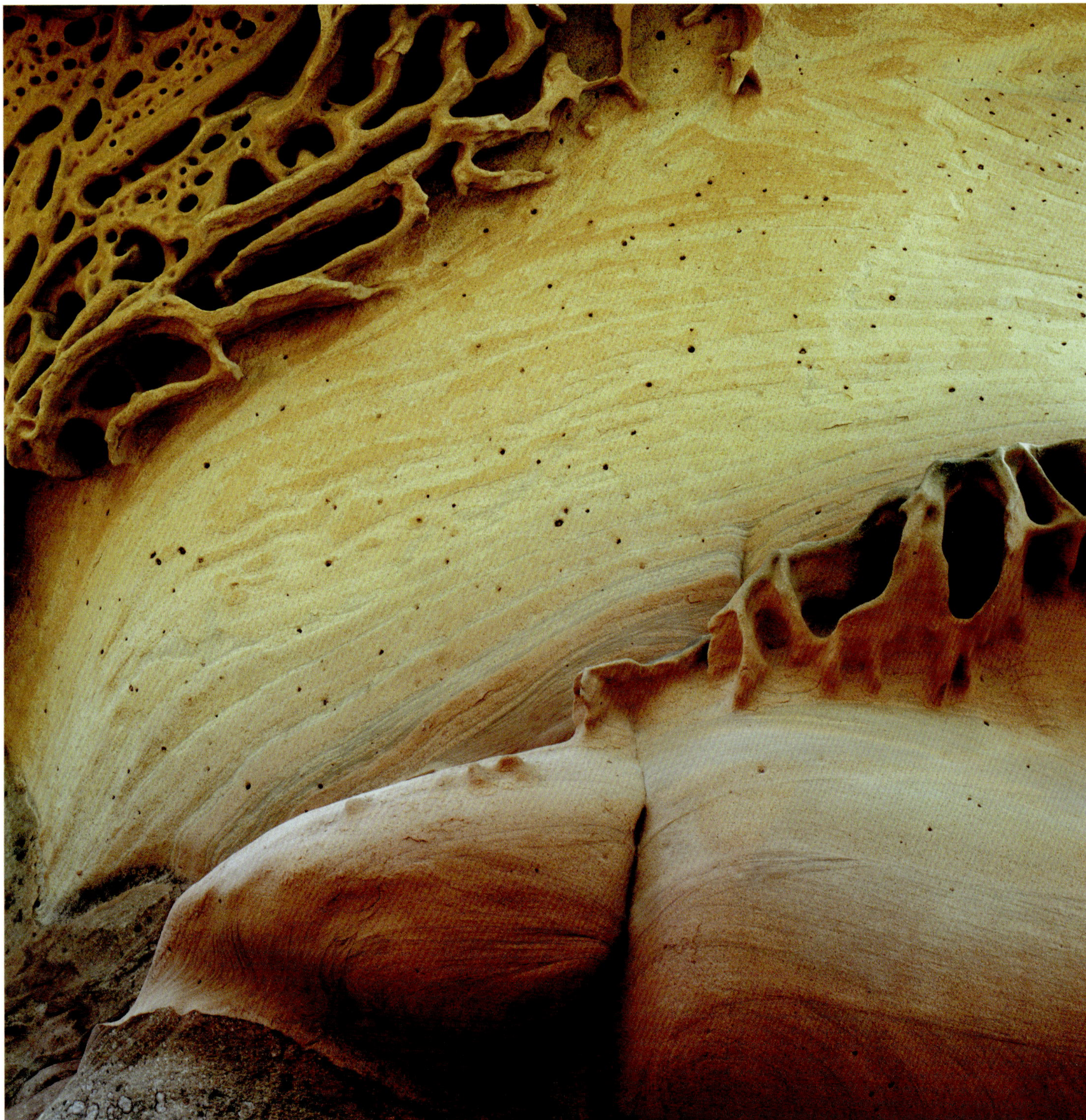

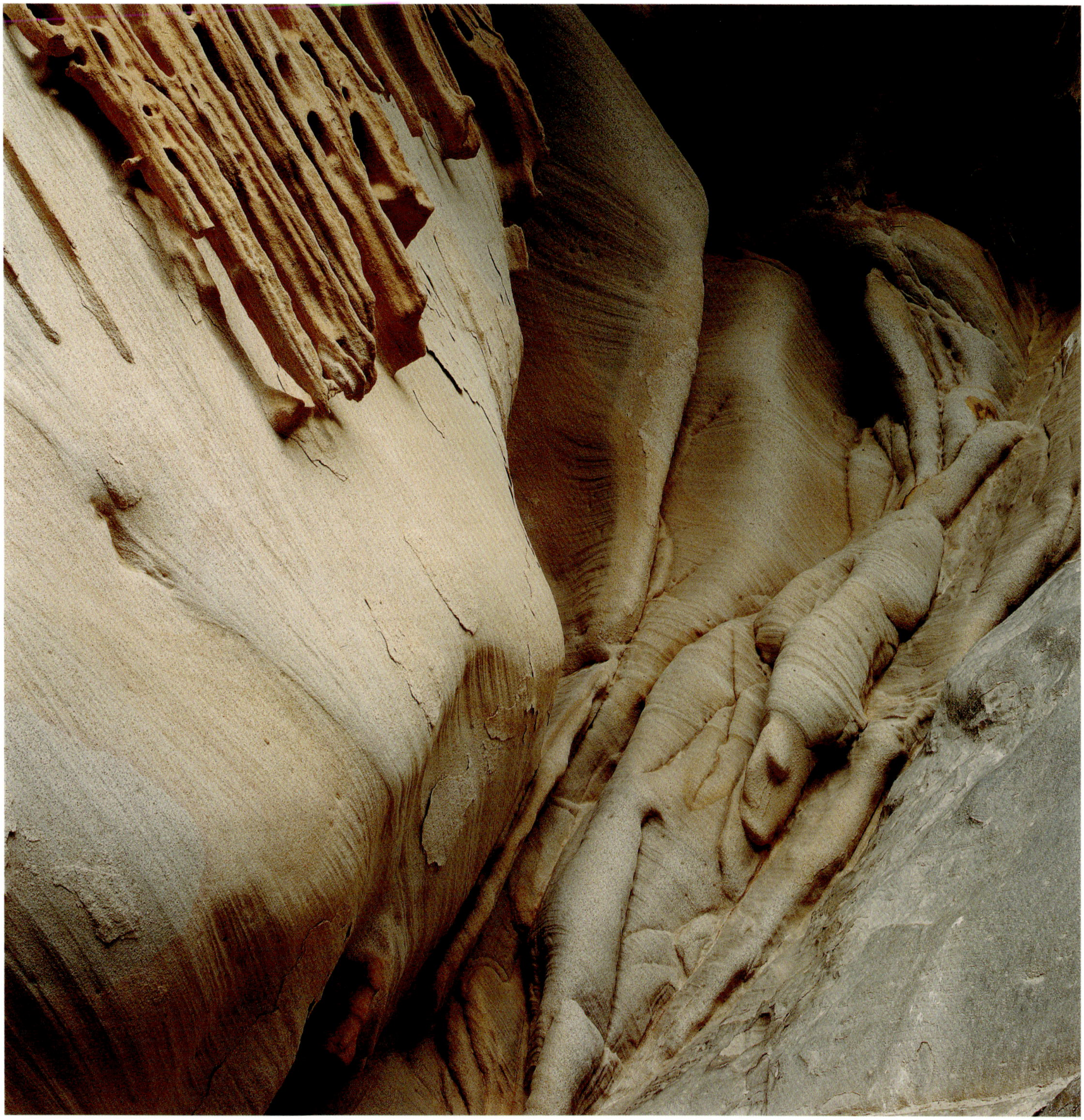

I

Si la pedra és l'obscur, el jeroglífic
tan poden ser els relleus com les estries.
Parlo d'aquest paisatge que revela
profunditats d'estranya morbidesa
i combina textures i matisos
en un teixit més dens que un pentagrama.
Ecos de mar i música de cossos
per la clivella que absorbeix les ombres;
ecos de mar i un escampall de sorra
quallada pel caprici de la fosca
voluntat d'algun déu absurd i tràgic.
Ocres de sol desmesurat, i grisos
de tarda grisa. No hi ha veus ni somnis
rera aquest mur perfecte en la nuesa
de la seva escarpada arquitectura;
no hi ha neguit tampoc, ni plou l'angoixa
pels camals d'un desig que no es concreta
sinó en signes llunyans, indesxifrables.
¿I què si el món ignora la bellesa
d'aquests espais? La bellesa és la lluita
per descobrir secrets i penetrar-los
sense alterar el dibuix que s'insinua
discretament en el relleix magnífic
que l'ull sorprèn. Tota la resta és fútil
banalitat, ombra potser de vida,
no llum de carn, ni vida veritable.

II

La sínia del temps no giravolta
pas sempre al mateix ritme. Tremolors
de sal t'enceten massa aquesta pell
de cada dia que no se't renova
perquè els anys te'n limiten el misteri.
I tanmateix tot el que tens és l'alba
clara dels dits, la fúlgida sorpresa
d'una mirada tan densa i porosa
com la pedra que esculls per reposar-hi
tot el gran cansament de creure i viure.
I creus i vius; un arbre tal vegada
pot servir-te d'escut, però no esperis
que el vent et deixi en pau. Cruixen de sobte
mobles plens de records, i plouen pedres
en un somni palpable i remotíssim.
Tot això tens. Arrenglera paraules
com si fossin menhirs per repetir-ho.
Tal vegada algun déu se'n compadeixi
i faci d'aquest lloc la seva estada.

III

Maridatge de signes. Si la polpa
d'aquests fruits no fos d'or, ¿de què seria?
Clama un profeta cec la meravella
d'anatomies flonges i envejables.
Dur com l'aigua aquest cel que no s'immuta
i només es permet la calidesa
d'algun núvol llunyà com un miratge.
Crida el mar, crida el mar; tota l'arena
s'ha fet dimensió per no confondre's
amb vagues horitzons. La forma escruta
la seva perdurable solidesa
i juga a ser el que és sense saber-ho.
Vet aquí el gran misteri. Com un repte
s'erigeixen davant els ulls atònits
immensitats, i dubtes, i esperances.
Tot és en tot, i per l'absència d'ombres
comprenem que la llum ens emmiralla
i esdevenim mirats en la mirada.
Darrera no hi ha res, només silencis
trencats pel dring constant de les preguntes.

Miquel Martí i Pol

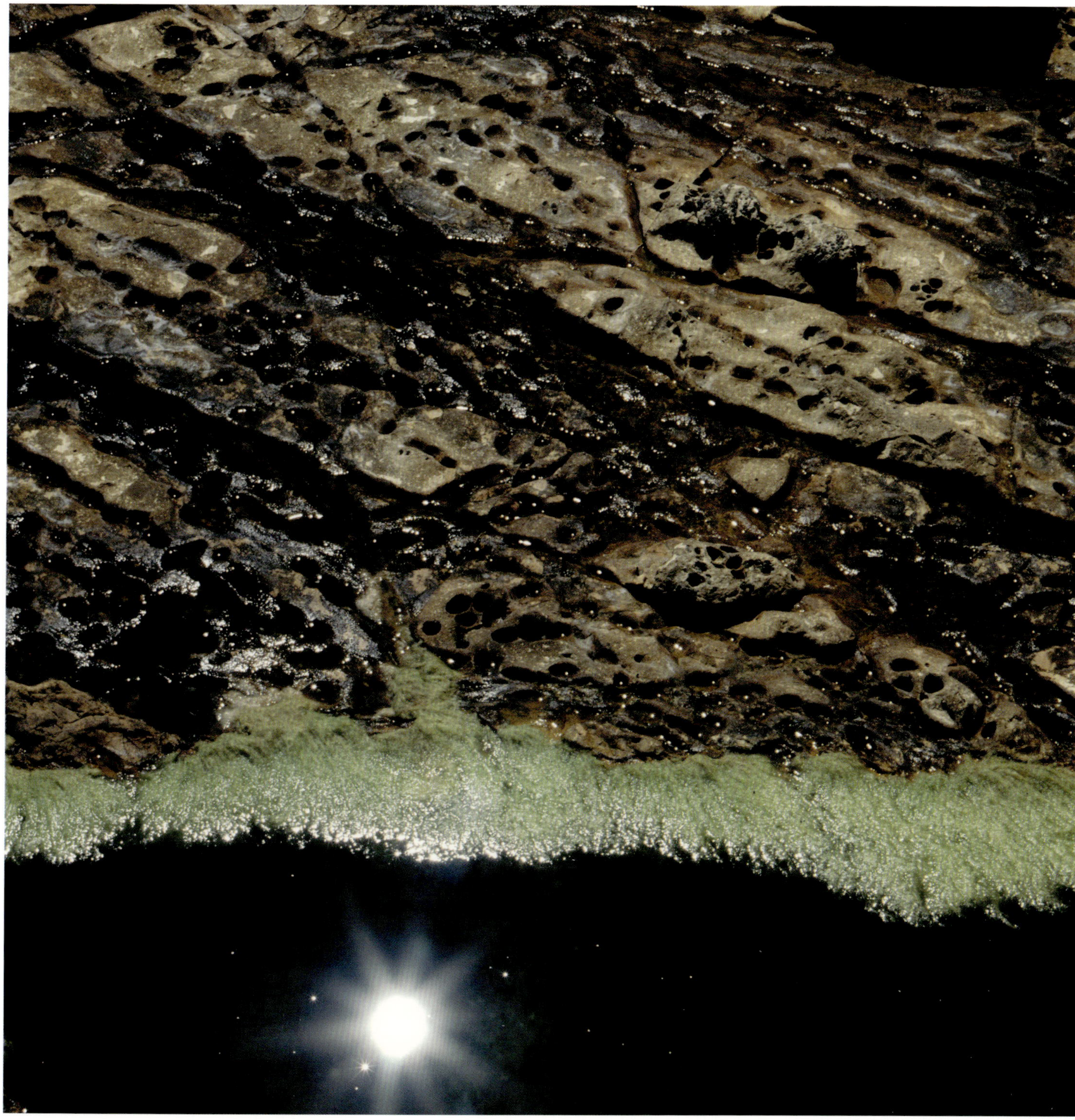

Aquestes flors que el sol a penes toca
prest llanguiran amb un posat cansí;
mes ara exulten encara, com si
fos per sempre el durar vora la soca.

Tornaran, però, els vents, que Eol convoca,
la llum s'entristirà a l'ocult camí:
tot el color, l'hi posarà la roca
que veus ara, polida i clara, aquí.

Àngel Mifsud Ciscar

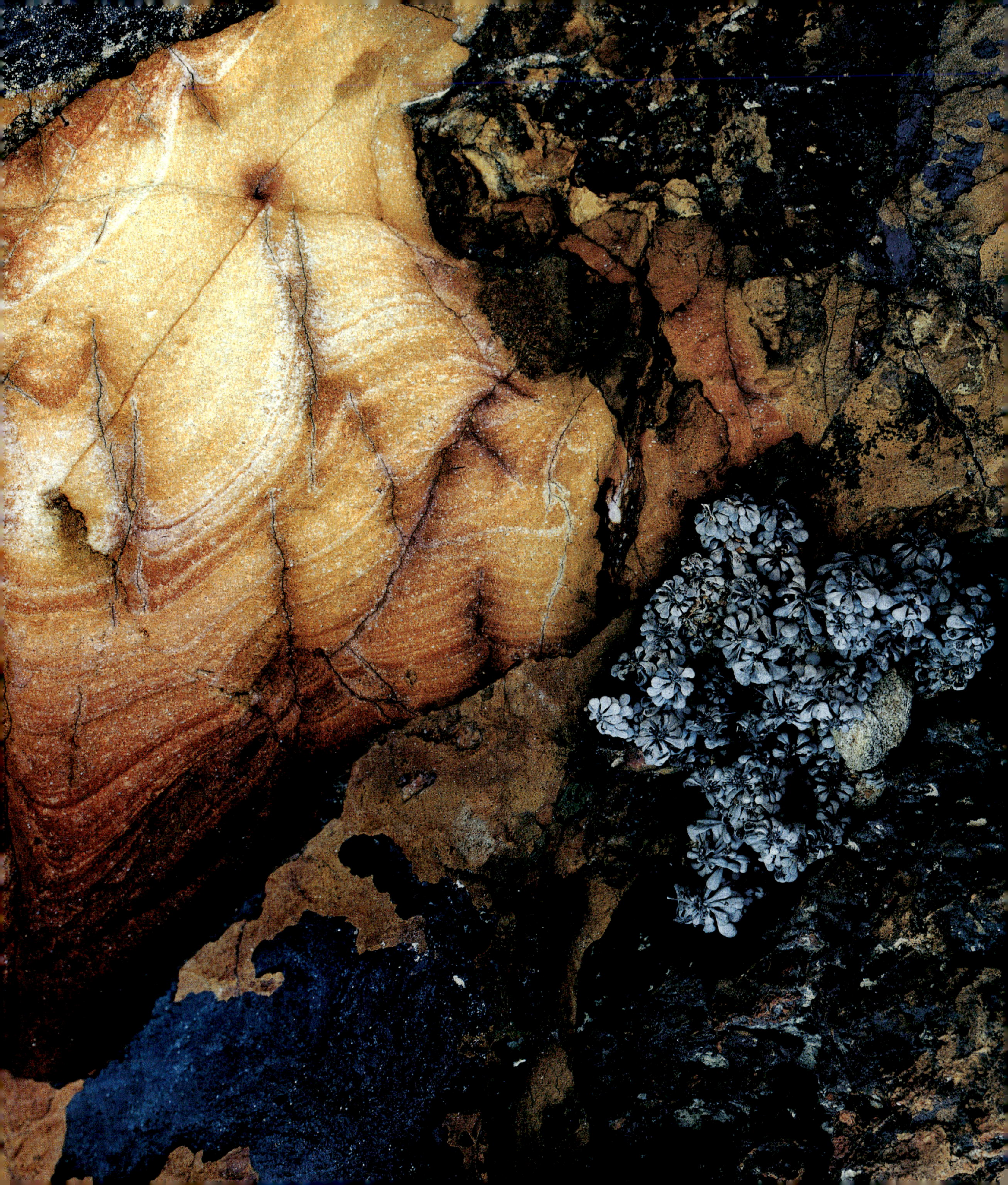

Faula

Un còdol cau en la quieta
pregonesa d'un gorg.
Desvetlla's l'aigua
en vast oneig concèntric.
Talment ressona
–musical, poderosa–
la paraula del poeta,
pedra polida en segles i tempestes
que una mà cull, sospesa
i deixa caure en el silenci.

Toni Moll Camps

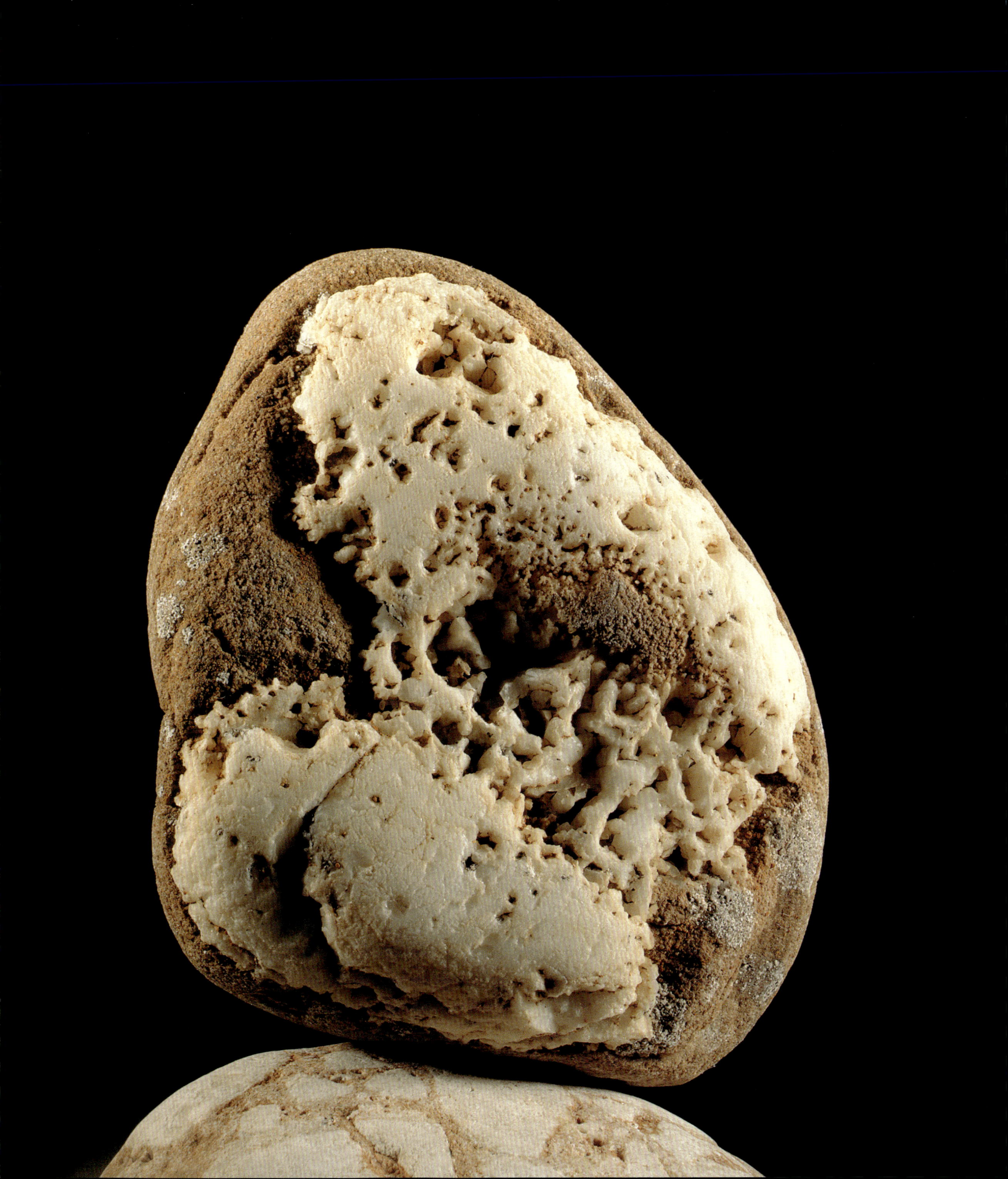

Llunyania

És la roca qui colpeja l' ona
la mar qui neda vora el peix ,
les petjades qui suren en la sorra ,
la canya qui cerca el pescador .

És el cor qui cerca l' amor ,
la raó qui despista els amants ,
la pluja qui desperta el vent ,
el sol qui es posa ulleres .

Són els dos amants entredormits
qui en la nit de lluna plena ,
s' asseuen vora la mar ,
en una roca
i escolten el tendre cant després de la tempesta .

MERITXELL MOYA

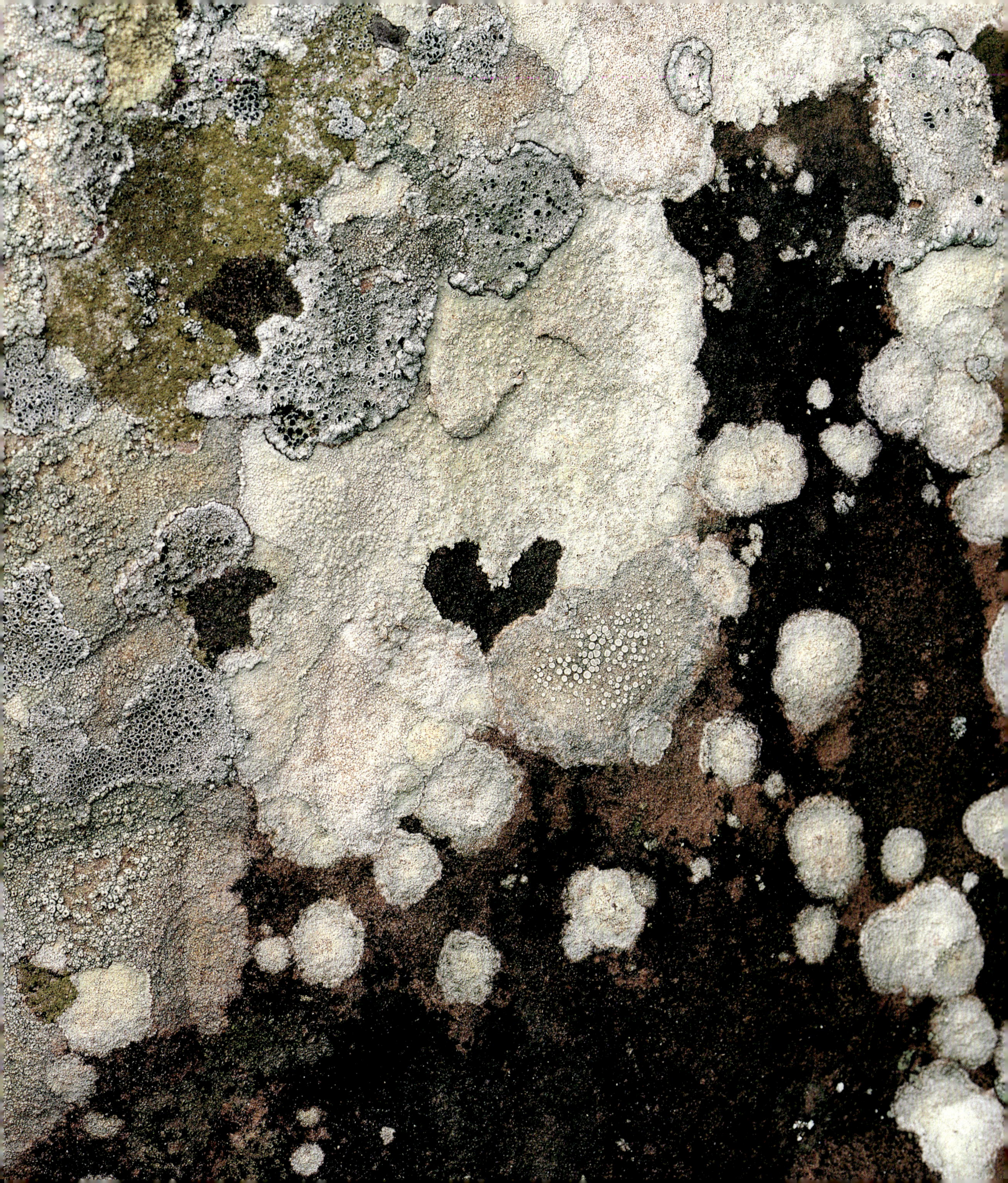

La dansa de la pedra

Des de la pedra, la carn: des de la pedra, la sang;
des de la pedra, les entranyes; des de la pedra, el somni;
des de la pedra.

El vent s'ha entotsolat en la pedra, s'hi ha enquimerat.
Bufa vers el seu propi centre, vers ell mateix, cridant-se
amb el seu nom enquibit en el silenci.

Pedra, anti-nom. Antinòmia de nom i cosa. Més semblant
a ella mateixa que ningú amb ell mateix. Tu ets pedra i
sobre aquesta pedra bastiré la meva pedra.

Endins d'ella mateixa, igual a ella mateixa, la pedra és
pedra.

JOSEP PALAU I FABRE

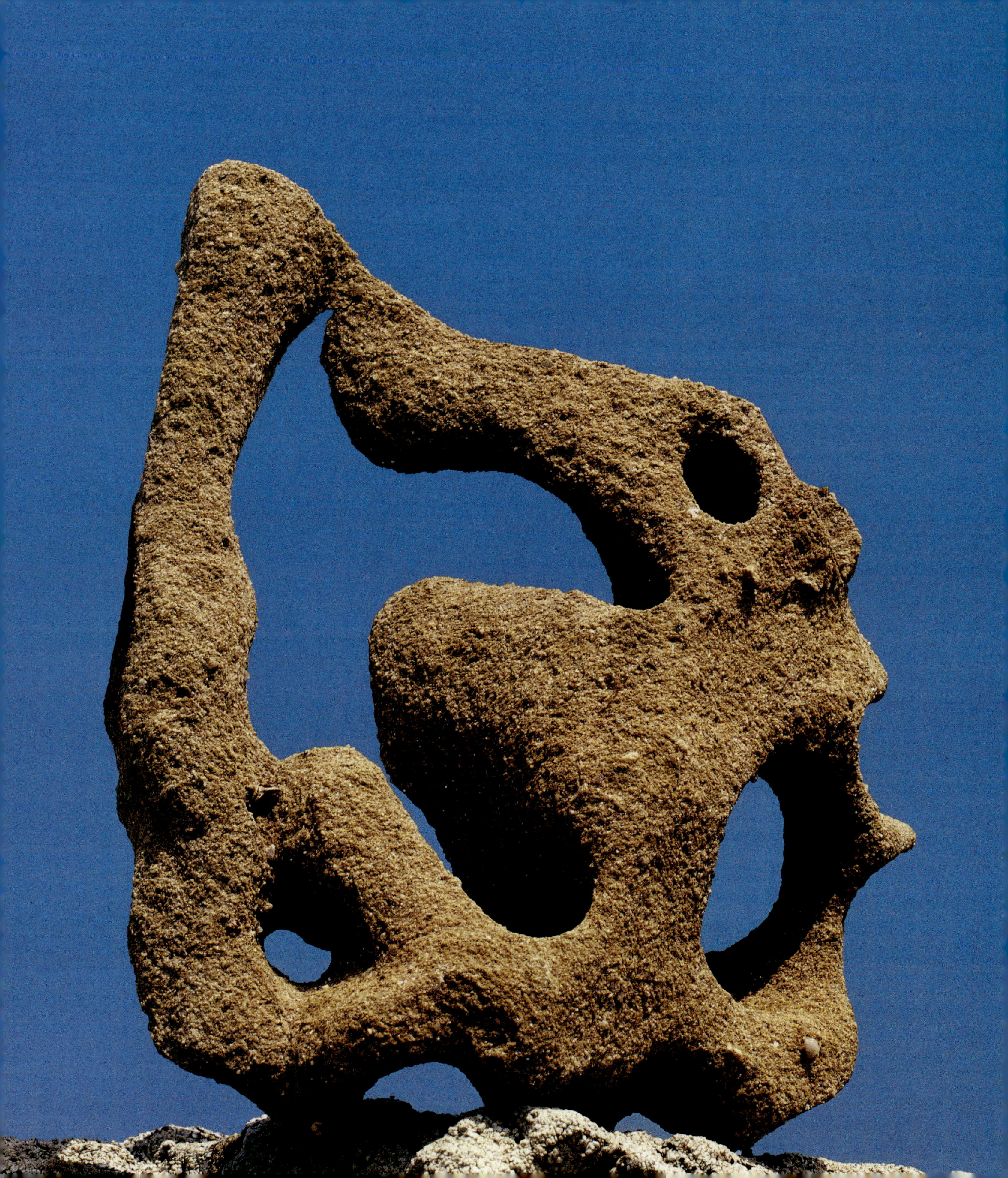

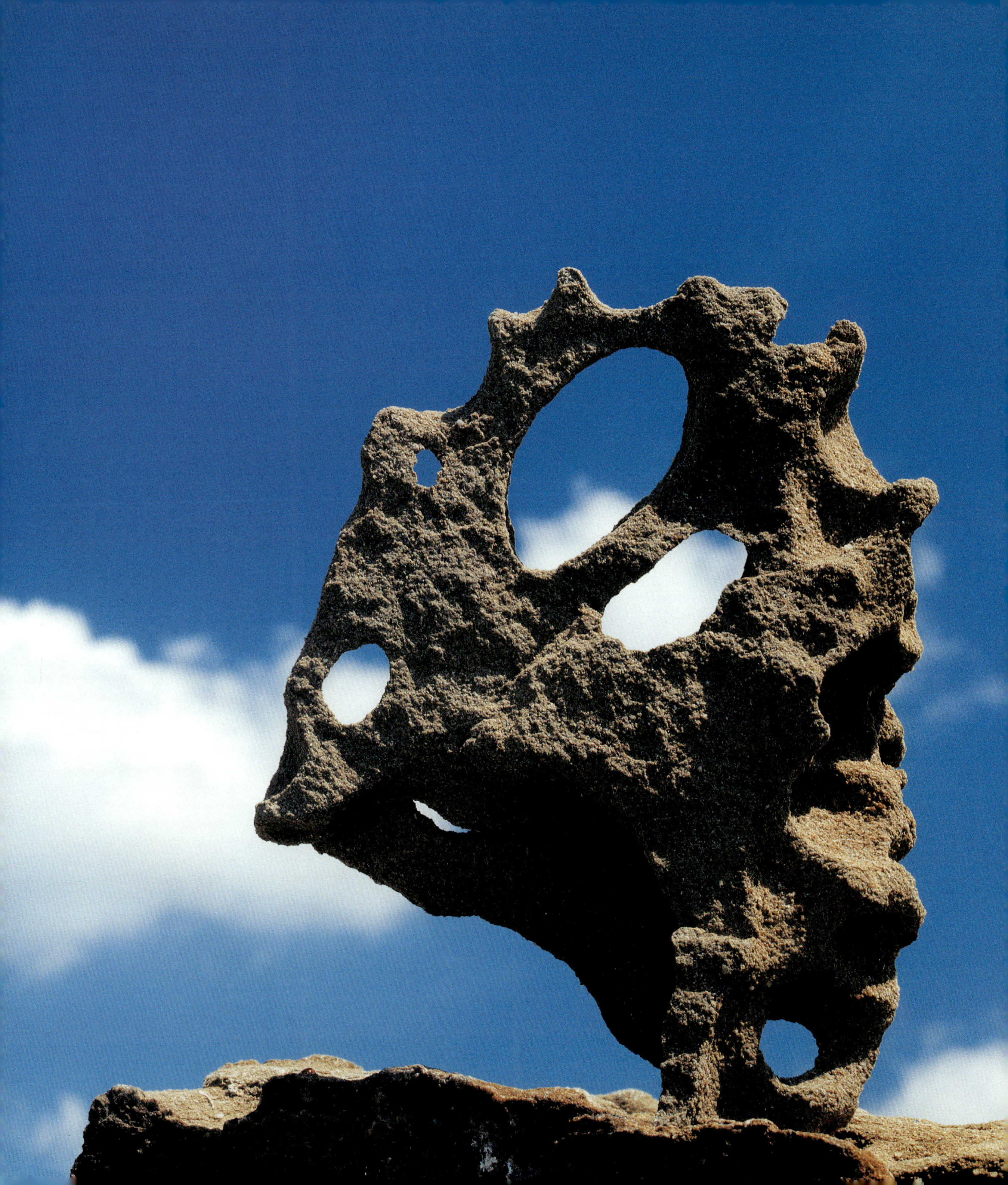

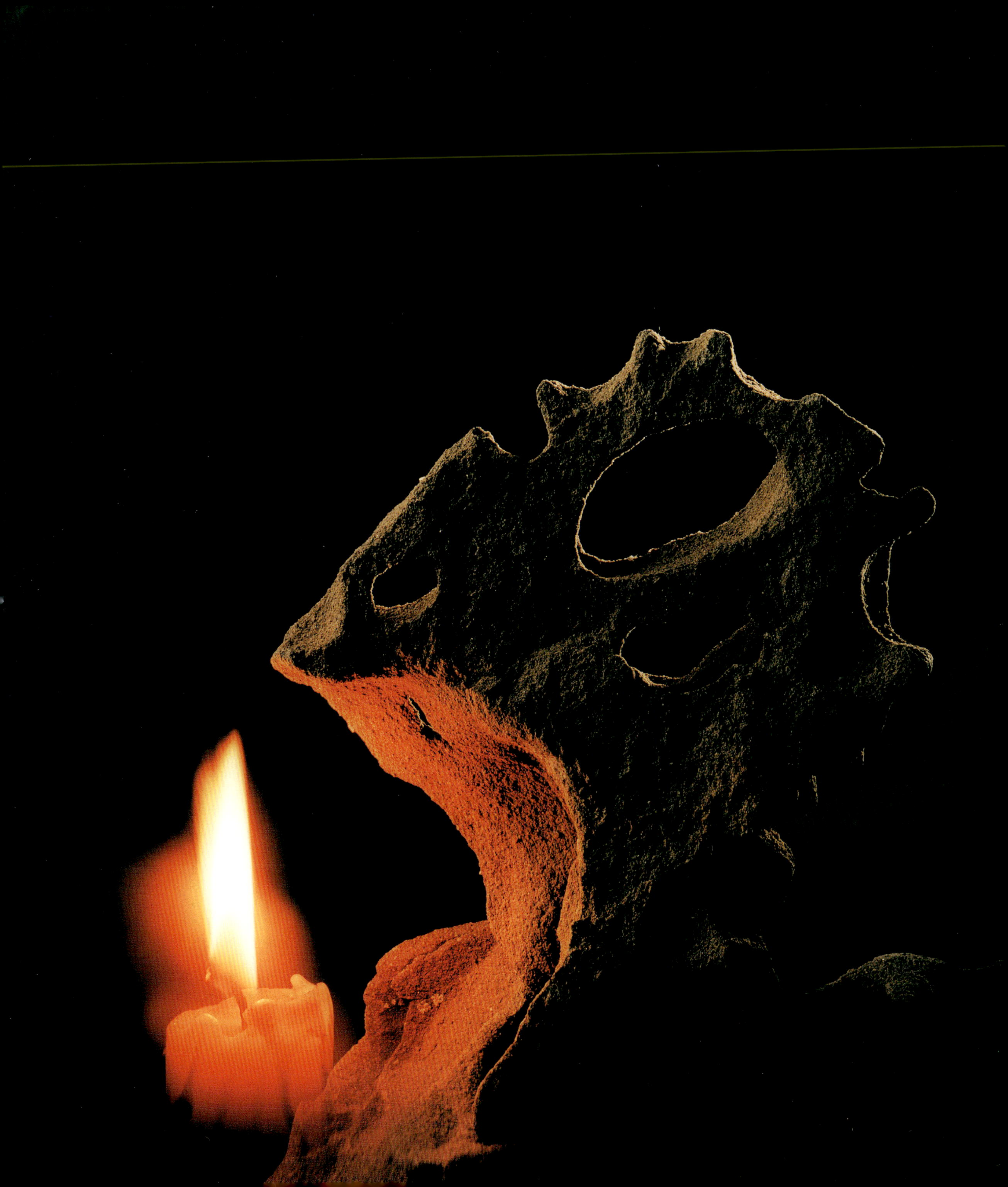

Pedra

Certesa de la pedra, a flor de mà!
Escultura de l'ésser, moviment
misteriós, toc de silenci: pura
harmonia dels àtoms, equilibri
d'unes forces antigues i secretes.
Negació del llamp, veu oposada
a la tempesta brogidora, còdol
arrodonit i gris, callada música...
Contra la fútil aparença, pedra.

La nostra vida s'esmicola: pols
que el vent s'enduu. Romboll, fràgil matèria
que empeny l'atzar. Només l'amor ens salva
–un diamant de límpida duresa.

JORDI PÀMIAS

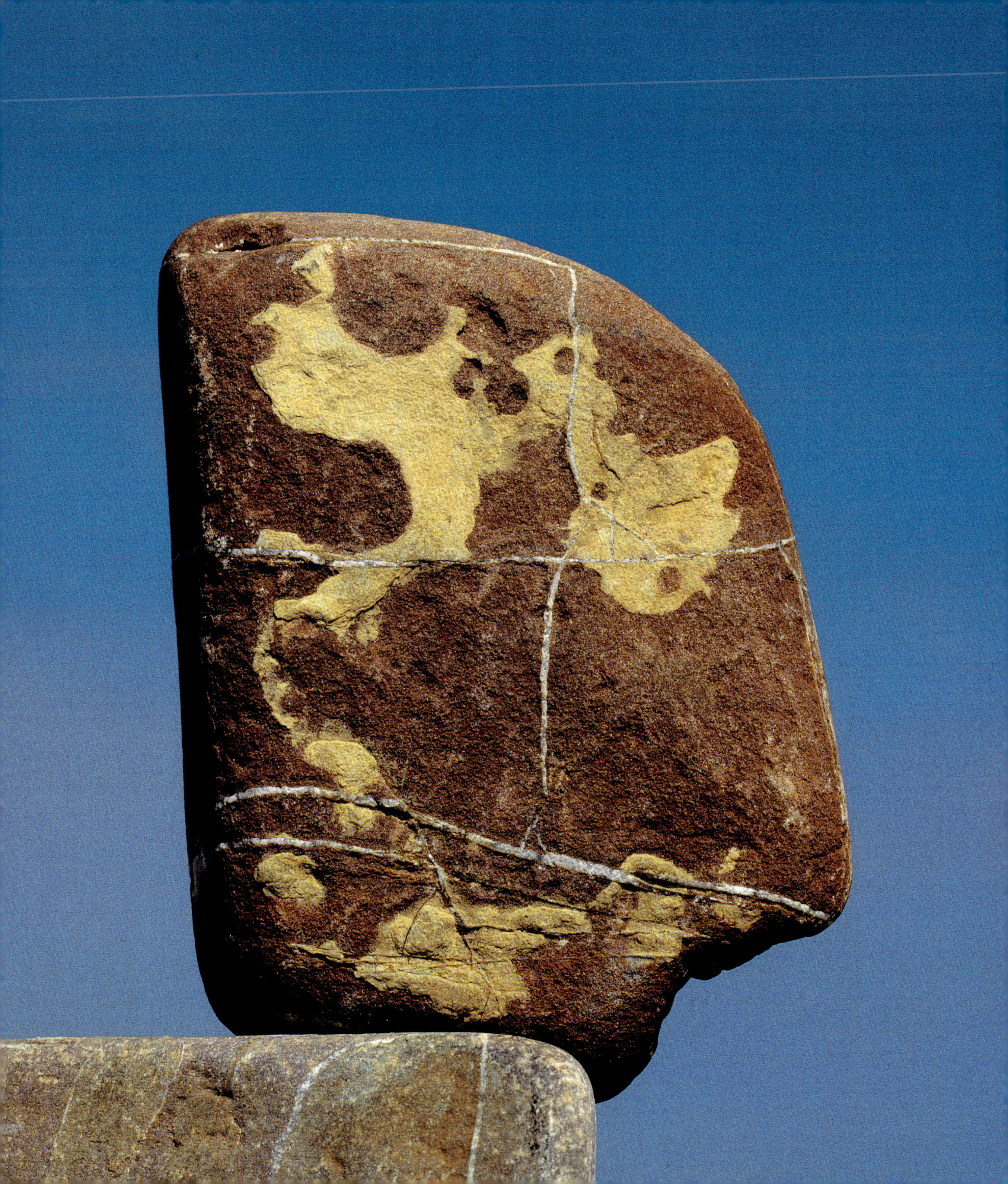

Les pedres amigues

Ara et diré
en prosa fragmentada
que estem d'acord
pedra Vidal
tens raó
i no se sap com

som
pedres singulars
riques en minerals
energia vegetal
instint animal
i desig incandescent

som
deixalles industrials
de roques ancestrals
pensades per fer fang
de gran qualitat
econòmic i transcendent

som
pols sideral
xerraire i sentimental
d'antigues pedres angulars
frívoles i errants
sota la cua del temps

som
pedres de foc
en estat de xoc

som
dèria i fal·lera
i pedra foguera

som
xiscle i foscor
i espurna de foc

som
un ull entelat
l'altre il·luminat

som
pacientment
el que som
i el que no som
i no et diré més
perquè a les pedres
ho saps perfectament
ens cansa enormement
parlar tan vagament
del que sabem i dubtem
consecutivament
i al mateix temps.

FERRAN PAUNER

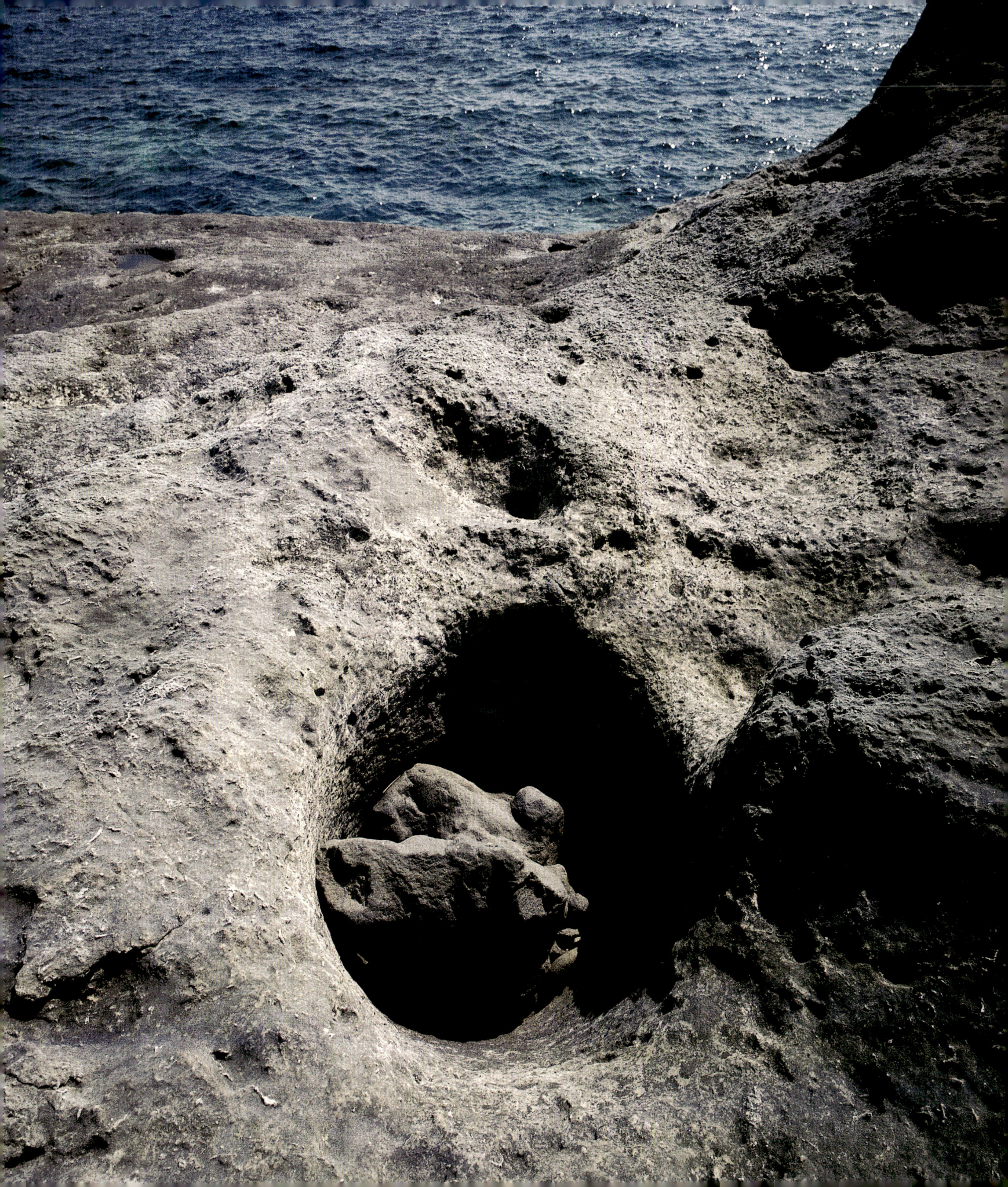

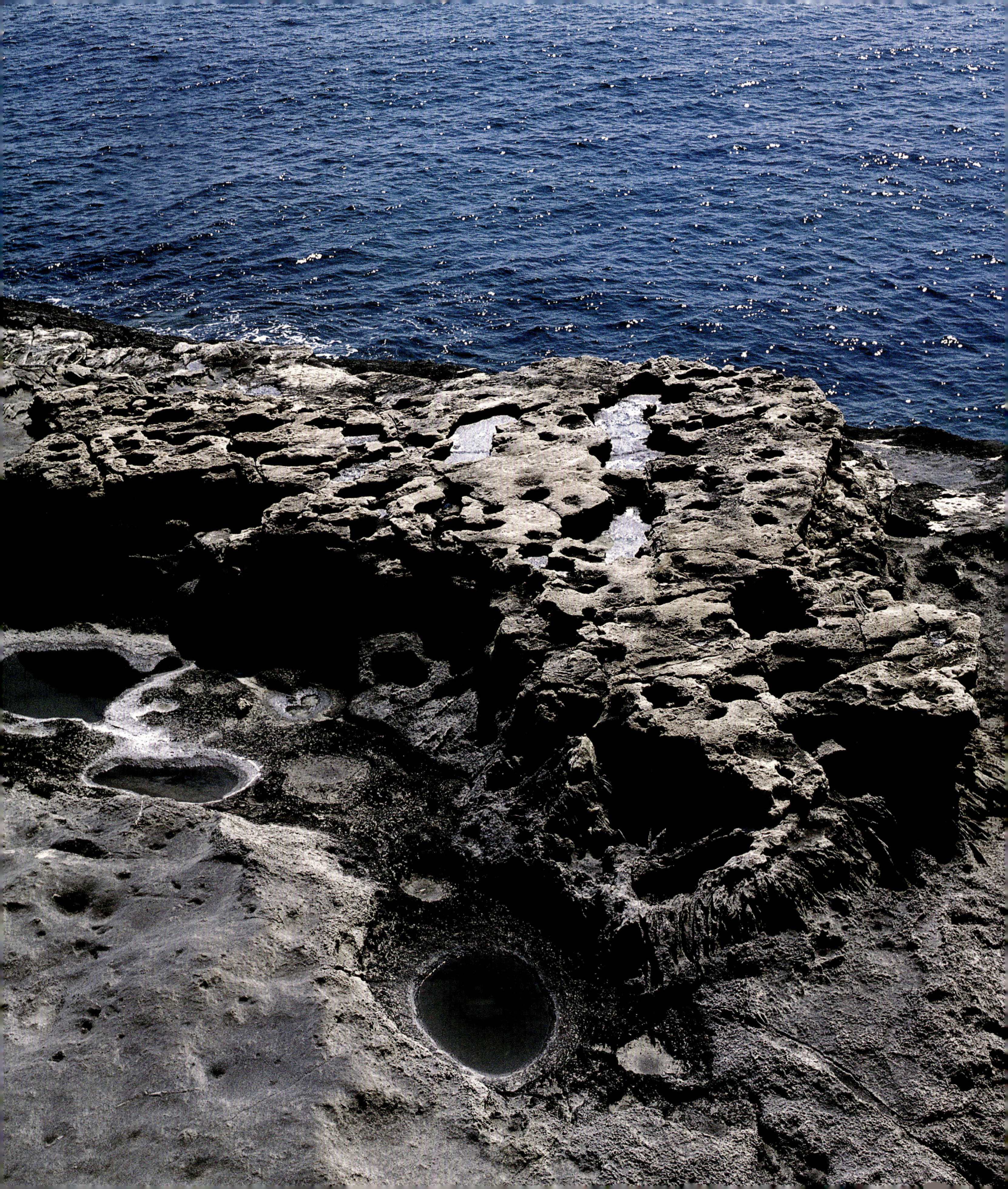

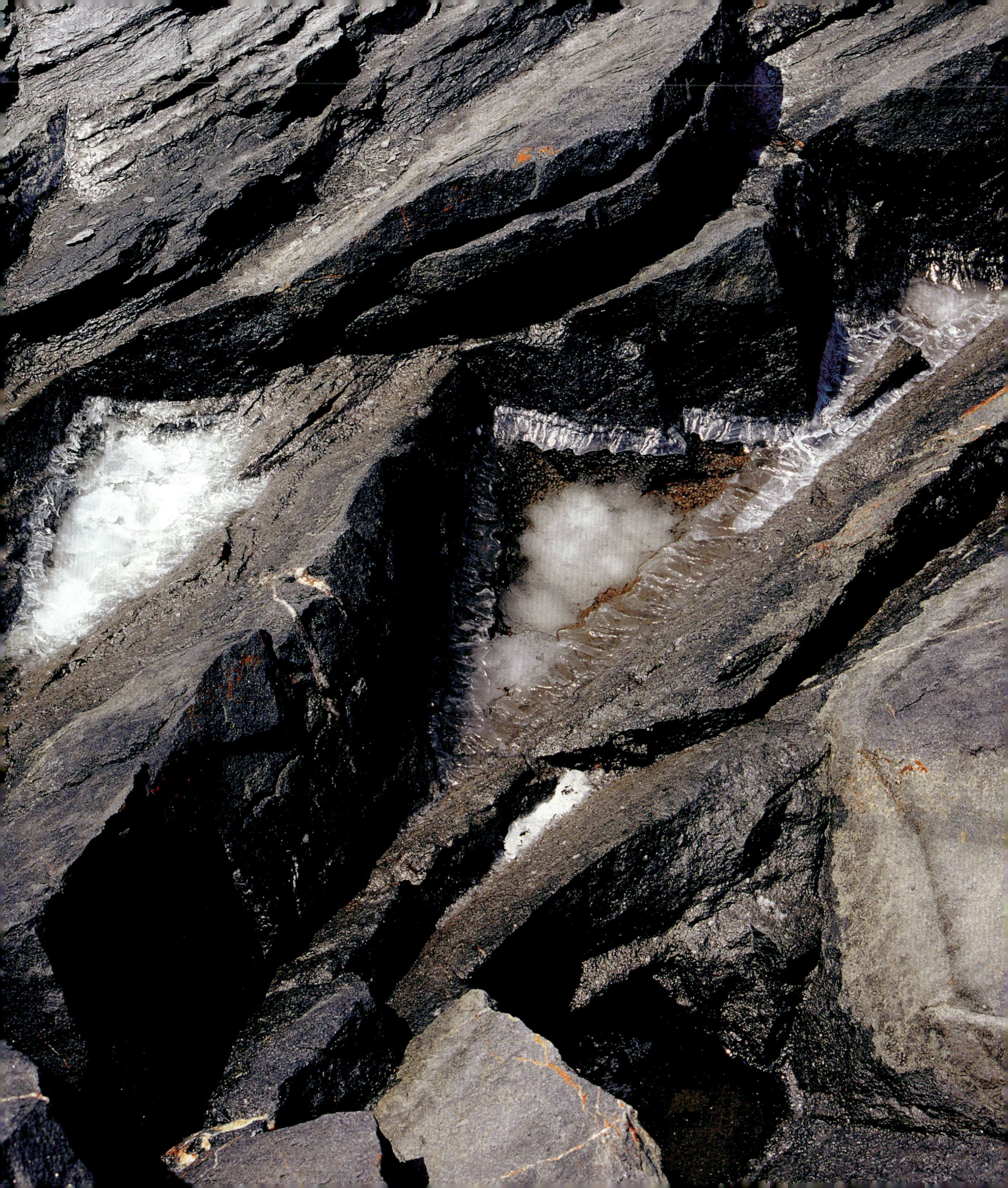

Pedra, roc, còdol o cantal,
mesura cauta d'un silenci,
pànic del desordre, fondària,
potser del temps la forma lenta
en el propi ser desguassada
o greu esberla en l'accident
de brots en albes oblidades,
cos en els dominis vesprals
de fonts, de rius, de llacs i mars
que s'hi prolonguen en esperes.

Ara circulen les històries
en els atzars del teu arxiu,
on hi ha enterrada la memòria
de les caigudes, de les aus
que fan les gestes dels humans,
i l'ull bada rels de matèria
quan la pedra, el còdol o el cantal
és d'un silenci a l'altre pausa
i entre els núvols i les aïgues
la veu dels anys, callada, parla.

MANUEL DE PEDROLO

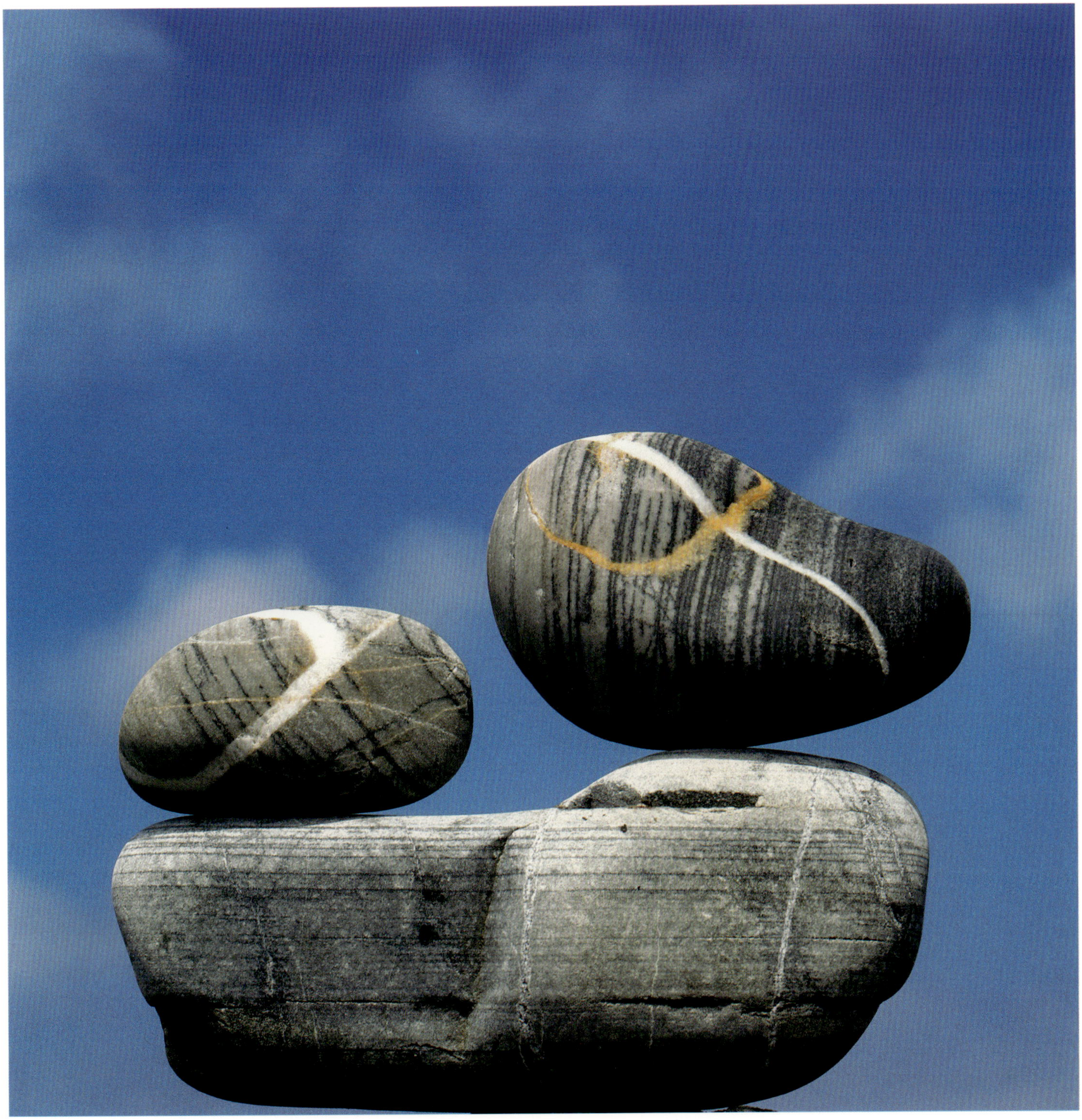

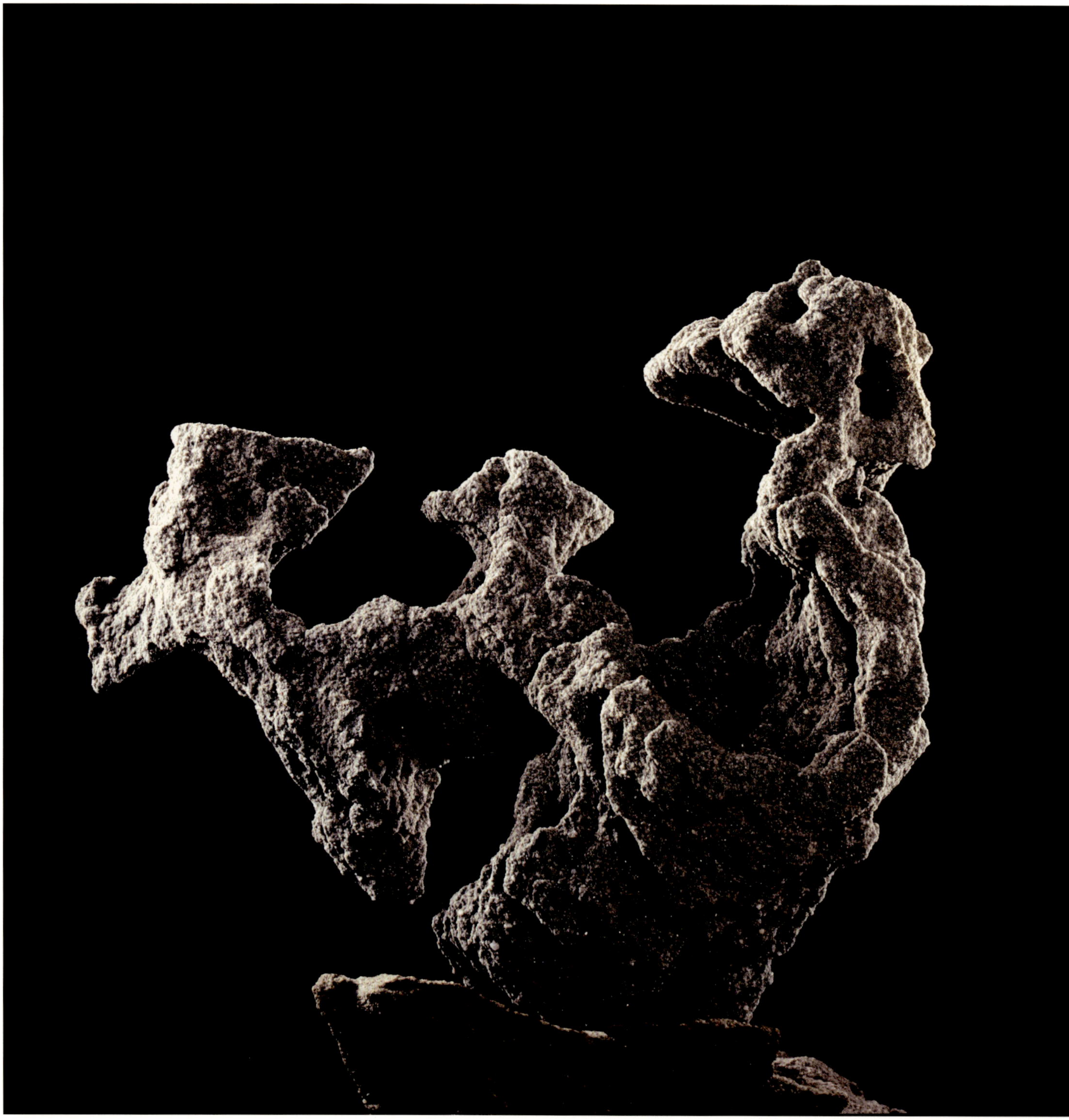

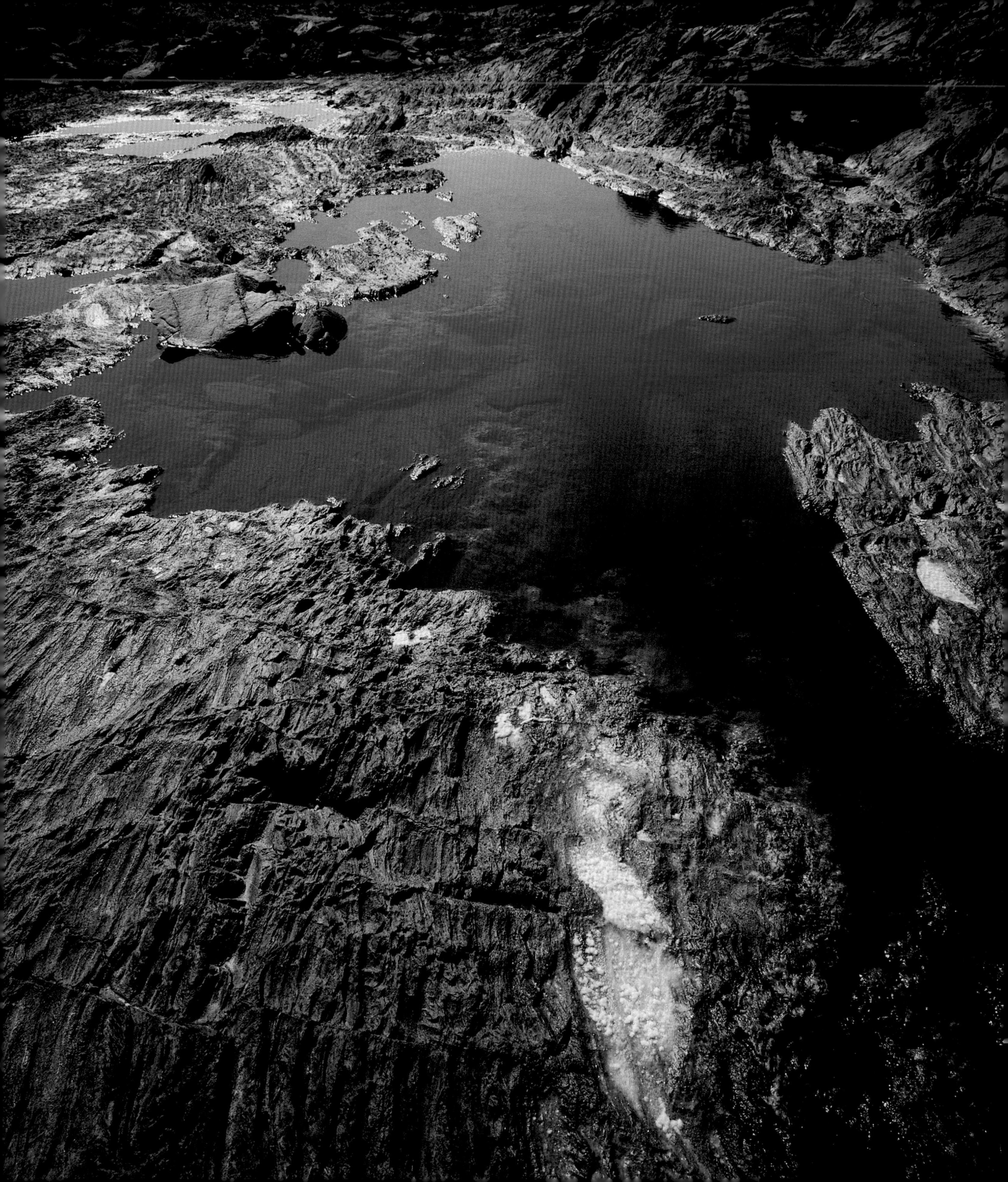

De la fonació i l'articulació, per cops de mar

Tot el vent de tramuntana pot ser concebut com un fet predisposador amb vista a produir un dels roncs més eixordadors que el territori emet en el nostre domini lingüístic. Es tracta del ronc d'es Macar d'Alforinet. Aquesta platja de macs –còdols, en aquell punt molt voluminosos– situada a la costa nord de l'illa de Menorca, articula, com un paladar de gresos vermells i ensalivats, la ratlla de vent i de mar que li arriba en cada tramuntanada. L'aigua embravida pel vent mou i cantelleja les pedres. El roncar del mar topant amb els rocs del litoral produeix un soroll fosc, esquerdat, fortíssim.

Naturalment, la cadena d'efectes implicats en aquest procediment sonor activa tota mena de corbes: les corbes altimètriques amb què el relleu pirinenc modela i accelera les masses d'aire fredes provinents de l'Atlàntic, les corbes isobàriques de l'onatge del vent, les corbes pròpies de l'onatge del mar, les corbes volumètriques dels macs, l'onatge sonor recorbat que emeten els macs i l'aigua en rebolcar-se, les corbes de relleu dels espadats on aquell estrèpit ressona... És, doncs, ben pertinent d'afigurar-se, en la modulació sonora d'un d'aquells roncs d'es Macar d'Alforinet, la participació de la forma amb què els plegaments i l'erosió han cisellat, tres-cents quilòmetres lluny, el coll de Bocacerç o el perfil del Puig Neulós. L'obediència sintàctica dels fenòmens, entre ells, és absoluta. Tot respon a regles fixes, sinó que en una quantitat inabordable.

En realitat, la veu que resulta d'aquest paladeig costaner, és el fragor eixordador, conjunt de tots els factors que hi prenen part. Totes les condicions objectives, altrament inenarrables, intervenen en aquest so geogràfic: el diuen, el fan, el són. Només que, en una escala gegant, el procés per arribar a aquest so costaner ofereix, de fet, una semblança prodigiosa amb els mecanismes d'articulació i d'emissió propis de la veu humana. La fonació és enorme i potent, d'una gran ratxositat, de buf seguit, de bona respiració. La incidència orogràfica dels cims i la funció orientadora del Golf de Roses emeten la gruixa d'aire en moviment. El vent que en resulta s'abat sobre el mar i el mou amb força, en direcció a la costa nord i est de l'illa que, generalment, marquen el màxim abast d'aquest vent (la tramuntana no sol pas ultrapassar el paral·lel de 40º: Illes Balears). L'onatge que, en el seu recorregut impetuós i udolant, el vent empeny i aixeca provoca l'efecte mecànic concret sobre els macs de la riba que sentim. Aleshores, d'allà estant, arrenca, encara, un altre mar sonor, tant o més embravit, el soroll del qual s'arrossega i es dissol pels alzinars i els conradissos, amb unes llengües poroses, regalimants, fins ben endins del territori de l'illa.

PEREJAUME

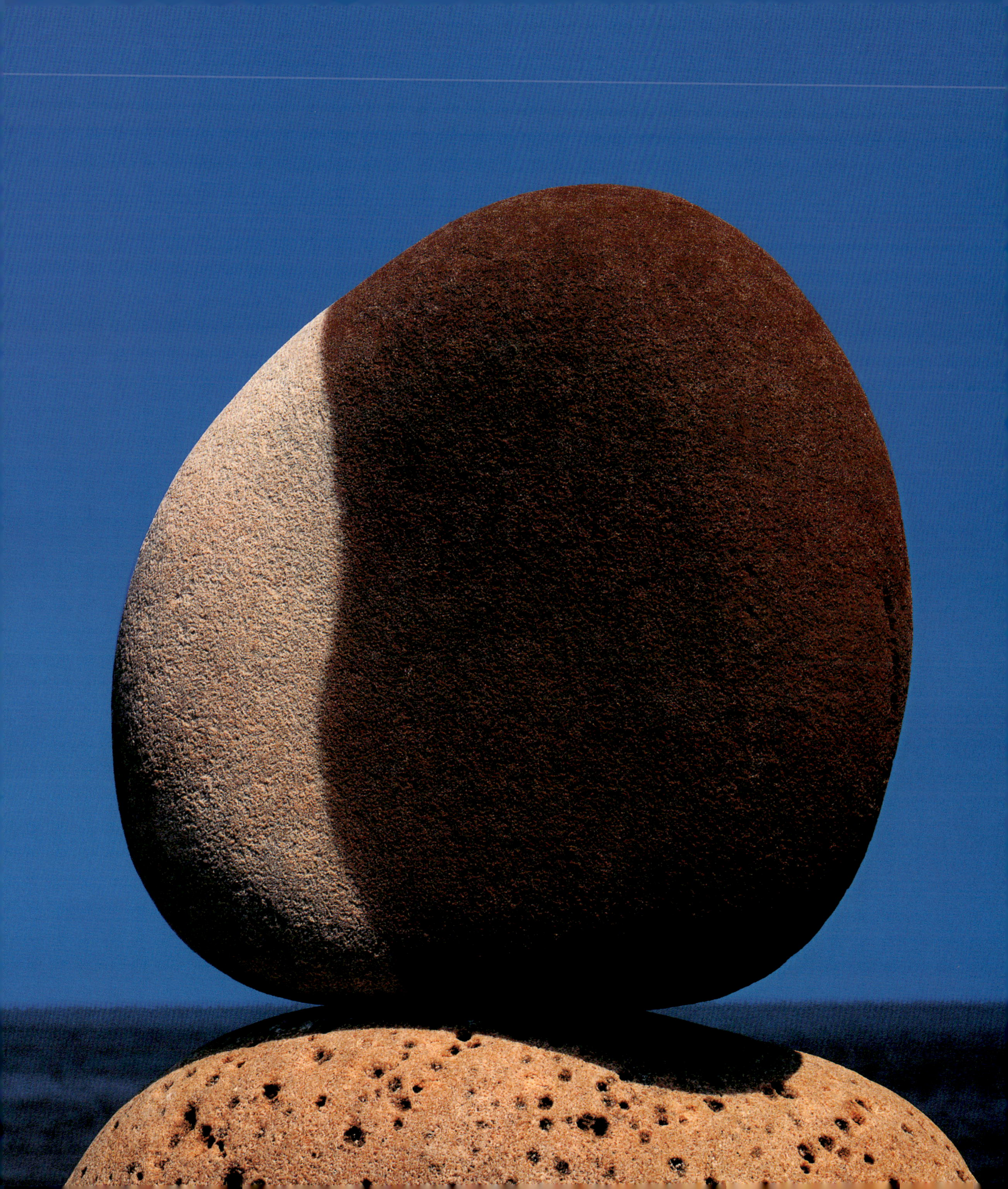

La pedra de l'Edèn

Plou en els jardins de l'Edèn.
Mentrestant, la corrupta memòria del món
separa les ales dels èlitres,
mulla la gespa lasciva. La terra flonja
desenterra la pedra quan l'eternitat s'hi atura.
Els jugadors de críquet somnien a Primrose Hill
car la mirada de Déu protegeix la innocència.

JOAN PERUCHO

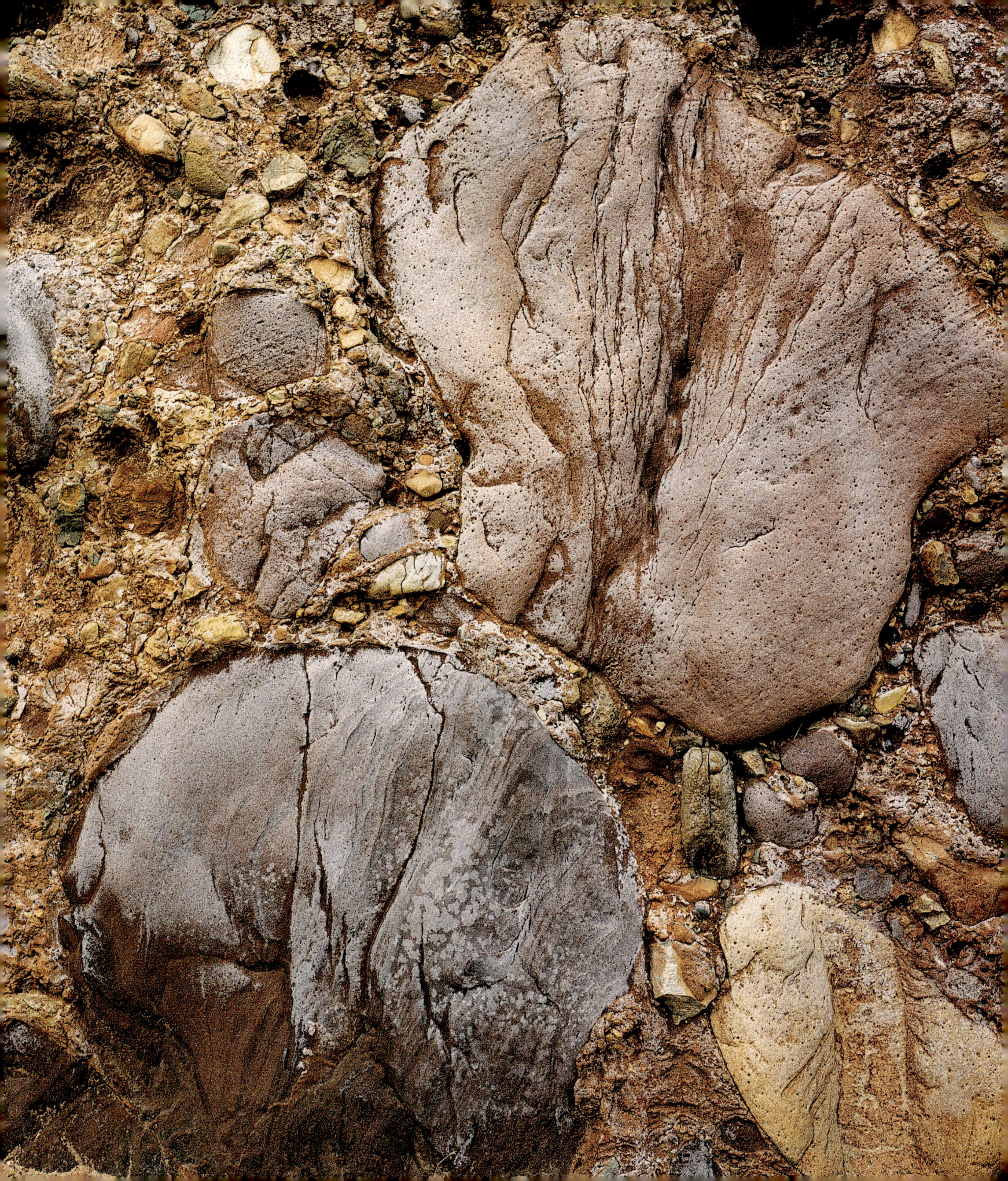

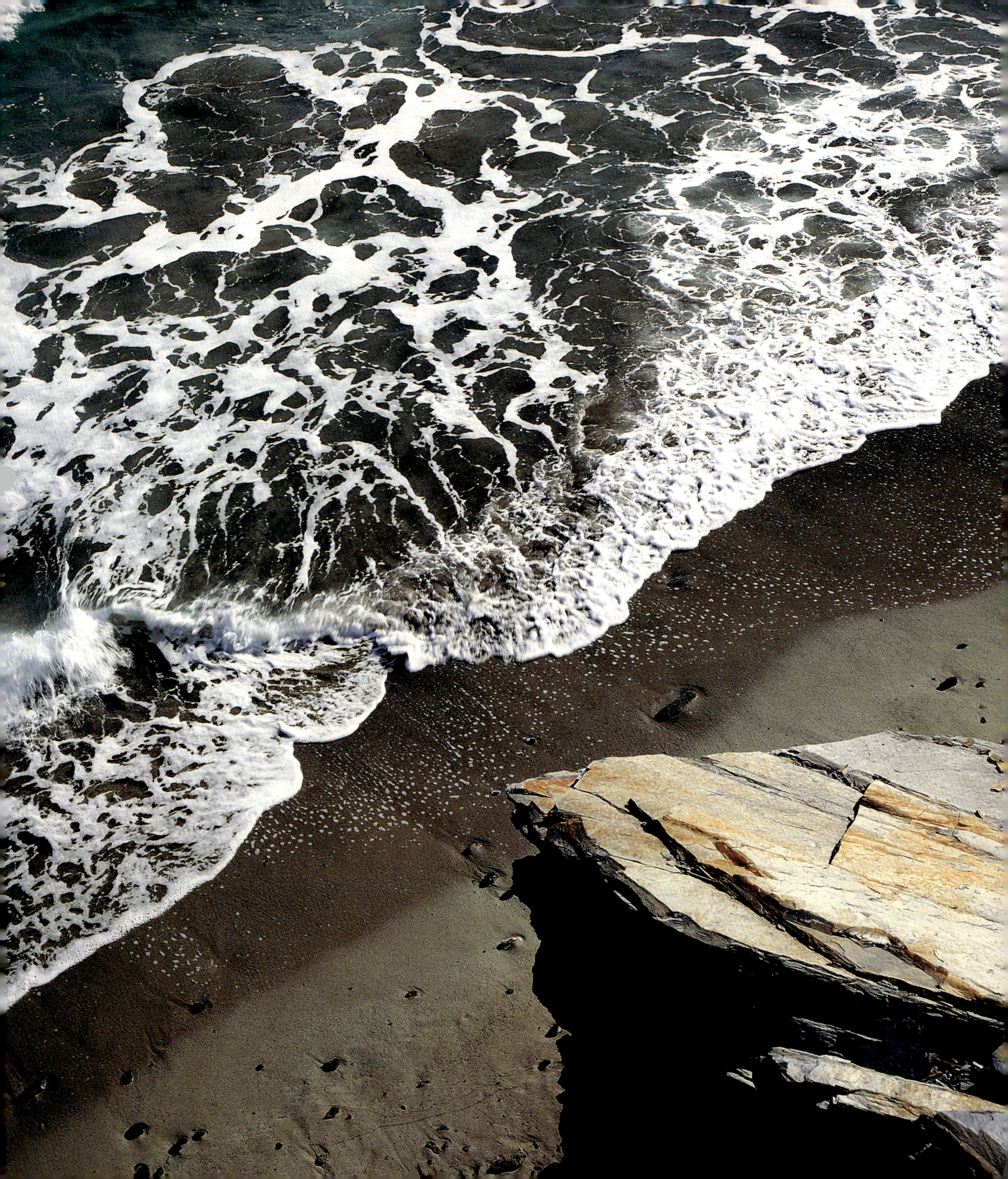

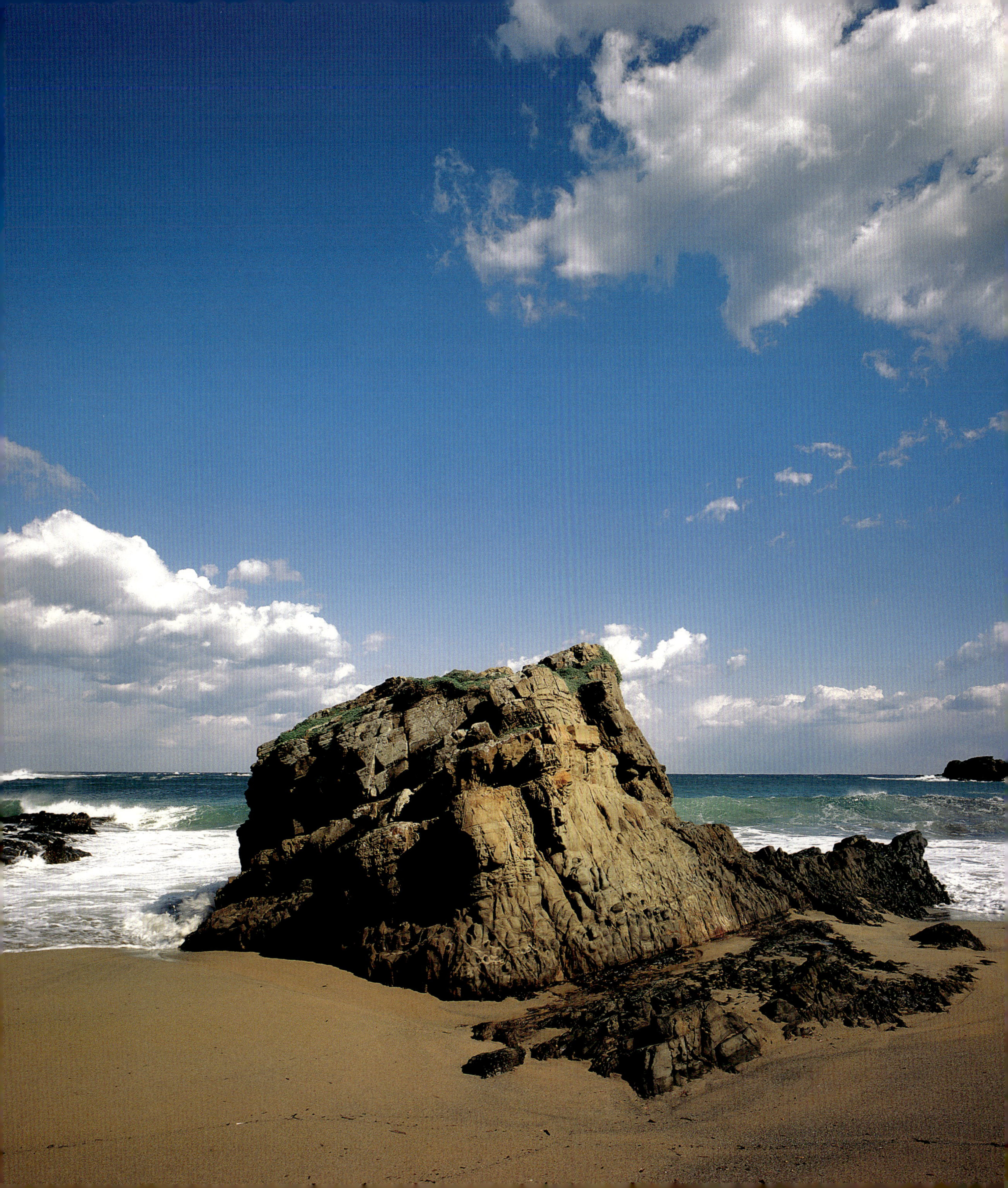

Claror de la platja verge.
Espurna de soledat.
Esquitx de pedra encegada
pel sol de l'eternitat.

84... – set. 85

Geometria de la voluntat
encastada en el mar
petrificat de l'ésser.
Il·lusió feta de llibertat,
record d'un viatge estel·lar
en vol cap al Desésser.

oct. 84.

Manassa engrapant entranyes,
esguerradora de cants,
la por amagada entre canyes
d'un Nil que anega els voltants
de la ciutat dels meus àngels,
que lluiten –pecat a pecat,
en coratjoses falanges–
amb l'esgarip del Malvat.

oct. 84.

Gotes d'estel, sang d'arcàngel, vessada
per l'alè d'un planeta
perquè tu, en passejar per la platja dels somnis,
tornis a fer-te, sempre,
la mateixa pregunta.

14 març 85.

HELENA PLANABASARDA

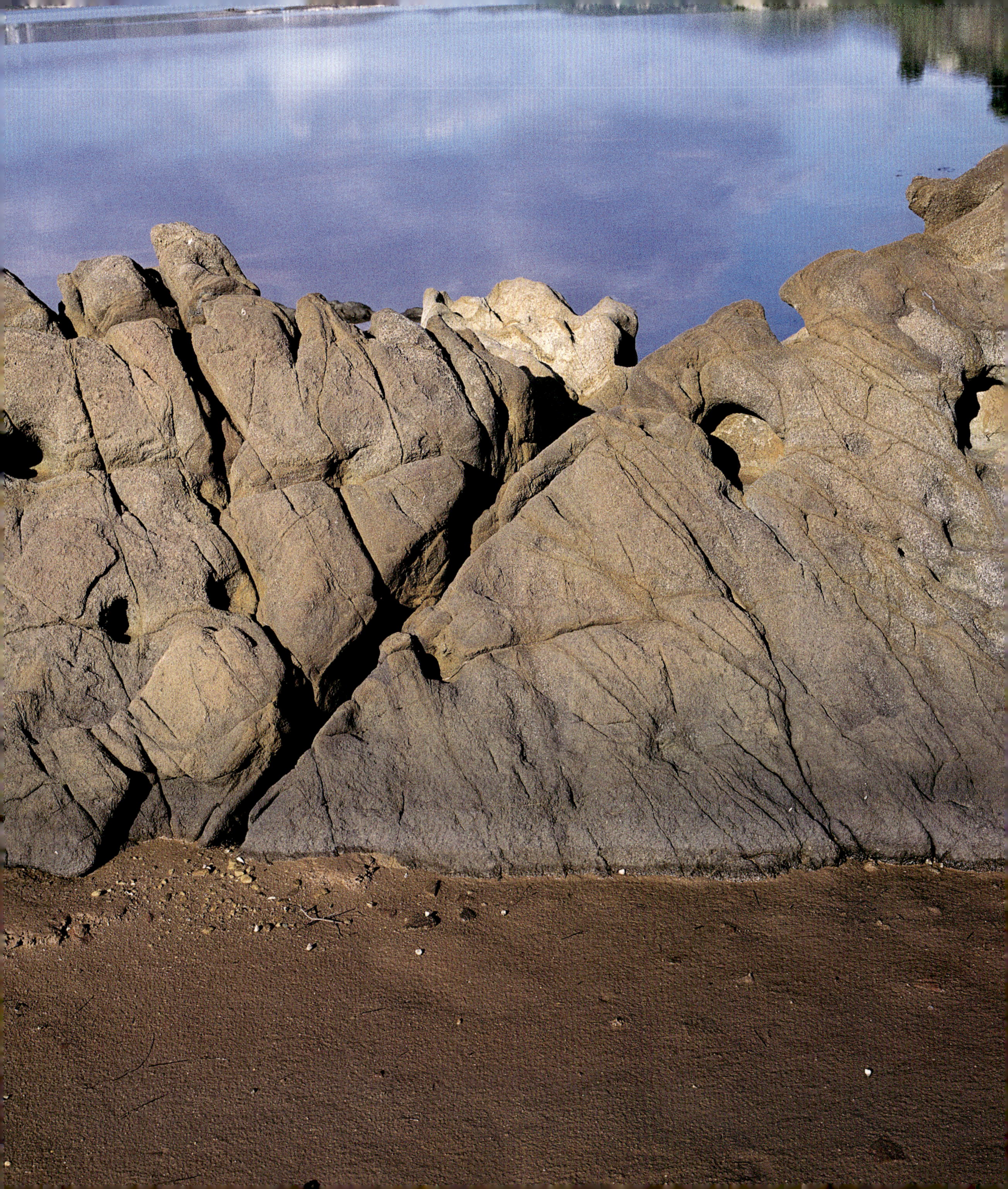

La mort, negra i concreta.
Un crit enlluernat.
Un bleix empresonat.
Una estrella profeta.

La força capciosa.
El magma de l'espant.
El saber d'un infant.
L'aventura atzarosa.

Una corba coqueta.
Un bategar apressat.
Un riure descarat.
La tendresa més neta.

La joia preciosa.
L'entranya palpitant.
La fruita d'un instant.
La carícia amorosa.

I l'orgull estúpid de la carn
aprèn tot de sobte la modèstia.

Pressentiment

Tota banyada d'aigua
de l'univers en pau
una pedra em parlava
amb cadència quieta.
La qualitat del tacte,
vellut de la humitat,
pouava al meu cervell
el record d'un llenguatge
que em fonia entre els dits
siluetes de núvols,
conjugava l'alè
amb el batec del bosc
i empenyia a envejar
el silenci de l'herba
que deixa en el ridícul
més gran el meu discurs,
petita trampa lúcida
amb què, com puc, manego
aquell pressentiment
que la pedra em va dur.

Diríeu que una pedra
no pot mostrar-se tendra
i delicada?

On ens deixem la pell
quan ens parla una roca
honesta i clara?

On deixàrem l'amor,
que hem desaprès de rebre
la veu precisa

del moviment quiet:
la vida enlluernada
de tan concisa?

HELENA PLANABASARDA

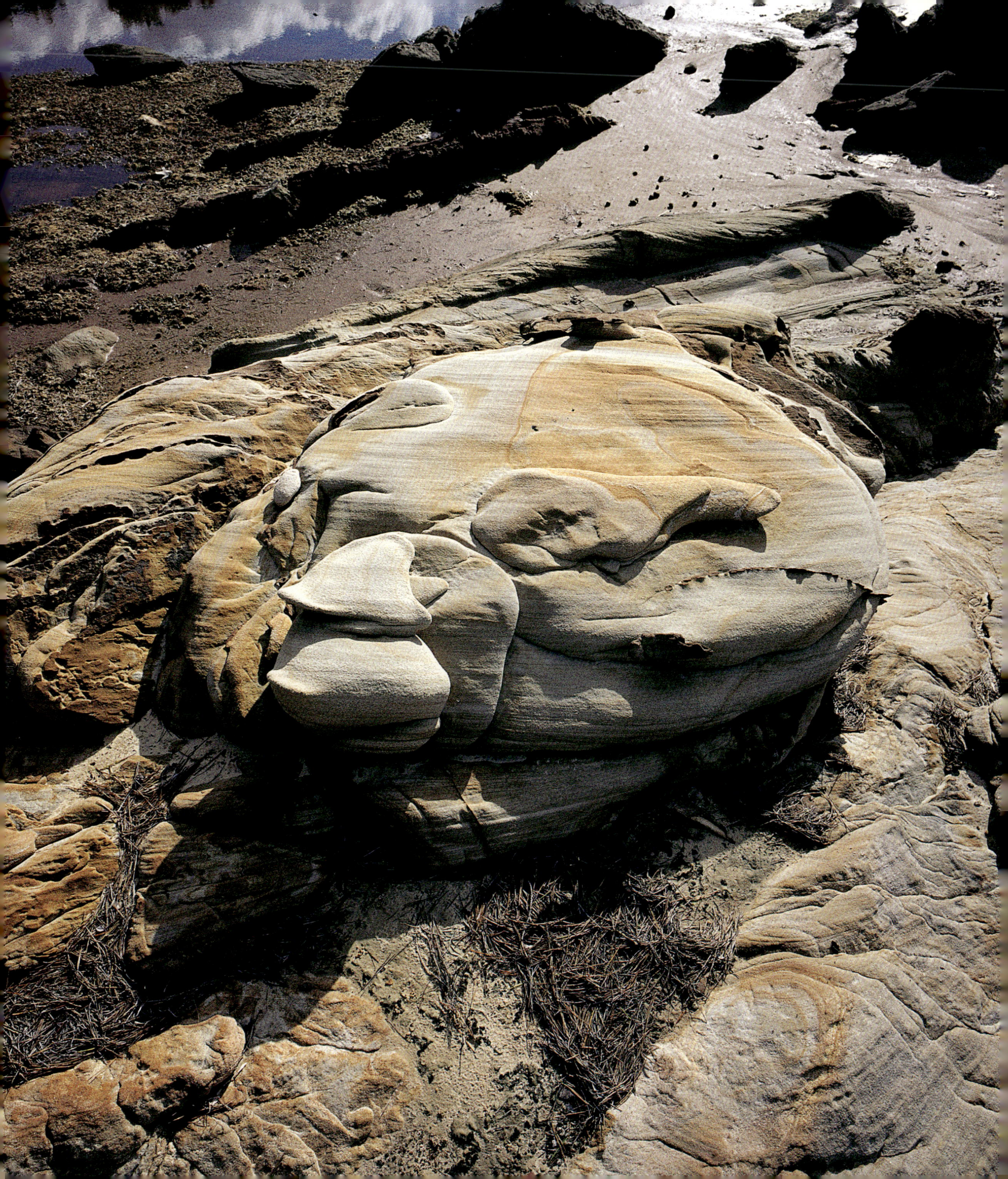

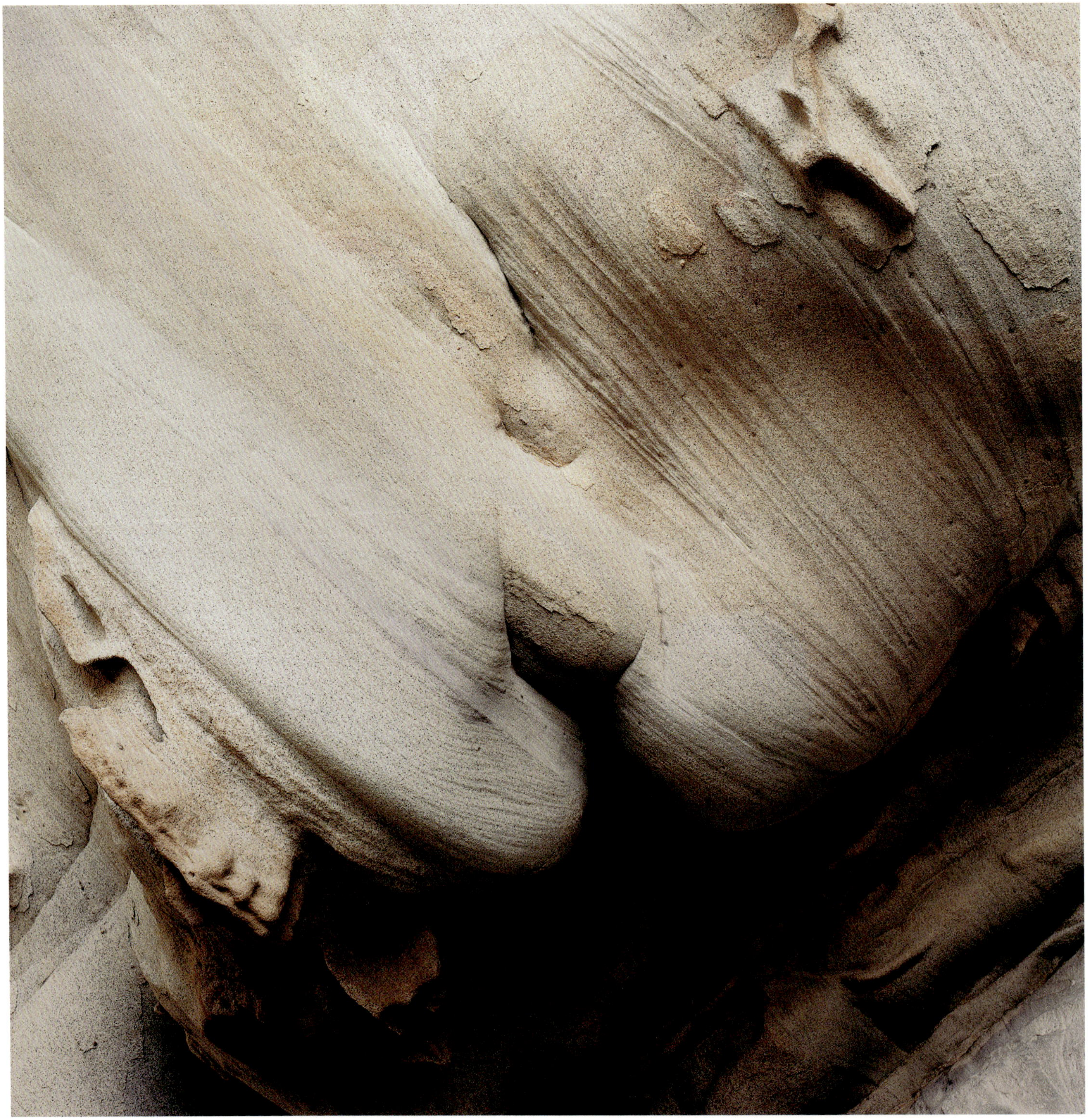

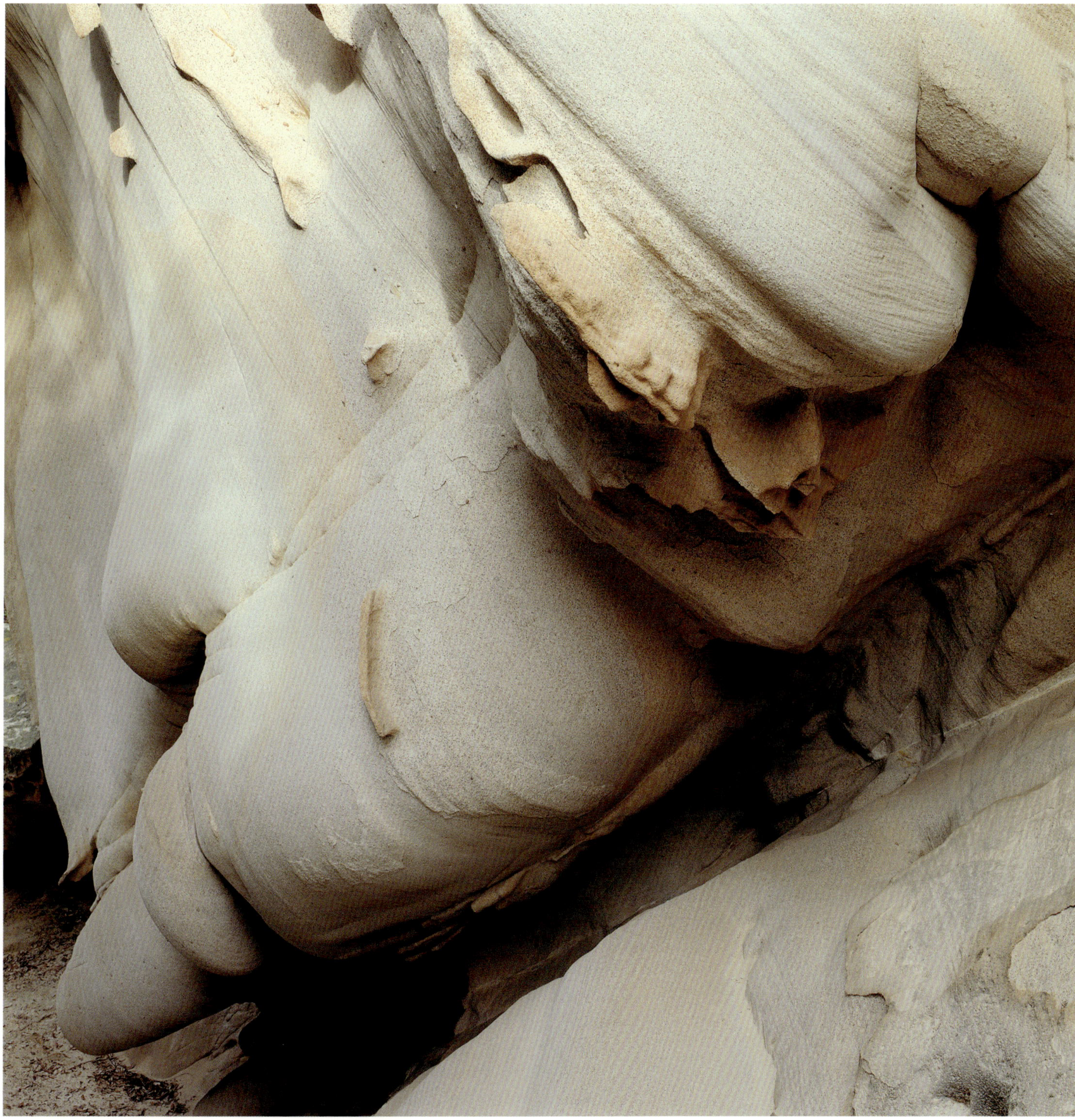

Còdols

Closos per tot, rebels per tot, i muts,
de ser i no ser només els ocupants
d'una extrema esperança massa nua
per arrencar-se un gest davant l'abisme.
Anaves a oferir-te a llums de préssec,
volies abraçar-te a l'aire dens
de totes les vigílies, tenies
els signes per llegir les nits austeres
i salvar els tactes nítids de la terra.
Res no et pertany i en va s'ha fet la molsa
besada per les aigües tan antigues
que van tacar la fam d'aquestes pedres,
que van passar de llarg de fones vives.
A tu et pertany ser l'home que no ha clos
el pes tan dúctil de la seva història:
rellisca el mot per sobre els còdols ferms.

SUSANNA RAFART

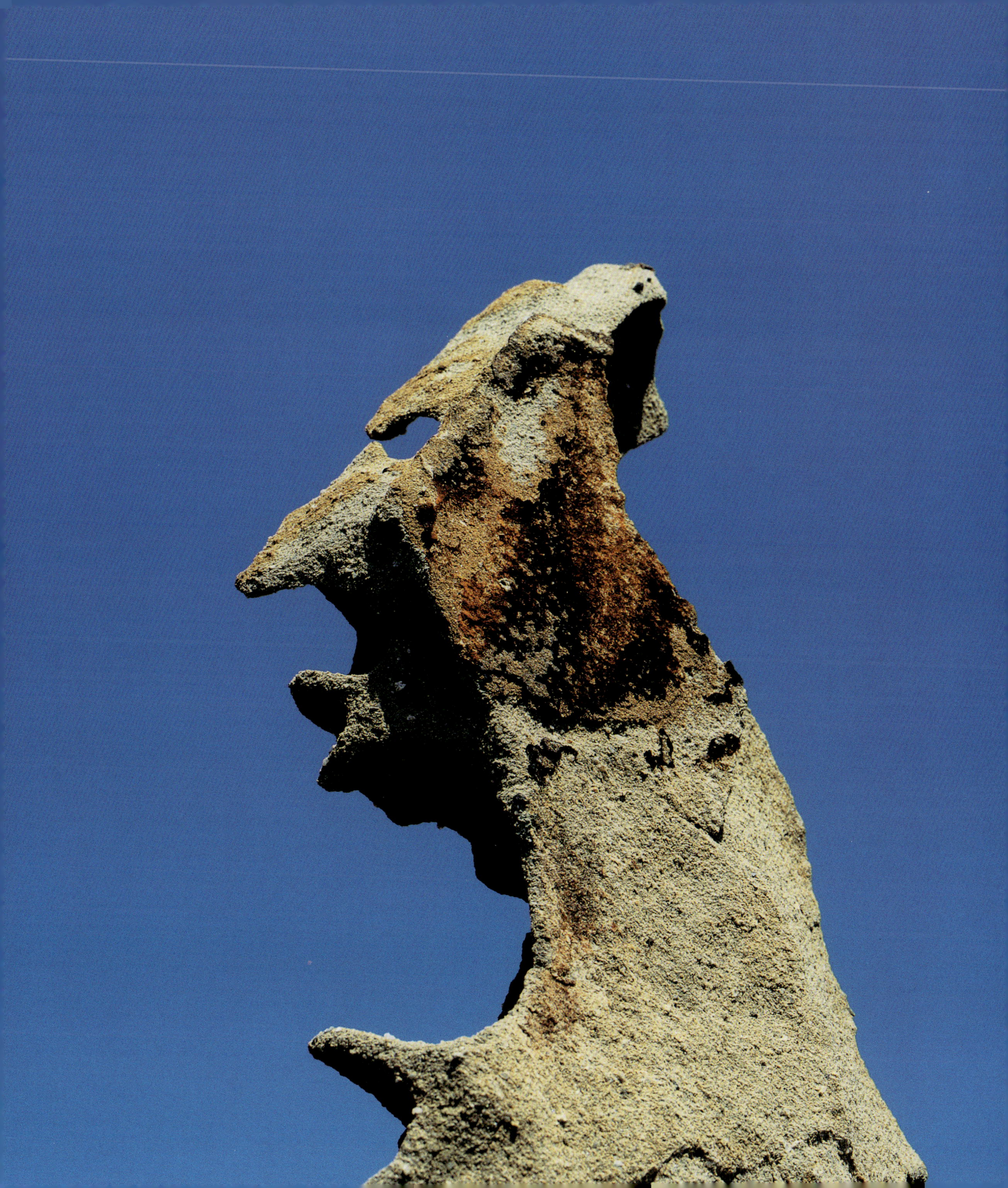

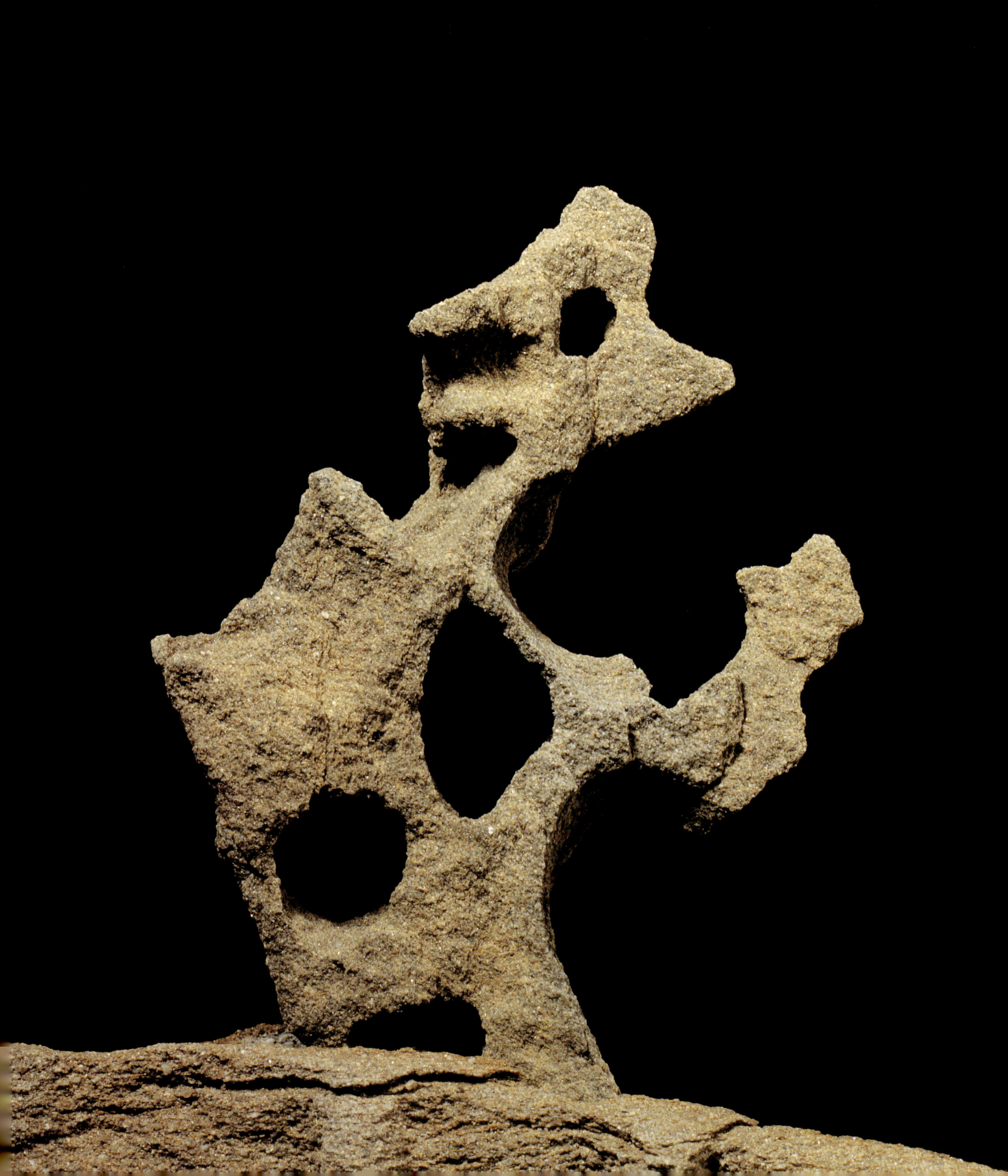

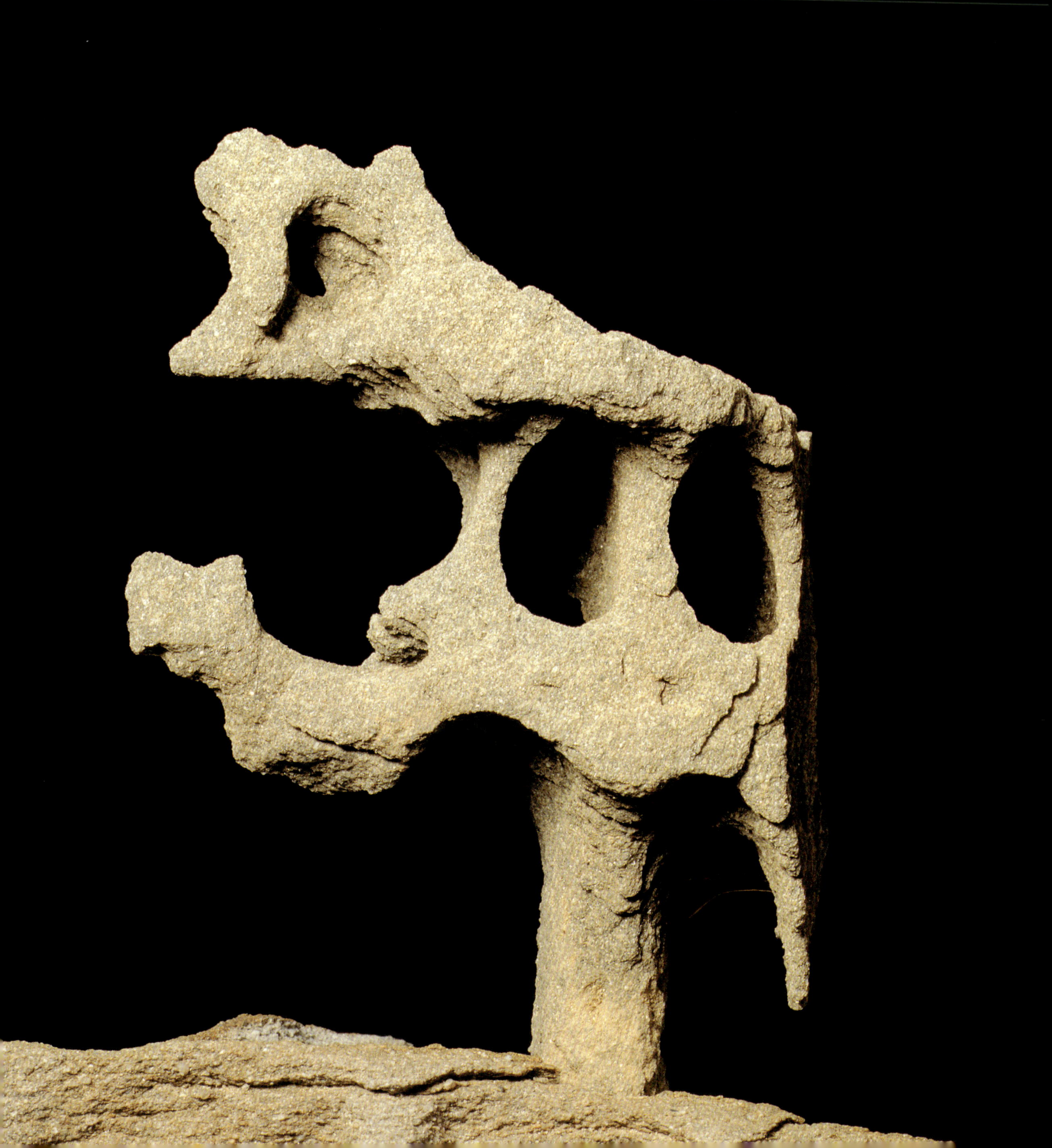

Em ronden pel cap unes pedres.
Déu vulgui que no em facin mal.
Crec que no
són pedres quixotesques
sentimentals,
angulars.

De grat tornaria al cap
volant com un pardal
i em plantaria
damunt de tot menhir i pedruscall
com si fossin un far
de la realitat
on ment i natura –tant se val–
escridassen
un cervell prou tímid i callat.

Canteu cantals.
Feu més paret que no pas runa
i tingueu pietat del vostre bressol.

BENET ROSSELL
Barcelona, març 2003

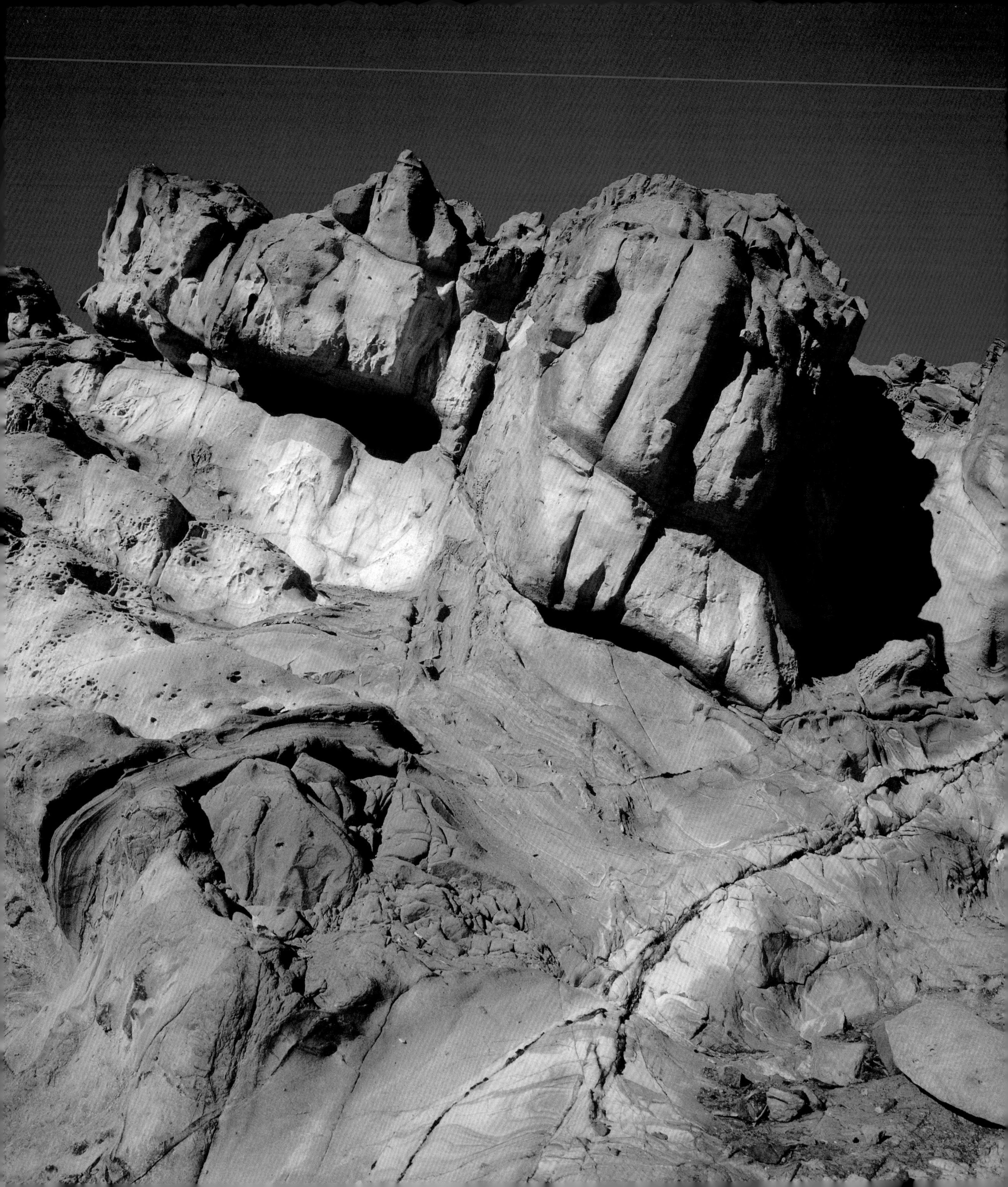

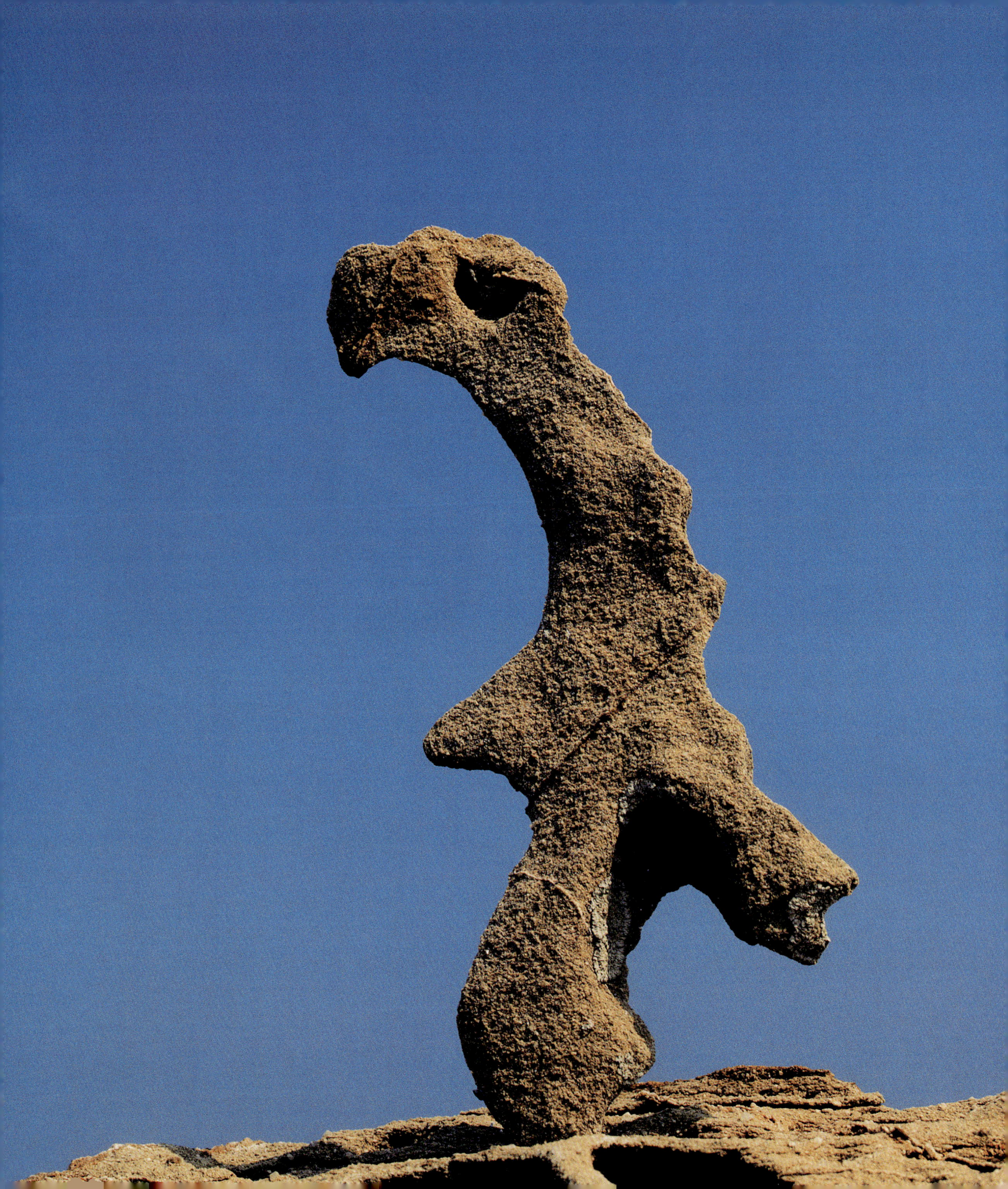

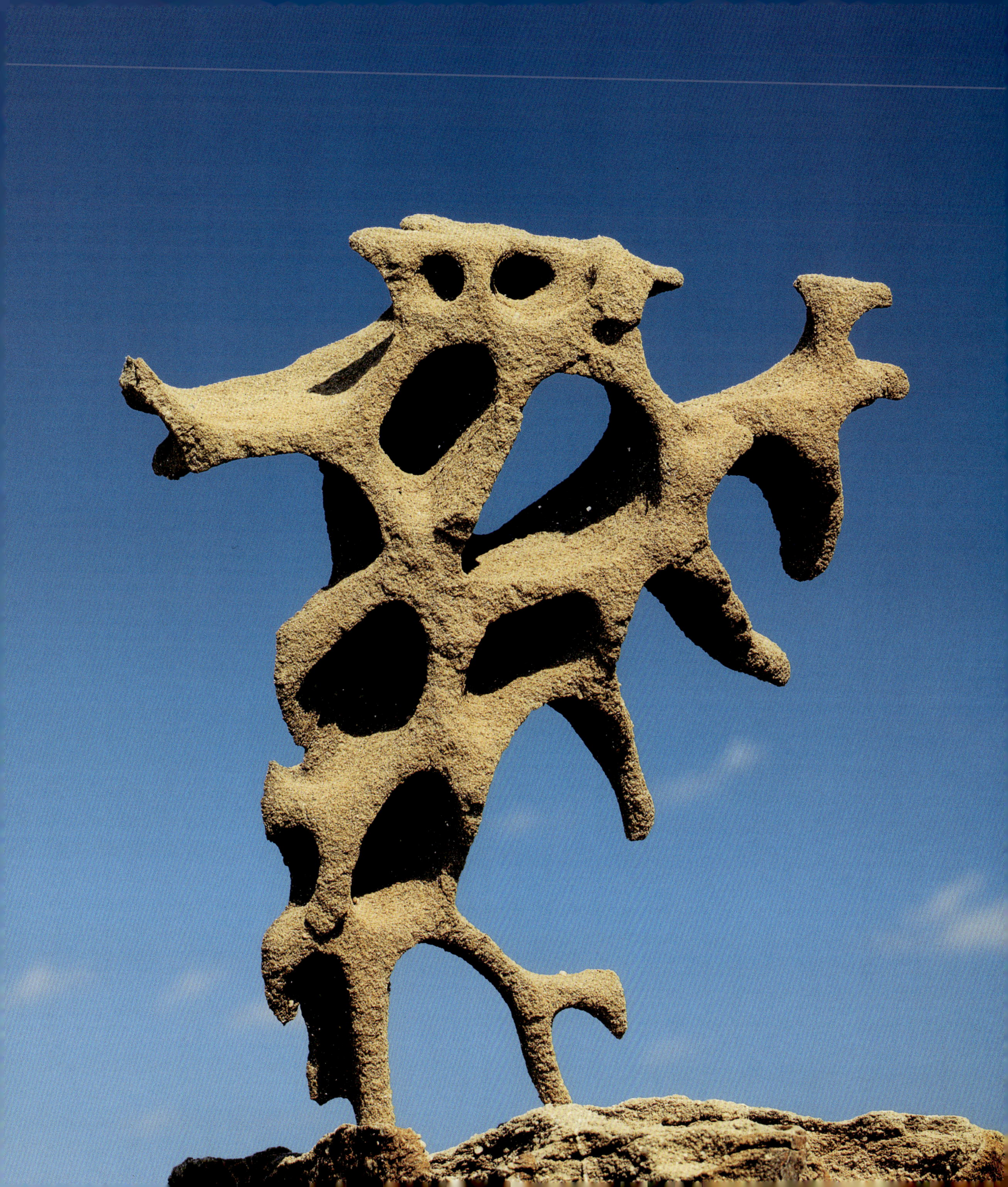

Som de la terra dels foners. Els dies més feliços de la meva infantesa transcorregueren en una garriga quasi erma, mesella de penyes i roquissar. Als meus primers jocs, al camp les pedres de vegades belaven o lladraven segons l'animal, ovella o ca, en els quals els hagués convertit. A la butxaca de l'uniforme del col·legi traginava tres petits còdols blancs de tacte suavíssim que em consolaven de l'hivern i les lliçons esquerpes. Durant tots els estius de la meva vida, la finestra de la meva cambra s'ha obert sobre un paisatge presidit per Na Foradada, una roca que sembla un cavall ajagut dins la mar amb un únic ull blavíssim.

Tal vegada per tot això tinc l'esguard predispost a la contemplació dels rostres antics de les pedres i dels seus cossos quasi impassibles. Envejo, sobretot, la seva paciència mineral en esperar lentes transformacions que les allunyen de vegetals i animals, subjectes a cicles diferents i de metamorfosis molt més efímeres. Hom parla de la perdurabilitat de la pedra. Per això els poetes, les poetes, encara avui, empren els minerals –marbre, maragda, zafir, diamant, robí o granit– per tal d'eternitzar, amb paraules que fan referència a duresa i persistència, la bellesa caduca dels éssers estimats intentant, a més, guarir-los de la destrucció del temps.

Després de mirar molta estona les superfícies de les pedres plenes d'engrunes i esberles, crestalls i protuberàncies, dubto que procedeixin del tracte amb els elements o siguin fruit de l'erosió. Penso, per contra, que estan sotmeses a sensacions i commocions misterioses que només una contemplació quasi mística ens faria desxifrables. Potser cal intentar-ho.

CARME RIERA

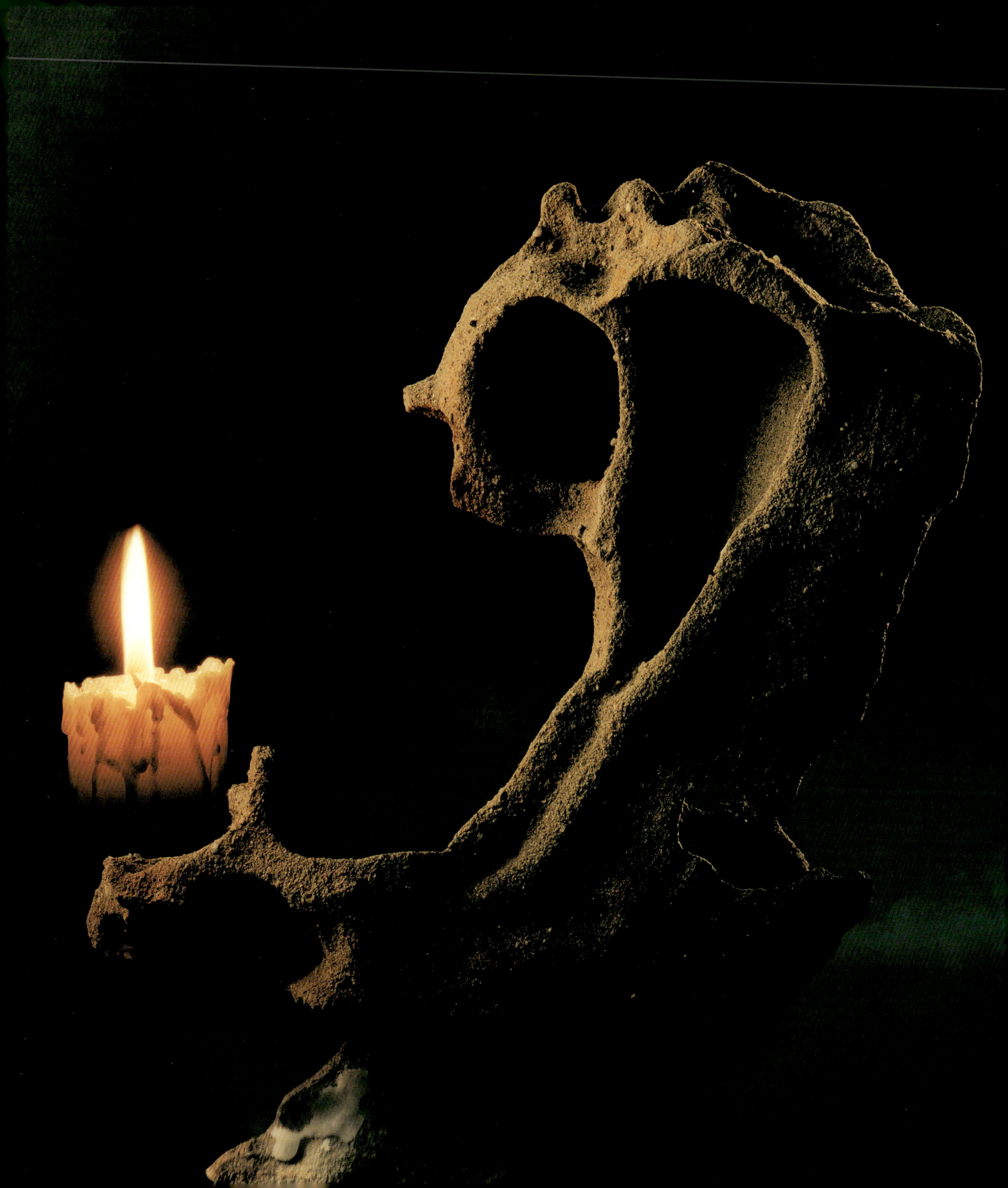

Cicatrius

Aquesta pell ardent,
de nit i llum, no mor,
s'aferra a l'orígen.
(Breus clarobscurs damunt
el cos ferit, des del
mirall de l'aire.) Cremen
fondes fissures d'un
temps marcat, sense balda.

Montserrat Rodés

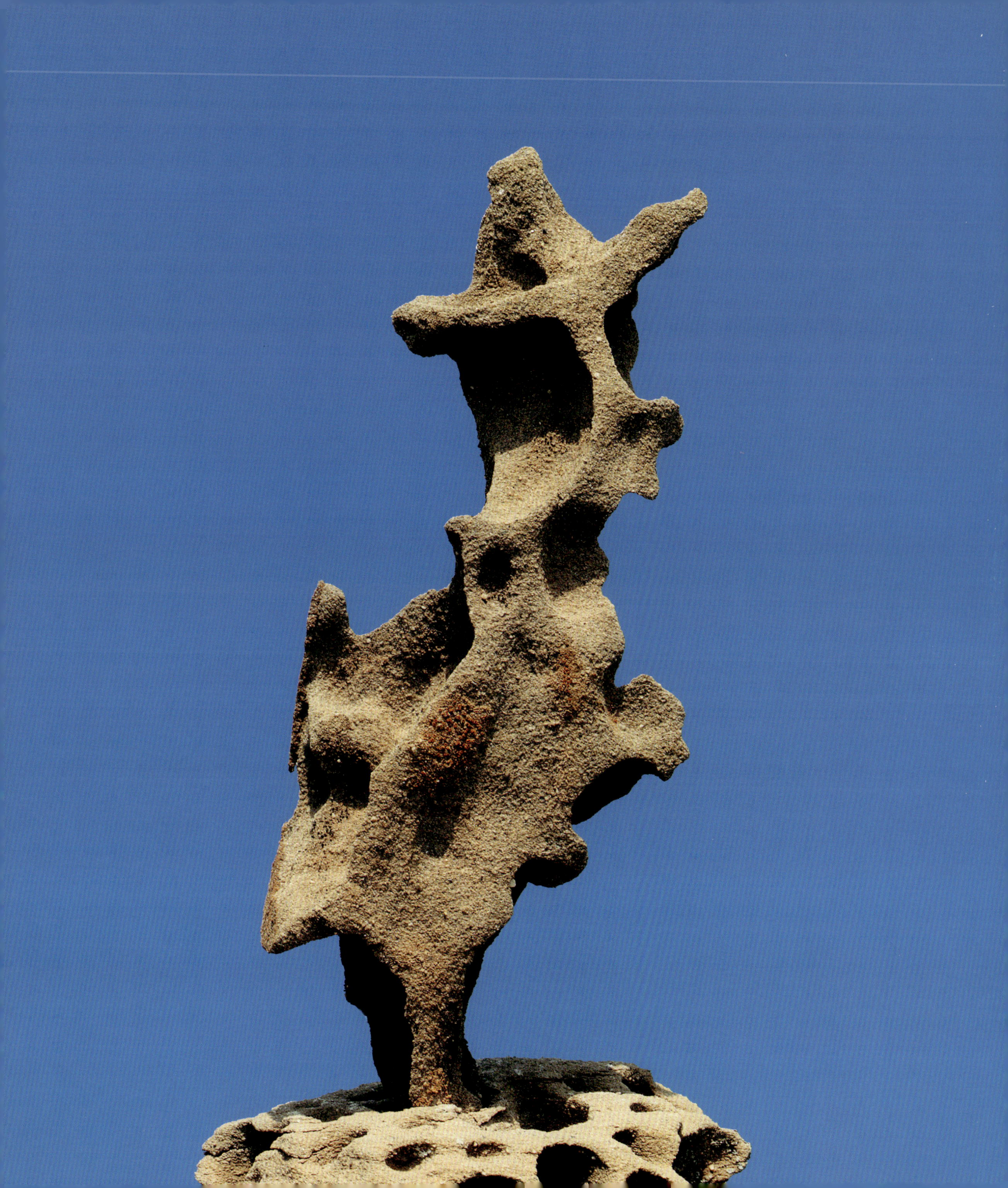

La alondra en la piedra

A Toni Vidal

La alondra celebra la aurora de cada dia con su canto, pues los colores nacientes le devuelven el aire que es su elemento, su camino y también la caricia que estremece su cuerpo cuando se precipita rauda hacia lo que nosotros llamamos Tierra.

Pero aquel dia, en medio de una inesperada tempestad, supo la alondra que podia también volar en la piedra.

La empujó el viento con fuerza contra el acantilado. Sin embargo, en lugar del dolor que esperaba sentir, la acogió un roce suave de zambullida. Al instante siguiente, todo fue gris y silencio.

Fuera habían quedado los relámpagos y el granizo, el aullido del viento. Se dejaba ahora deslizar, planeando piedra adentro; reconocia, como corrientes de aire, las vetas de distinta densidad que su vuelo cruzaba. Cada batir de alas le exigia un intenso esfuerzo, pero le permitia luego prolongar su viaje largas distancias y horas muy lentas... Todo era calma allí, si es que realmente habia algo.

Muy lentamente, como quien acostumbra sus ojos a la oscuridad de una cueva, comenzó a reconocer la voz del silencio y a distinguir los brillantes cristales geométricos que configuraban aquella aparente nada. Y supo también que le esperaba un viaje muy largo, medible únicamente con la distancia a la roca más lejana del Universo o con la velocidad de un guijarro transformándose en luz. Volaba hacia un destino que le era dado adivinar: el estallido que fundiría todas las piedras en un único, inmenso y esplendente cristal, el amanecer que teñiría de luz, súbitamente, todos los confines del Universo.

Y, aunque sabía que disponía de mucho tiempo, empezó ya a preparar amorosamente en su pecho un trino jamás cantado. Pues, en aquella aurora, su voz debía ser digna de anunciar el alba del mundo.

Ramón San Martín

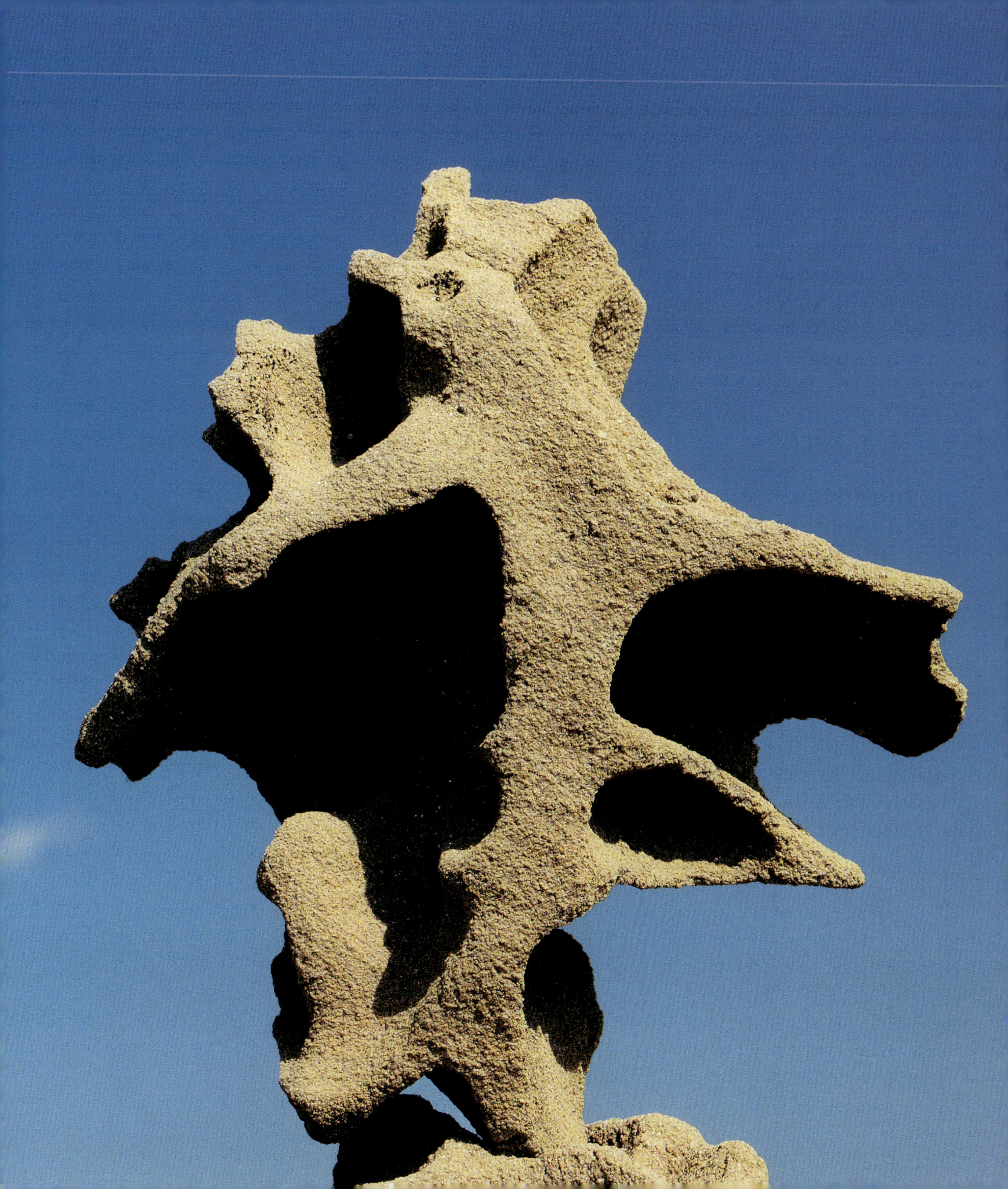

Faula de l'enorme faç de pedra

Em distreu de la llum de color de mel, de l'olor de mel, de la bonior d'insectes.

M'han deixat sol. L'últim lladruc s'allunya, avall, al marge. Jo també m'he deixat sol. Avanço tan alt com la meva soledat. Ni un través de dit més. Aquesta situació, la veig sense recurs: somio que m'acosto a un despullament irrebatible, i me'n sento feliç.

O sigui que davant la faç colpidora, insospitada –i tan llargament postulada, d'altra banda, no ens enganyem–, em sento feliç, cremada ogni speranza, en la valuosa i potser immerescuda austeritat. És com la dignitat que guanyes quan la derrota acala l'últim teló i tu ho acceptes. M'encaro amb la pedra.

I, ja t'ho podies pensar, encarar és acarar; és emmirallament. Germana nit. Germà silenci. El silenci que miro és el meu silenci. La nit que miro és la meva nit, rentada, violentament rentada de totes les suors de mala jeia. La nit i el silenci, que des d'abans del primer dia ja duies embassats al mig del pit. O bé, des d'aleshores mateix, hi nedaves amb la més estricta immobilitat.

Per entendre'ns, diguem que la faç de pedra, la forma impressionant perduda immensitat enllà –i a la qual, només culminant l'esforç, podem projectar-hi consciència o atribuir-li una quasi divina consciència– t'esperava com a teva, com a semblança de tu, potser la més fidel, potser l'única fidedigna, des d'abans del temps.

Situar-la dins del temps, en atribuir-li per un instant la mesura d'un instant dins la sèrie del temps, sóc jo qui ho faig en reconèixer-m'hi.

Respiro. Em sento respirar. Suspenc l'alè. Sento a la cara, a les mans un vent lentíssim. Reprèn el respir. Me l'afiguro en harmonia amb la cadença geològica.

Reacciono, em contradic. Com una mena d'àngel, a la meva dreta, tinc la llum del sol i les abelles. La llum amb tots els seus rellotges. La calma immensa, negra, la dura immobilitat és estúpida. L'esperit, digues-li com vulguis, l'esperit no existeix si no crea articulació i canvi.

Em contradic. –La seriositat no és necessària! És frívola, irrespectuosa amb la natura de la realitat–. Em contradic. Miralls encarats. M'esgoto en la contradicció. Esgoto la contradicció.

Cal, caldria, no trencar el silenci, trobar paraules que, només, vestissin el silenci, que el revelessin.

JORDI SARSANEDAS

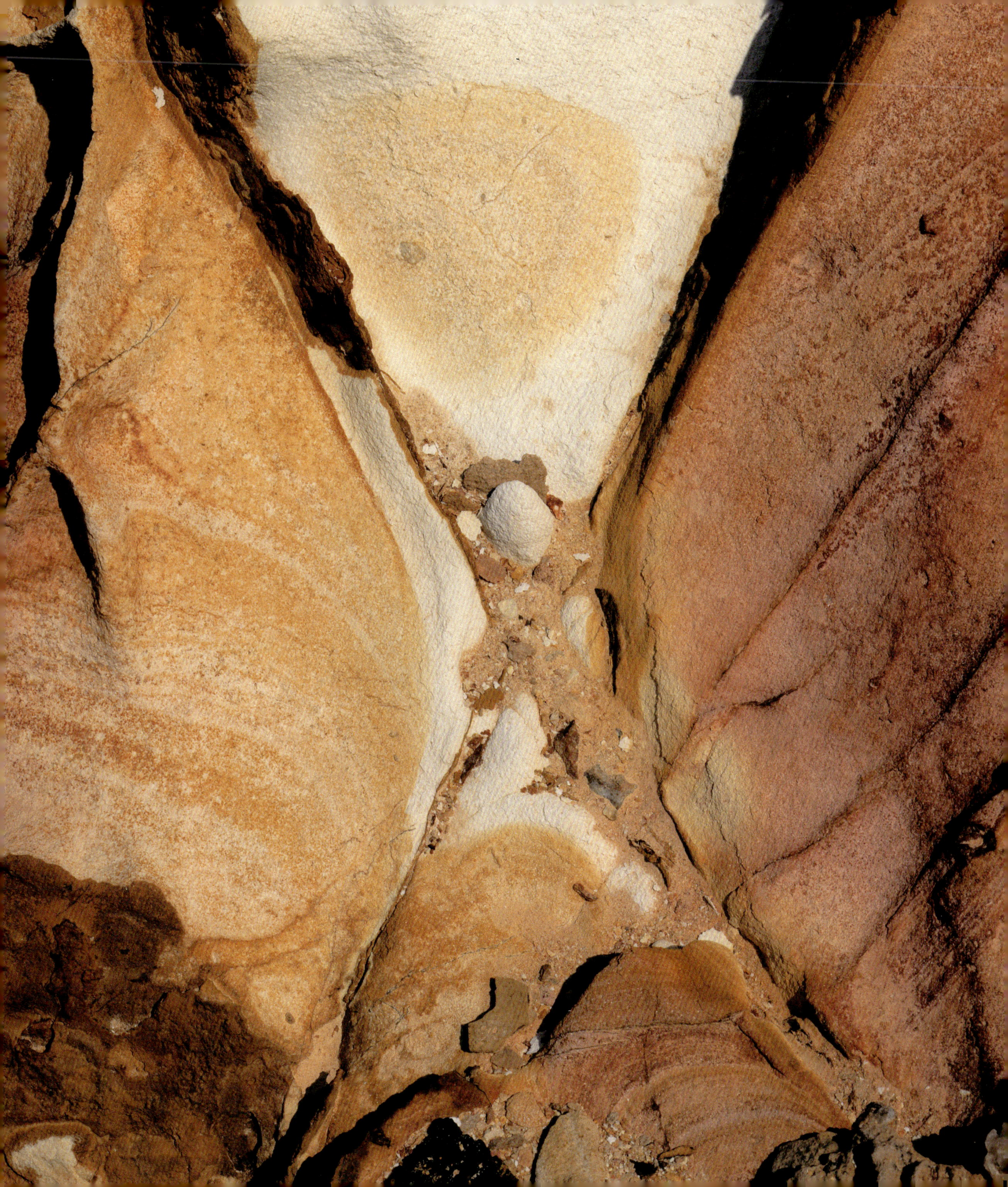

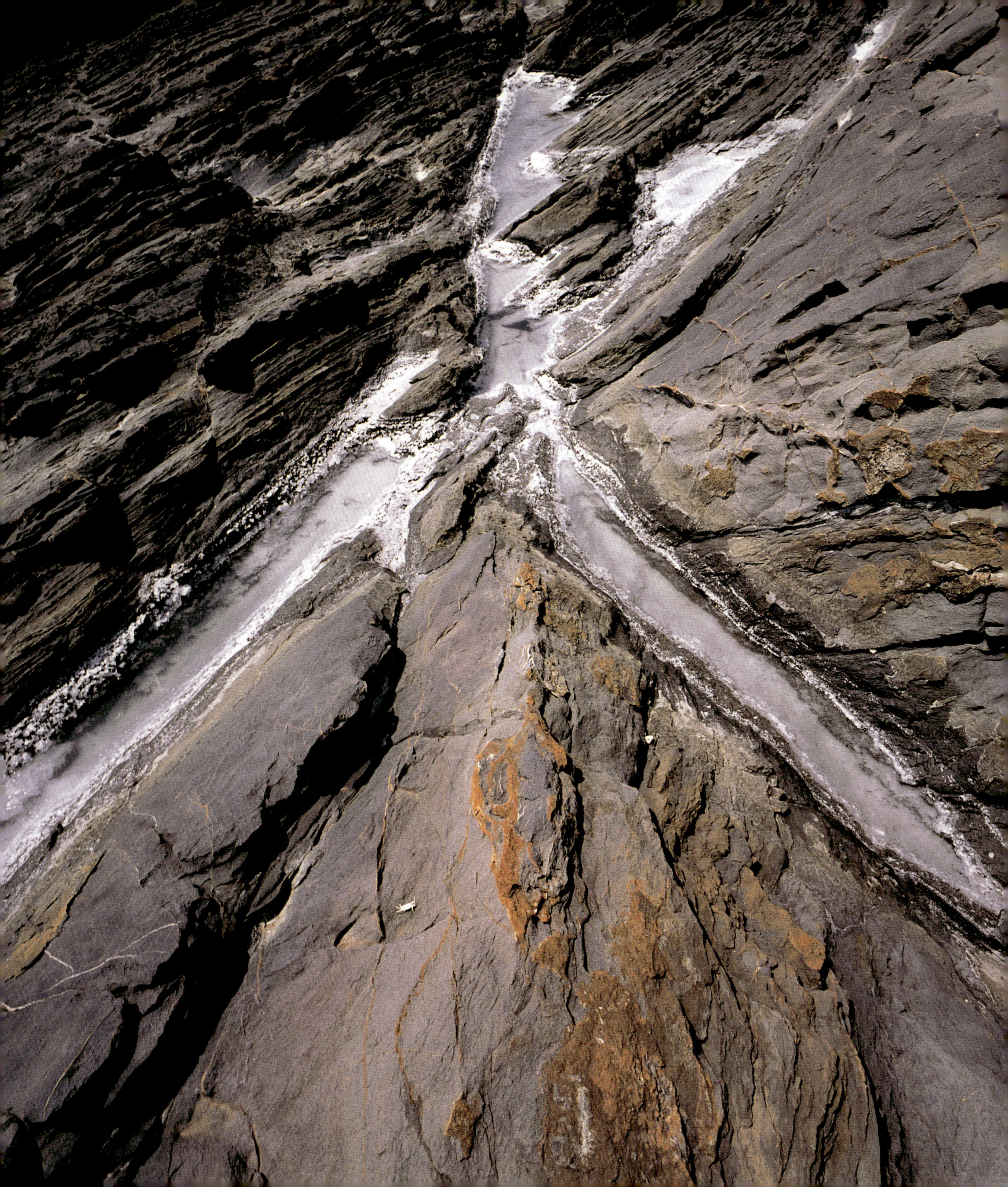

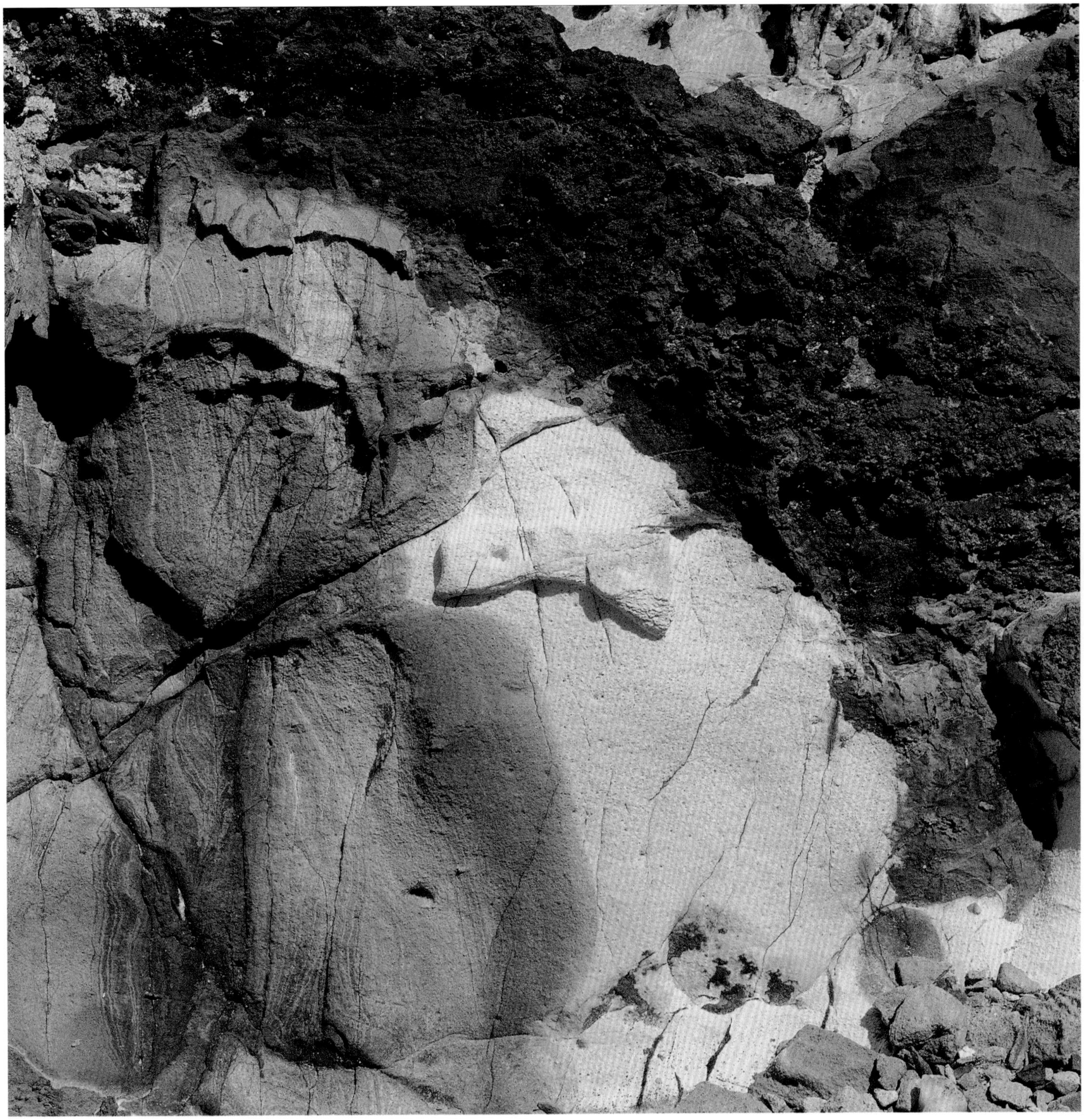

d'on si no d'ella?
--només on només
i mai com–

sola
s'és
(i en)

--per qui?
(per a qui?)–

(i de quin quan?
--o de sense?--)

des d'en

en ara
en amb

on només
--en ella–
on d'on
(en)

d'on si no en?
--només--

"Pedra de Menorca", de Toni Vidal
Víctor Sunyol

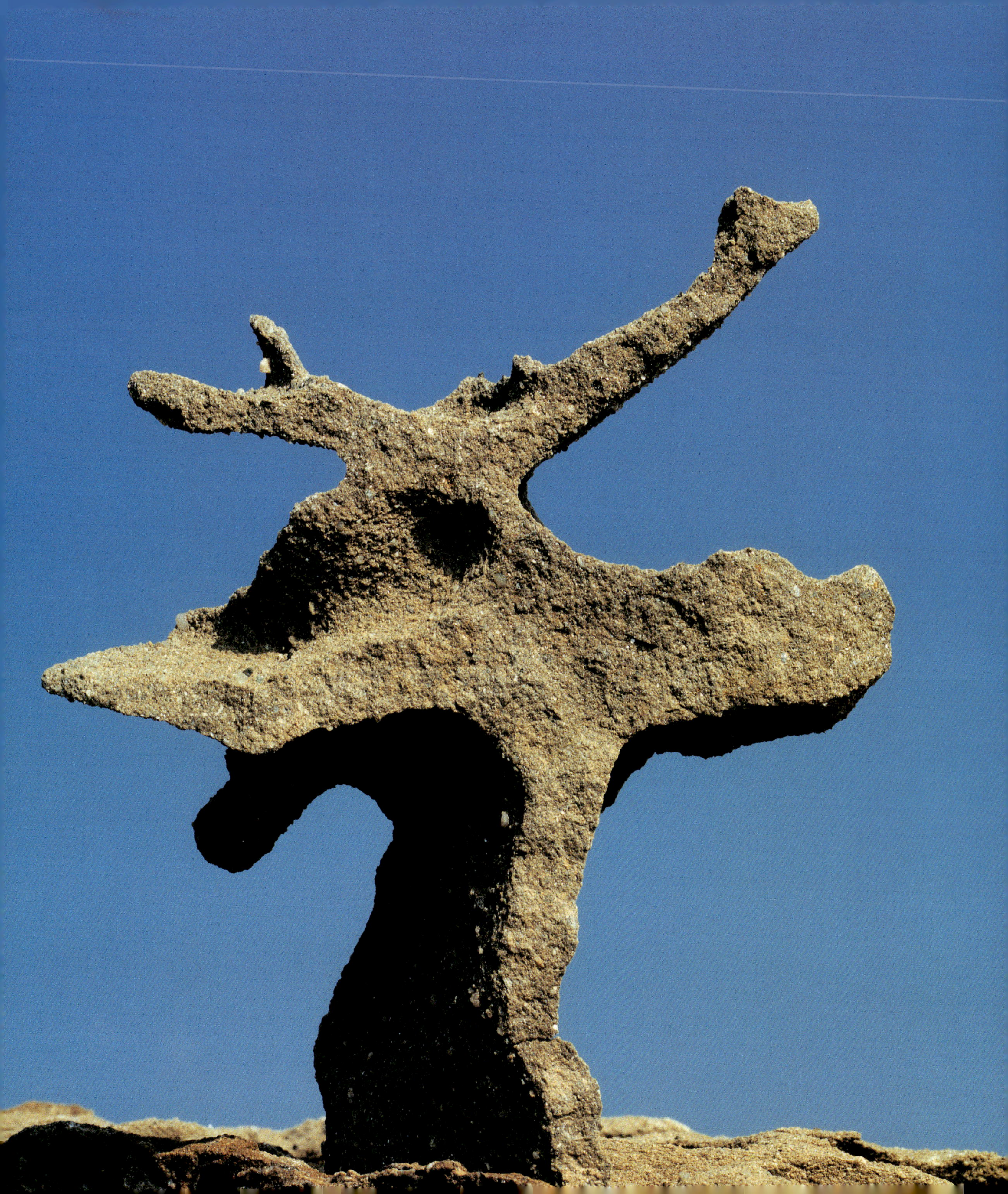

Cos de vida

Força de roca incorruptible
que ens dóna coratge i valor
ultrapasses el temps i ets forma
d'amor crepuscular i etern.

Mirar-te és estimar-te
mirall de fets i d'afanys
ens parles amb veus de silencis
lluny d'aparences mundanals.

Abraçada pel vent i la calma
ferma presència de bondat
la teva ombra dibuixa el repòs
de majestuosa elegància ancestral.

Som petits en contemplar-te
plena de vida i de llum
testimoni quiet i immutable
ofrena de la humanitat.

Humil creació de la natura
espectadora de la nua veritat
mostres l'essència de l'origen
amb gentil cos fraternal.

Mestratge de la nostra fermesa
comunió de forces a vetust paratge
al teu costat hem de construir
un món de bellesa i solidaritat.

A Menorca
on els elements han donat
presència viva a la pedra

Sonya Torres Planells
Eivissa, 2002

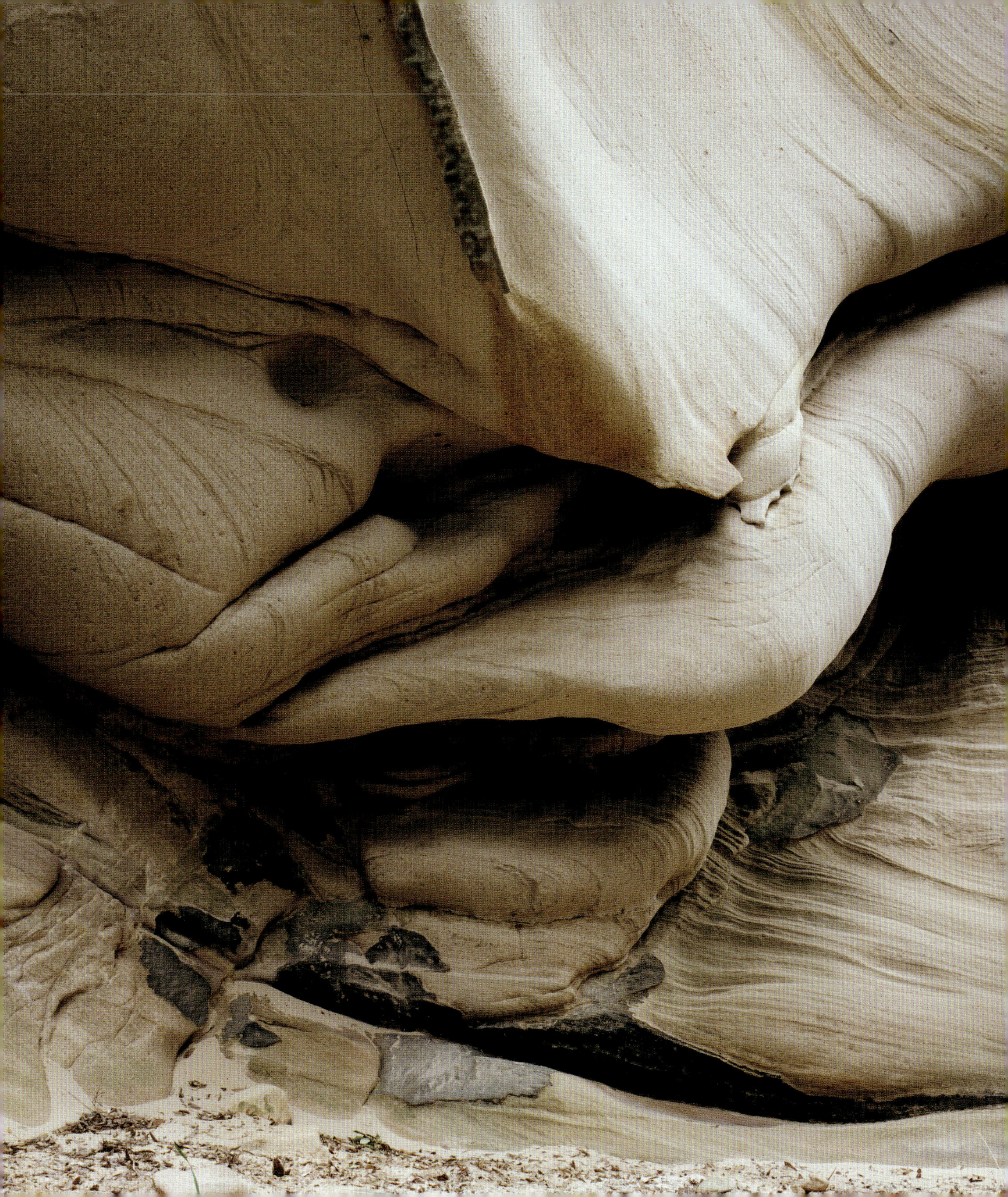

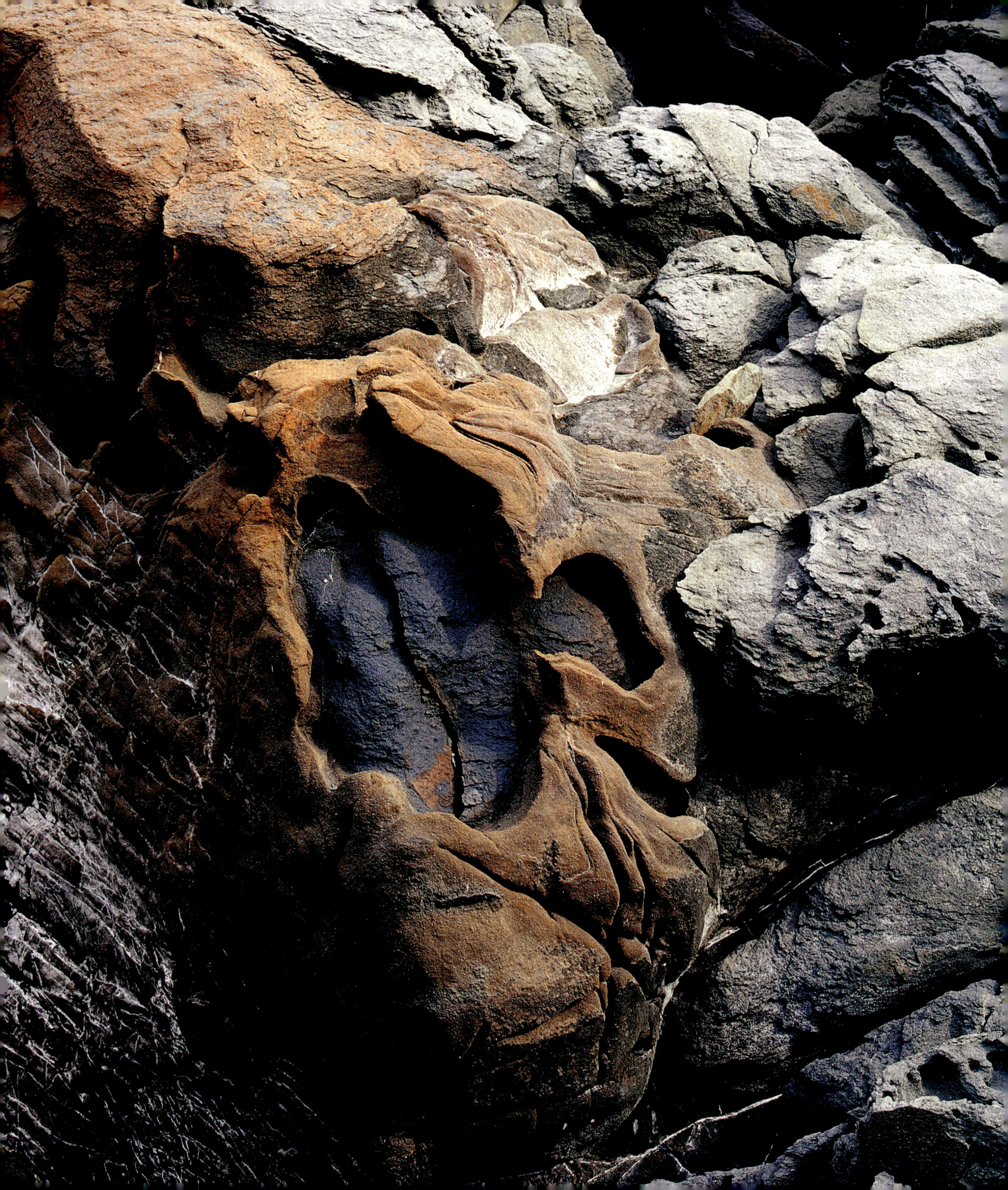

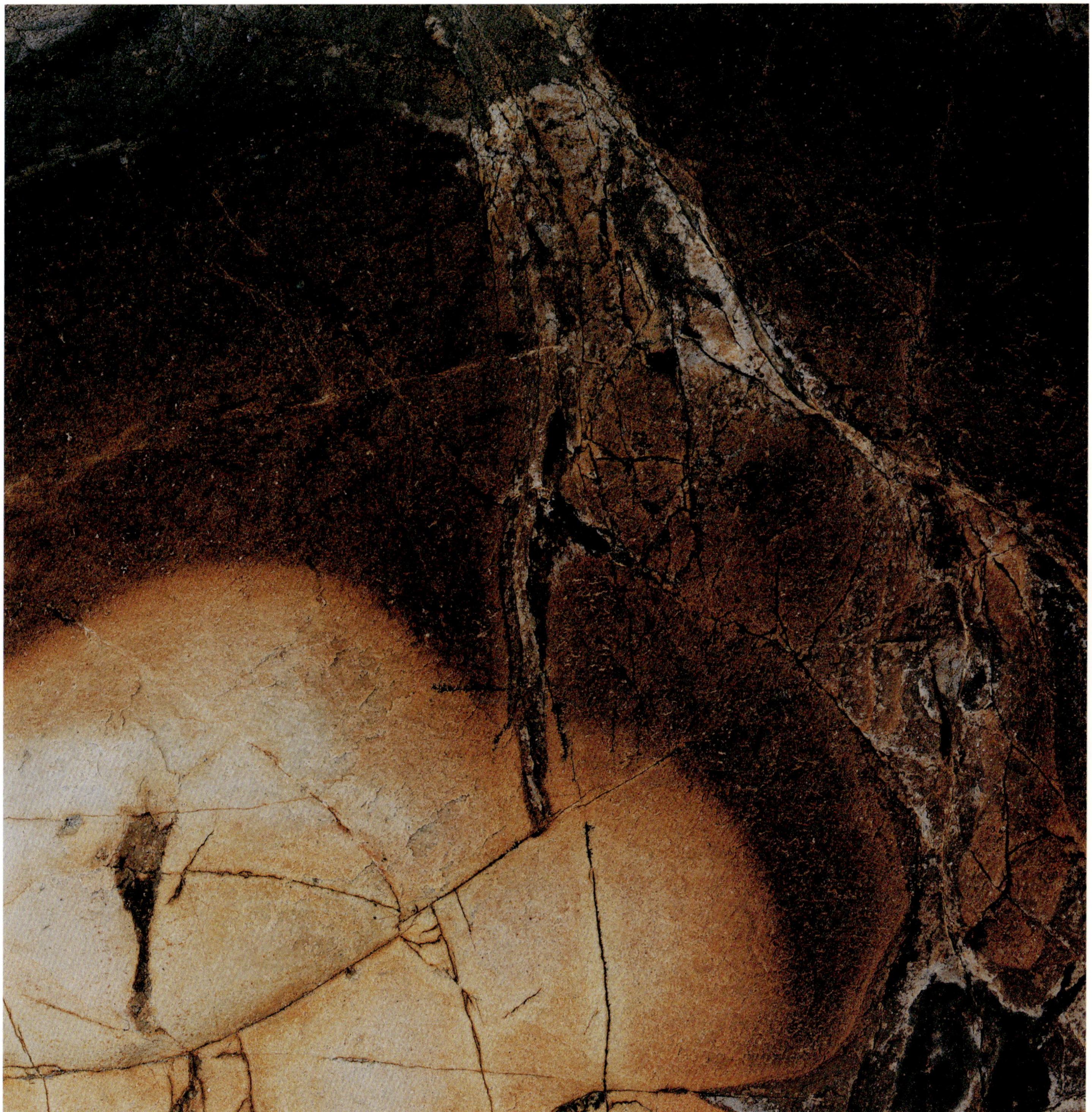

Lithologismós

El pensament i la percepció visual
S'expliquen en funció
Del moviment dels àtoms.
Demòcrit, 460-370 aC

Per un llistat de Matèries
Comptarem, en primer lloc,
Amb les lleis de la Dinàmica:
El Moviment, al quadrat,
Amb tots els corrents de l'Aire
Que poden prendre la forma
Del tifó o de l'huracà.

Després, la resta dels Sòlids,
Dels Líquids i dels Gasosos.
Tot això sense oblidar
Masclum, Femellam i Neutre;
I amb un bon pic de Beutat
Exultar a ritme de Flama.

El Lleure, no pas misèries,
Forma capítol a part
Sempre que en ben disposem
–A la manera epicúria!–

També hauríem de saber-nos
–Quins Objectius ens posem,
Que no els posem "per posar-los"!–
I distingir, amb subtilesa,
L'Element de l'Element.

Molt sovint, els elements,
Ocorre que semblen bessons,
Encara que, segons com,
Apareixen diferents.

Aleshores, assenyats,
Podrem dir que els Positrons
Són iguals que els Electrons
Amb el signe positiu.
I això ens ha de dispensar
De dir que la Diferència
És a dins dels nostres Ulls.

Més tard dissoldrem l'Electròlit
A fi que en surtin els Ions,
Per parells, Catió i Anió:
La dissemblança es veurà
Perquè tenim ulls distints.

Dels nostres objectius bàsics
N'haurem assolit, almanco,
Aquell que se'ns ocultava:
El Secret. Que potser és fals.

Vet aquí doncs el llistat
De les Pedres més Cabdals:
Catedrals "de vida llarga"!

JORDI VIVET I BALLART

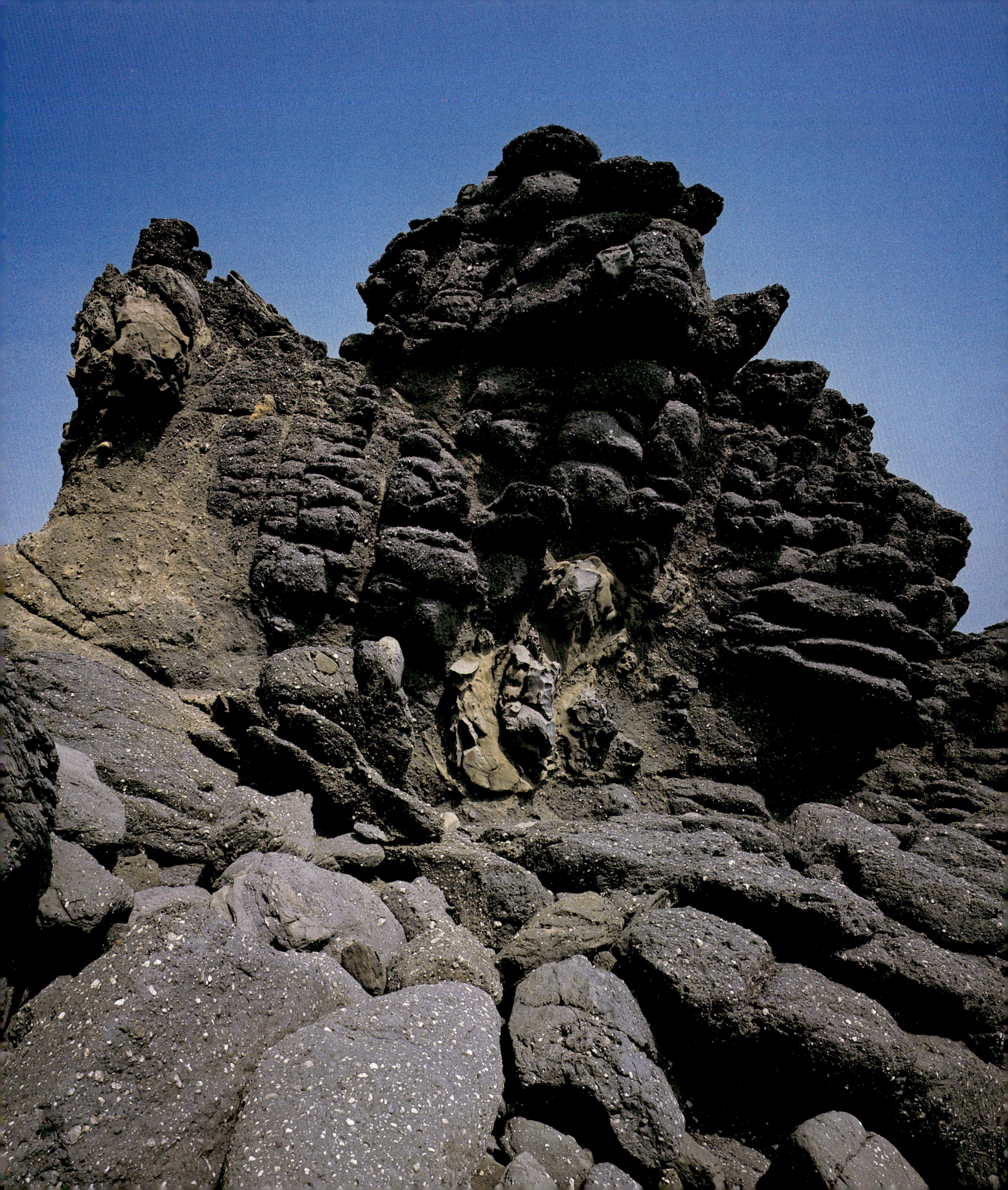

1

Silent, la teva força obscura, vetejada, pregona,
ha trobat la certesa:
tot viu i mor i s'entrequalca;
res no canvia.
El Dibuixant llançà el guix amb quina traça...

2

Just el tel mineral de la placenta
s'és esquinçat.
Del clot eixí la reina,
els cocons més humils seran cel·les d'obreres.
Sortiren al seguici nupcial
i l'eternitat no les ha vistes tornar, per ara.

3

Aquí la llengua parlà d'ocres ascètics, monacals,
i la veu tot rogallosa
esdevingué paraula silent, petrificada, aspra.
D'aleshores ençà vivim al ras, bevem del rou,
travessem terrancs deserts, barrancs perillosíssims;
devem ser un poble malastruc, profètic i àdhuc un xic
messiànic.

4

La teva pell –palmell de mà– duu escrita
la fortuna terral dels mariners:
salar-se d'esperes lluents pels horitzons,
però amb la mar ben prop,
deixar-se seduir pel lleu defalliment de l'ona dolça.

5

Hi passaren els déus sense sabates,
el cranc també hi reculà
mordala dreta:
hi morí un peix, volà sa escata;
quan la mosca i el re voldran xuclar-te,
llur amor serà absurd:
impenetrable,
envelleixes rovell, cremes camins,
--foc blanc sens fi ni origen--.
El peu fas bord,
la petja inútil.

6

Res més que una ascensió cap a la pedra fita.
La comunicació universal, pujaves.
Després va ser el devessall babèlic.
Arranats, estamordits i fets micoles,
barbollejam llengües estranyes,
tan trencadisses com
llagrimers, flascons, alfàbies, àmfores,
que ara just són
fòssils d'oli i de blat, vessada essència, aigua de plors
ignota.
Érem formes, al sol, fèiem ufana.
Sóm ara a penes res.
Demà, sorrenca pena al vent.
Feliç qui, com Ulisses,
tingués una Penèlope
debenant a l'avior
el fil sense acaball
que per als mortals tix
idees pures.

PERE XERXA
Ciutadella, desembre 1986

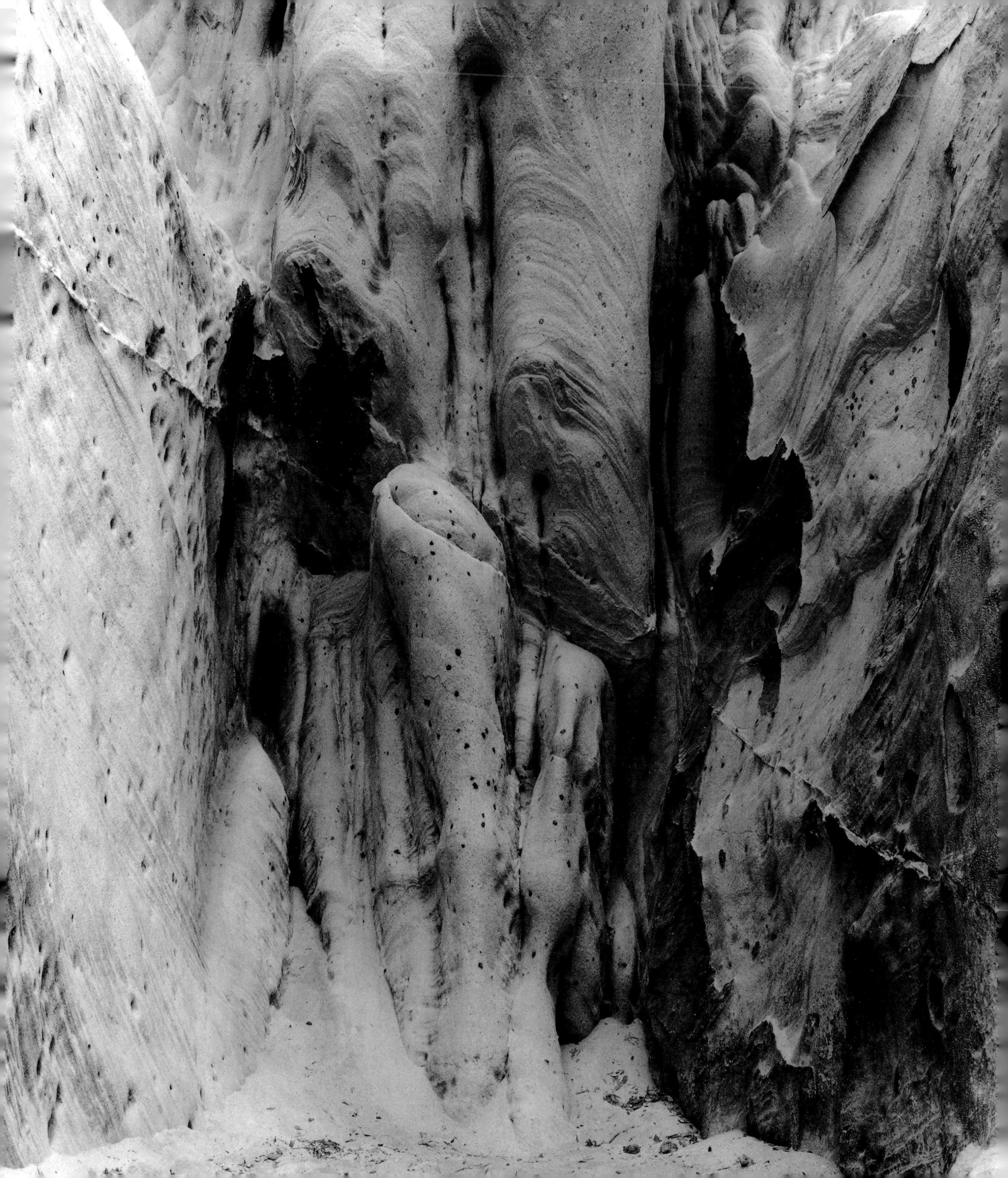

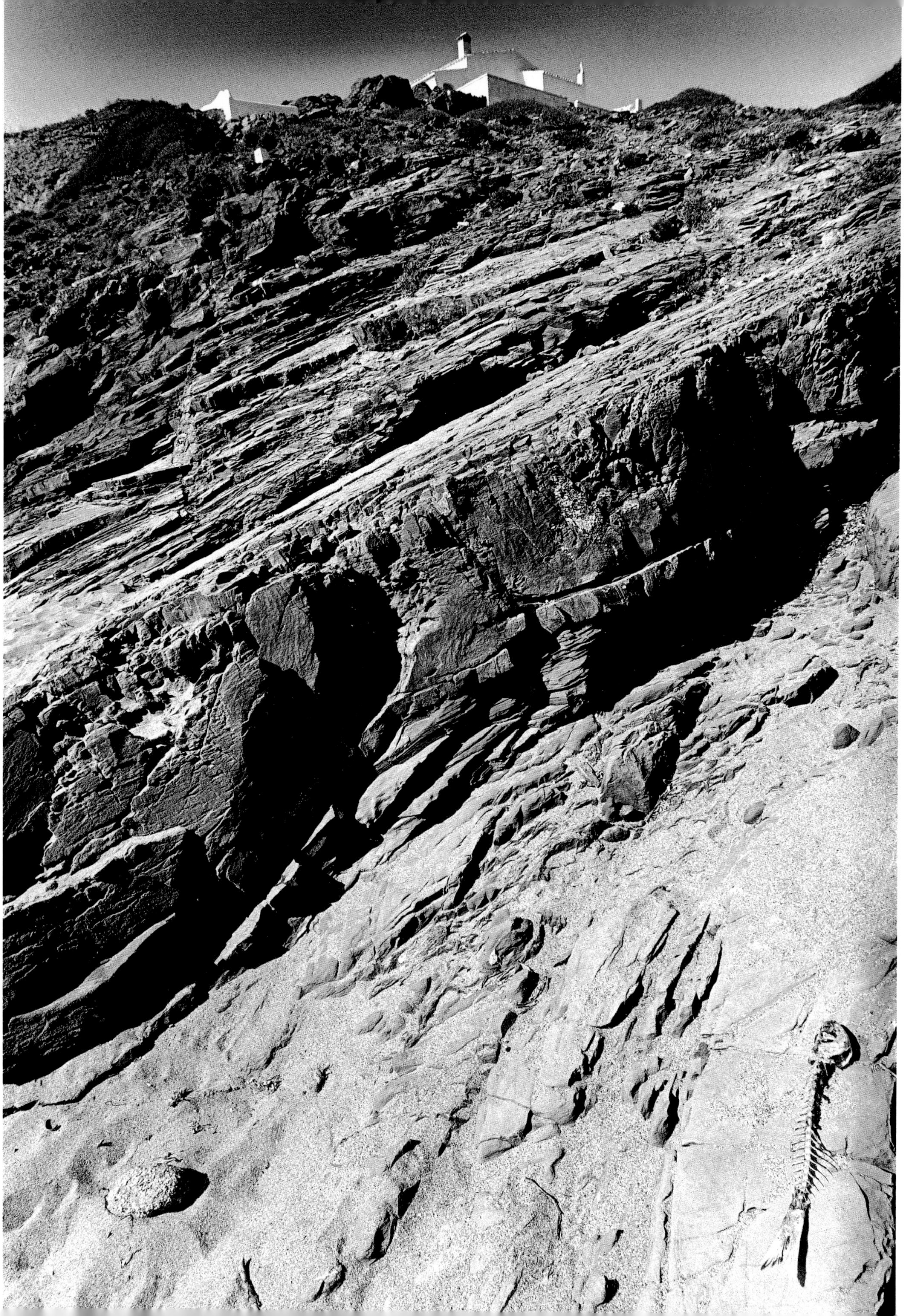

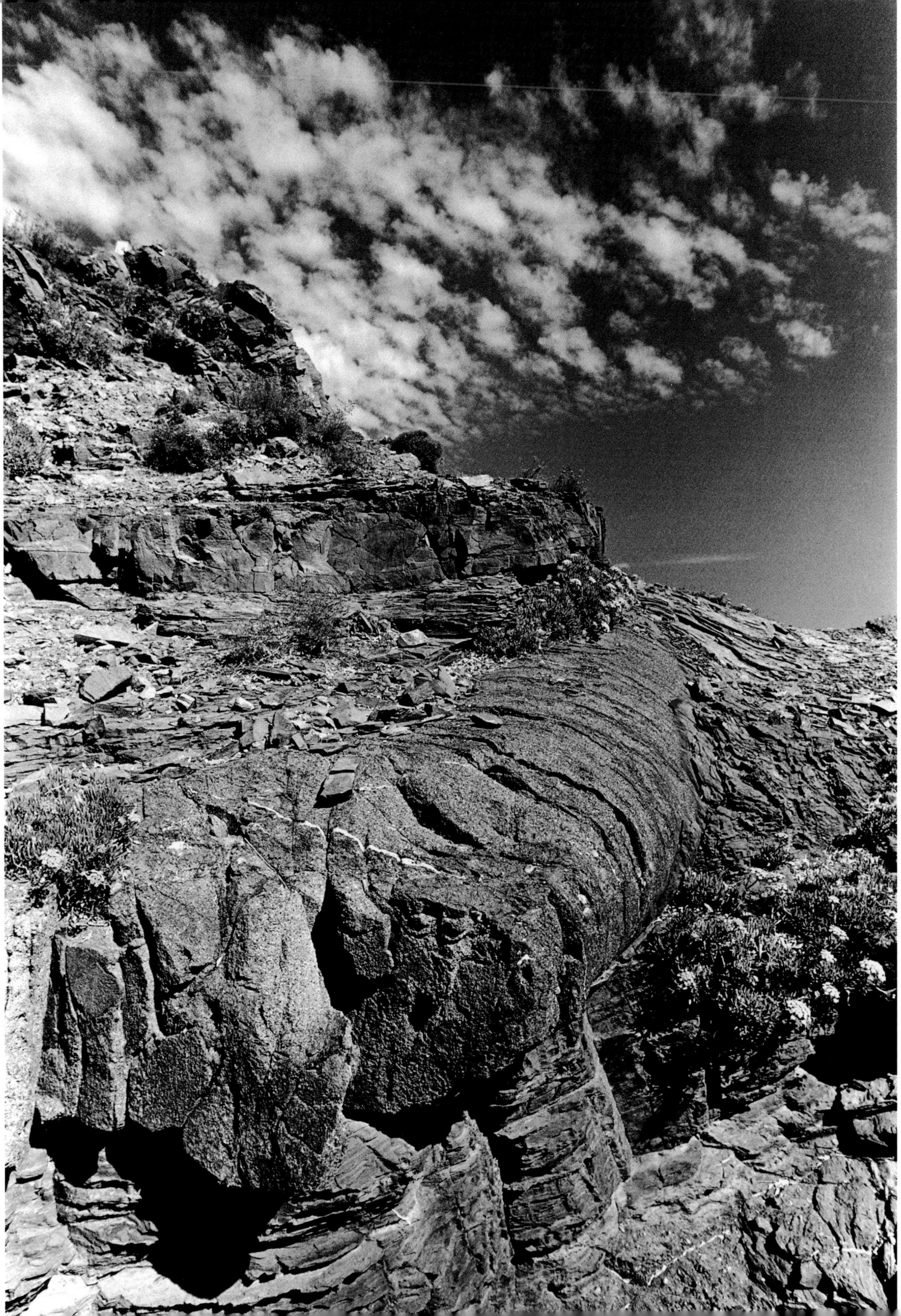

Pedra de toc

Quanta de força es condensa
en el negre mac, polit
per rumbots braus, o delit
de tempesta en mar immensa!
Esdevindràs la defensa
en ser projectil de fona
quan David humil s'encona
i estaborneix Goliat.
Podràs, pedra o llibertat,
llavors tornar al bres de l'ona.

Dura la síl·laba dura
i el ressò la fa present;
rotunda la veu consent
d'esdevenir forma pura.
Compacta en l'arquitectura
i al tacte regal suau,
que, contrastada amb el blau,
roca és, però polida:
la força que té és la vida
rodolant, que mai no cau.

Que poca-solta el tamany!
Petrificat, al teu vers
s'agombola l'Univers,
la Veritat i l'Engany
(mai no els trobes, mai no els perds).
Faust –mineral o pervers–,
ésser sempre, el teu afany!

Pere Xerxa

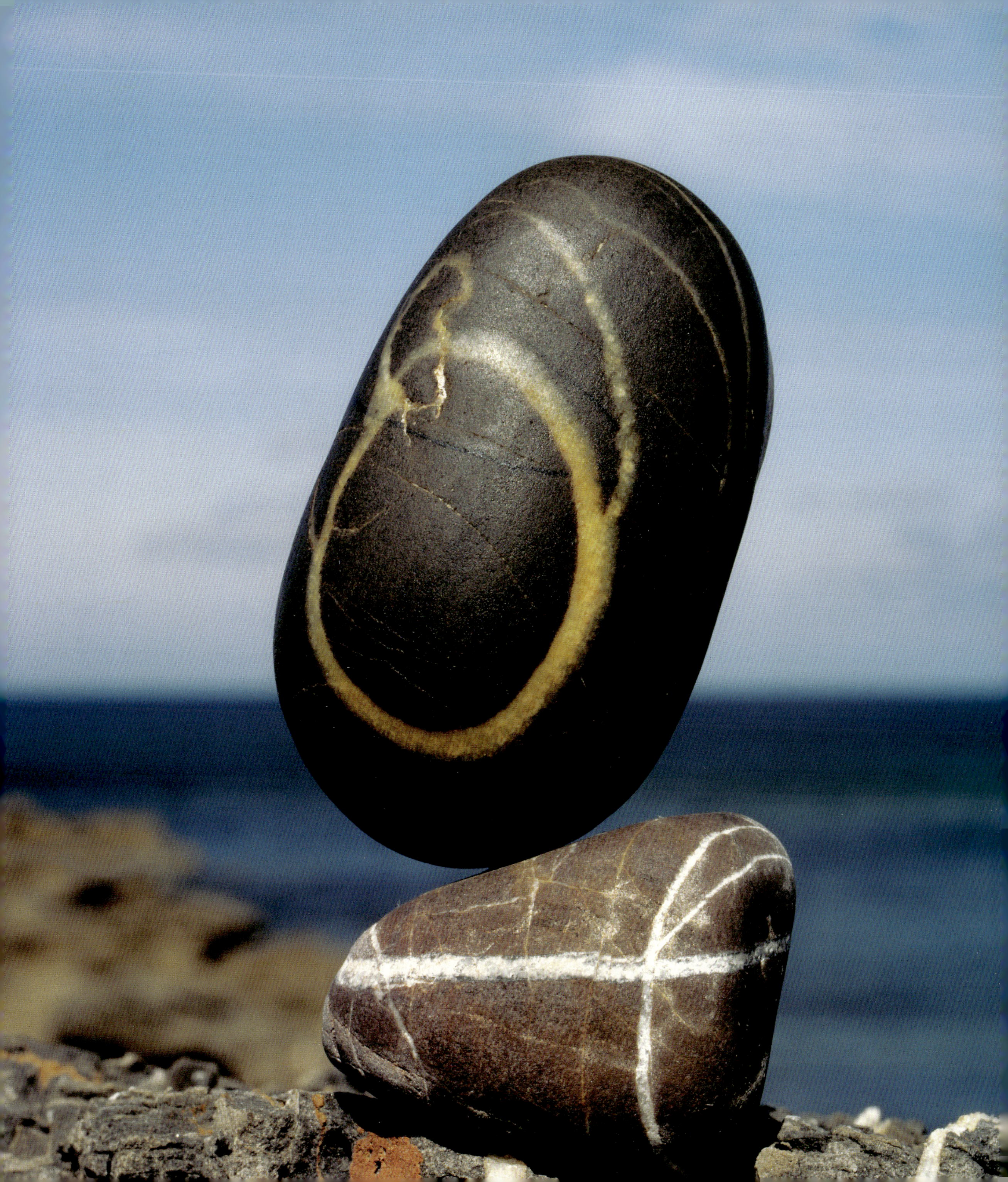

Index

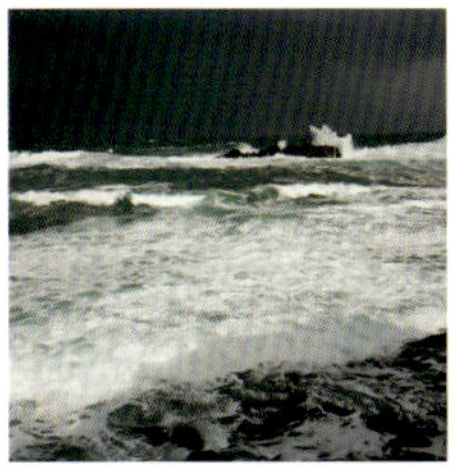
5

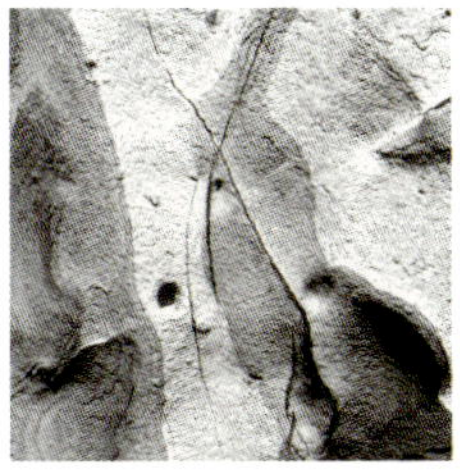
7

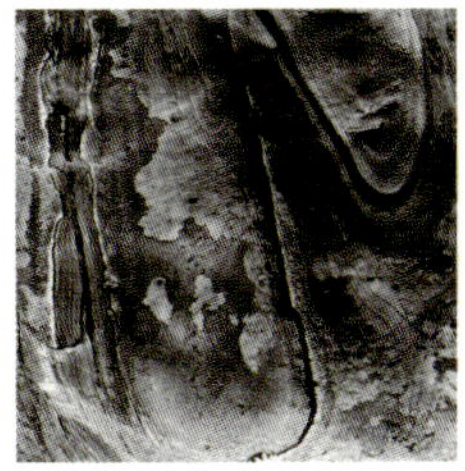
8

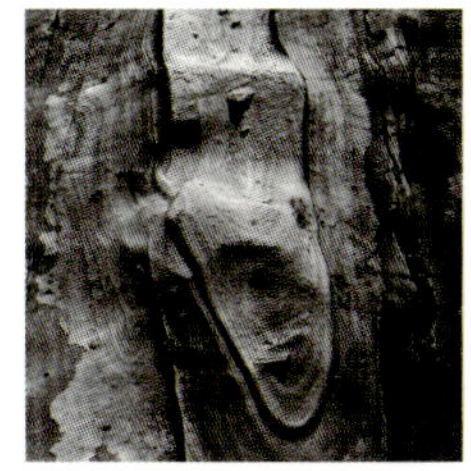
9

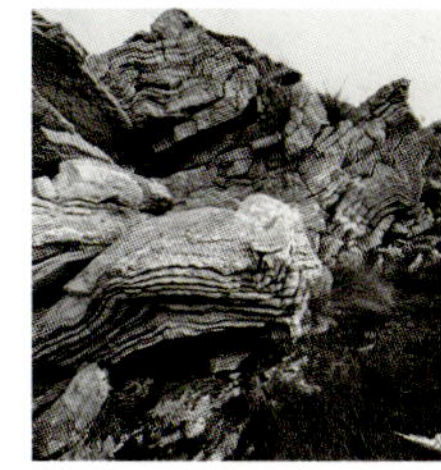
11

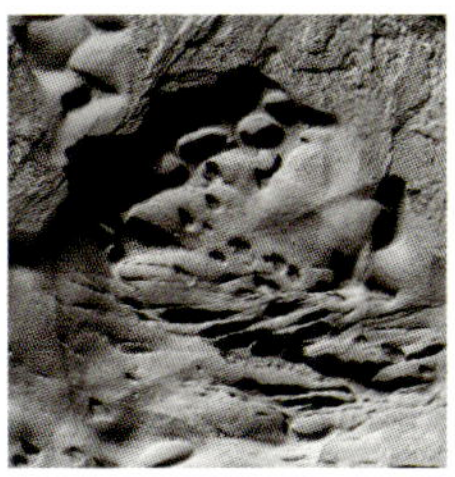
12

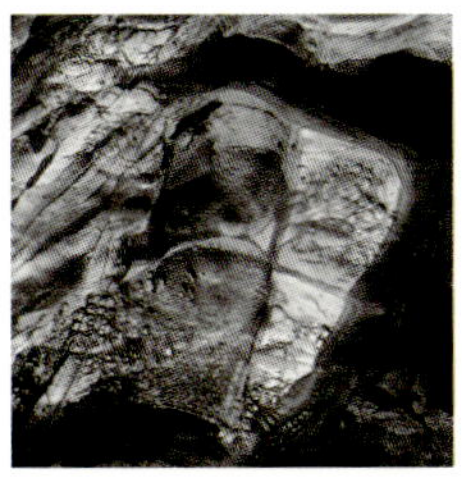
13

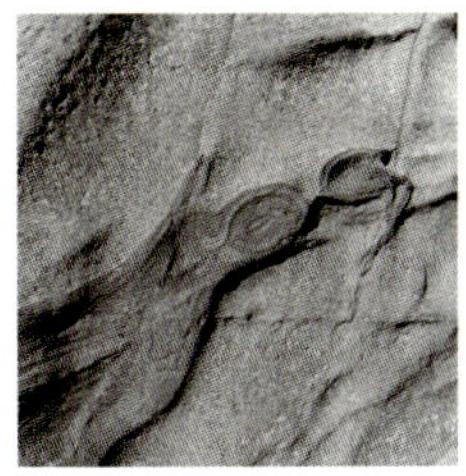
15

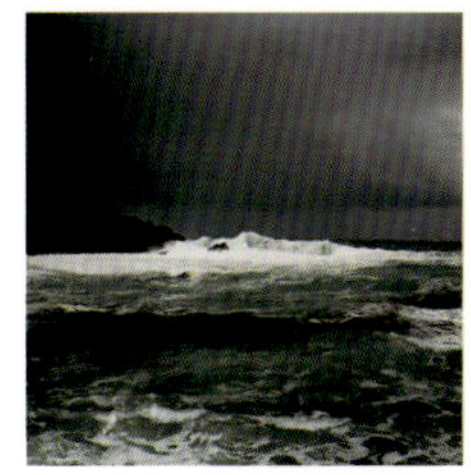
17

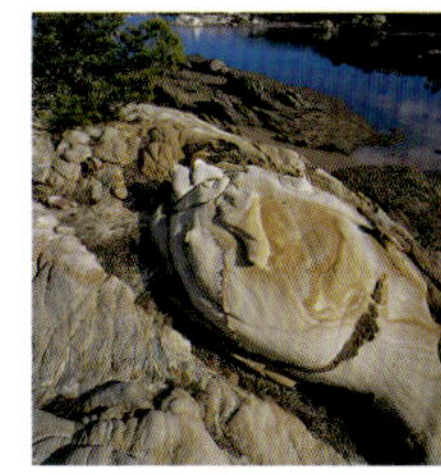
19

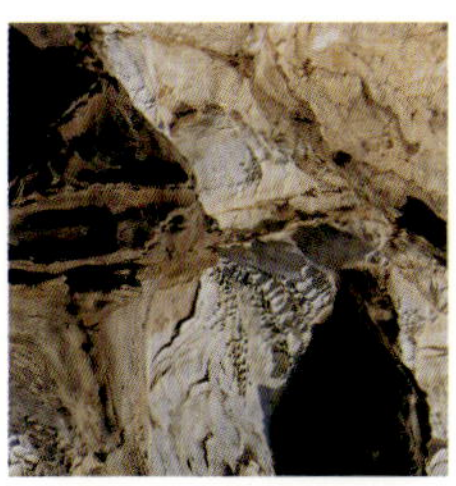
20

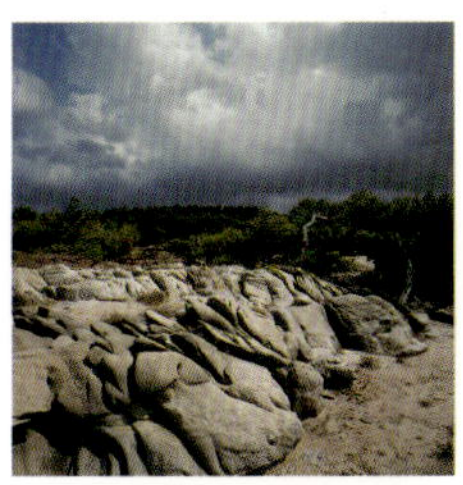
21

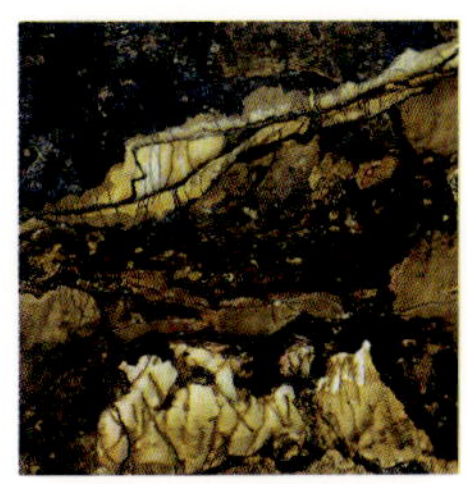
23

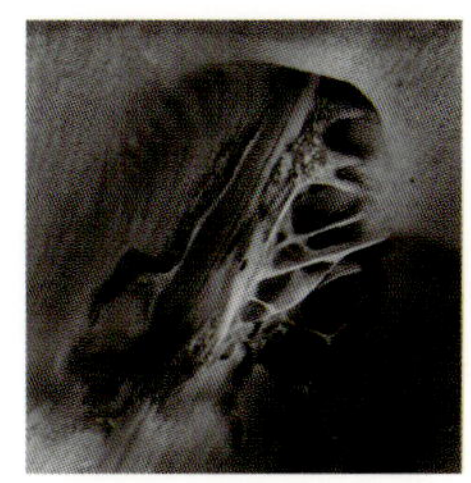
24

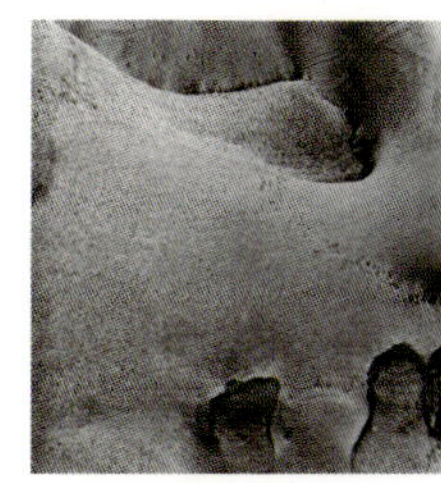
25

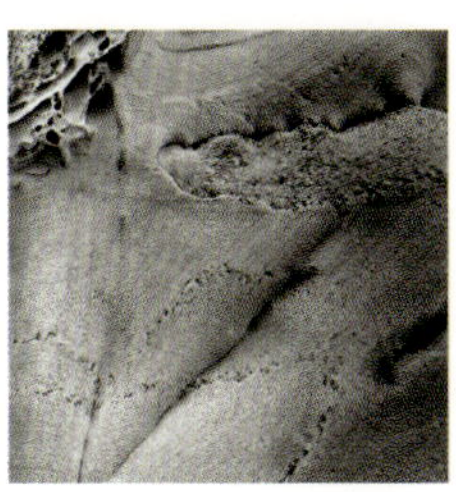
26

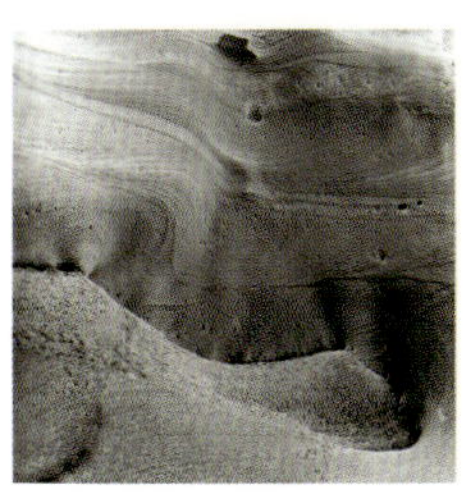
27

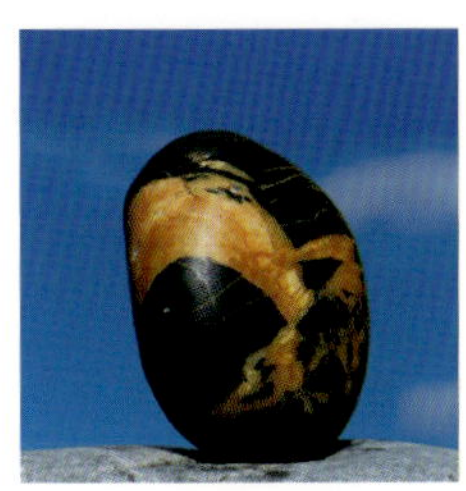
29

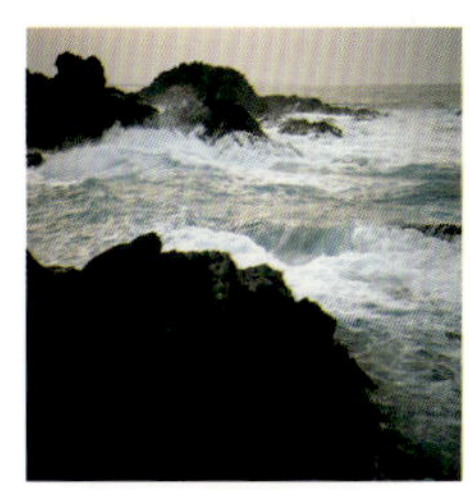
31

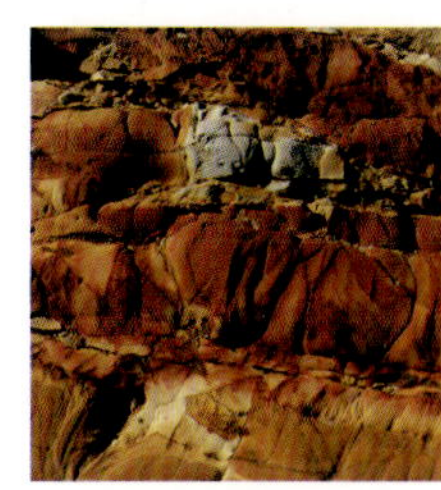
32

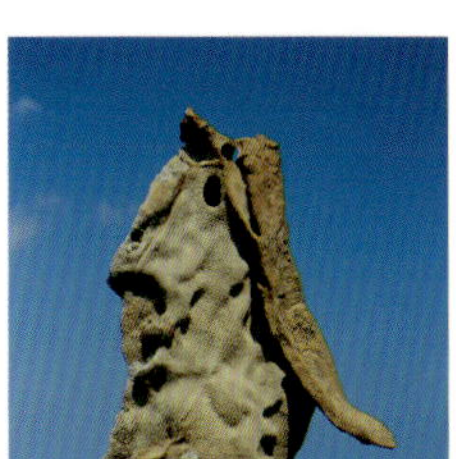
33

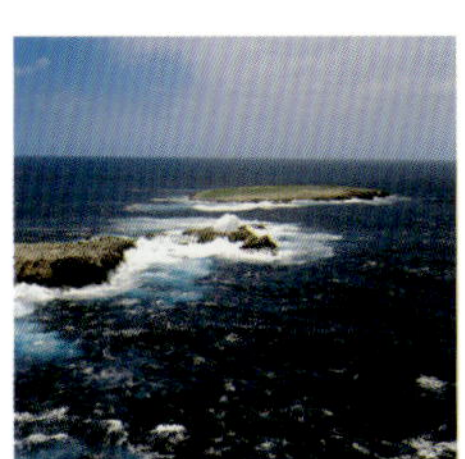
35

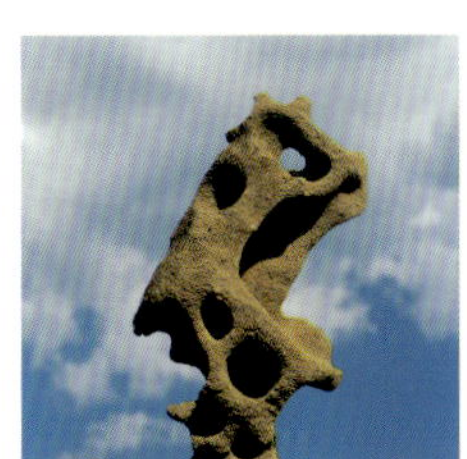
37

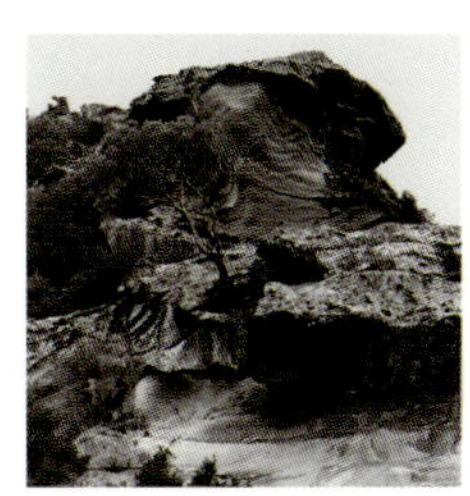
39

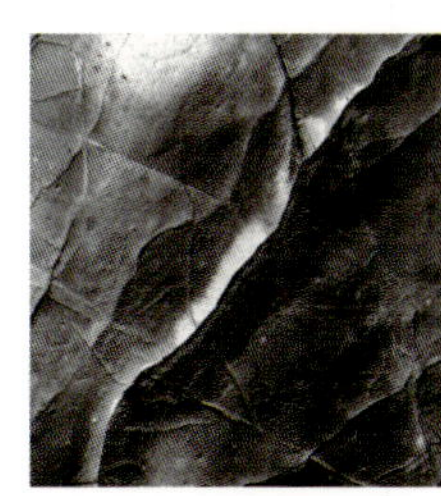
40

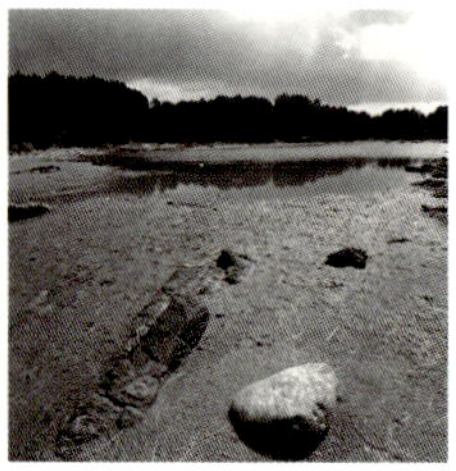
41
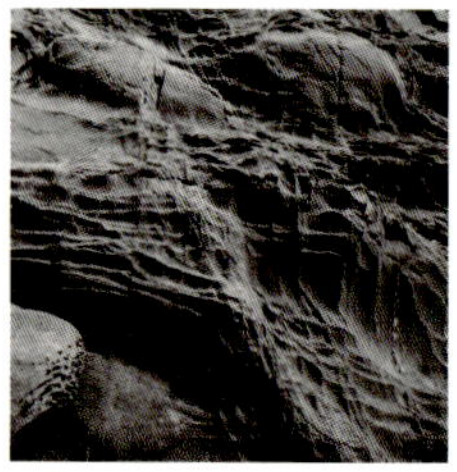
42
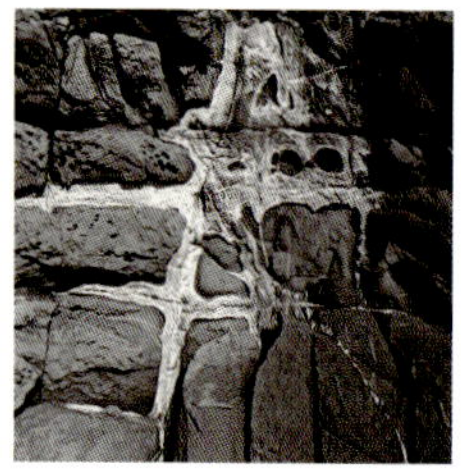
43
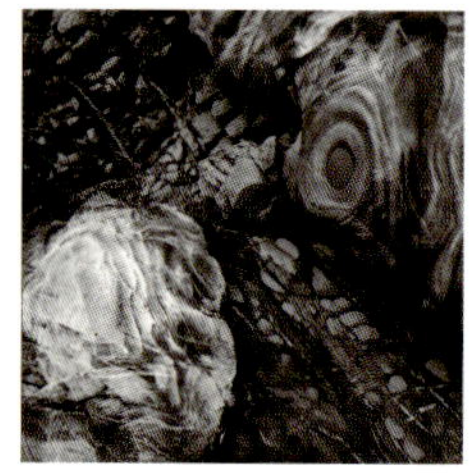
45
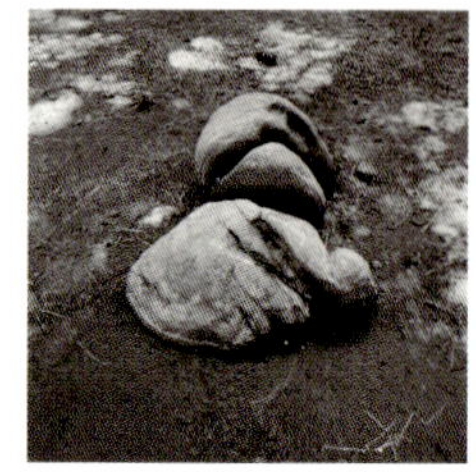
47
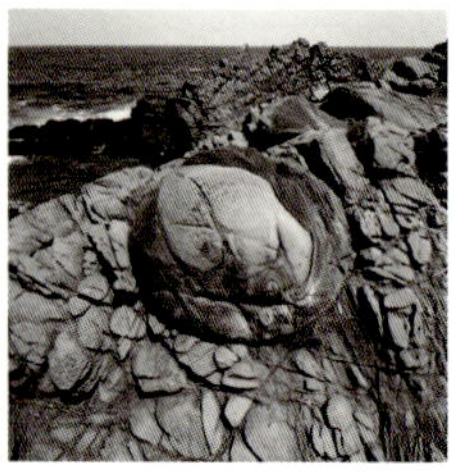
48
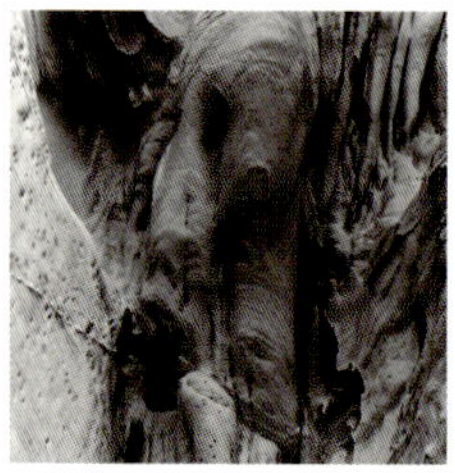
49
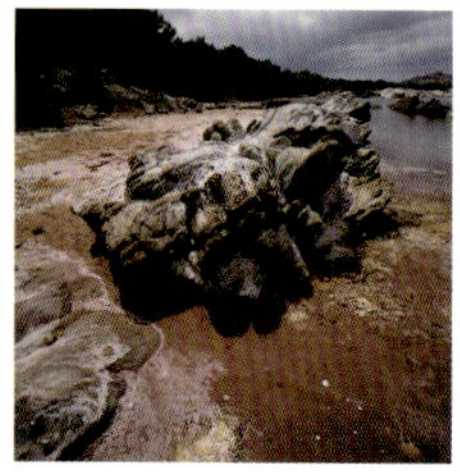
51
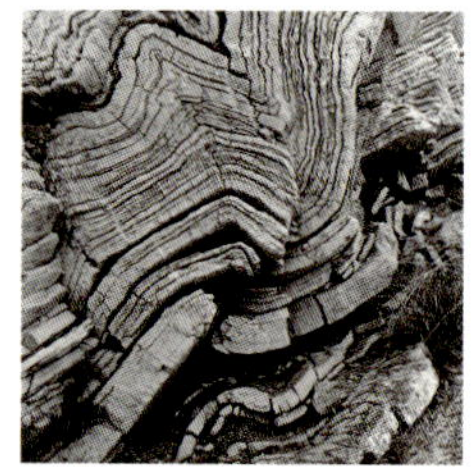
52
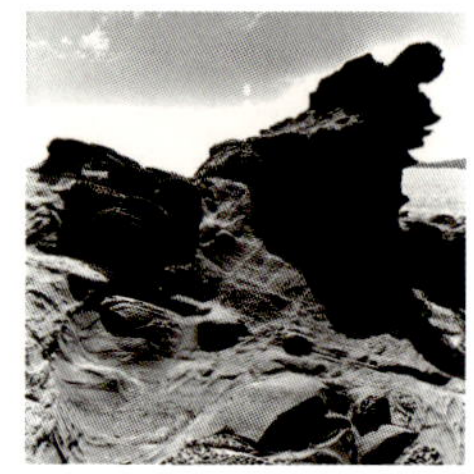
53
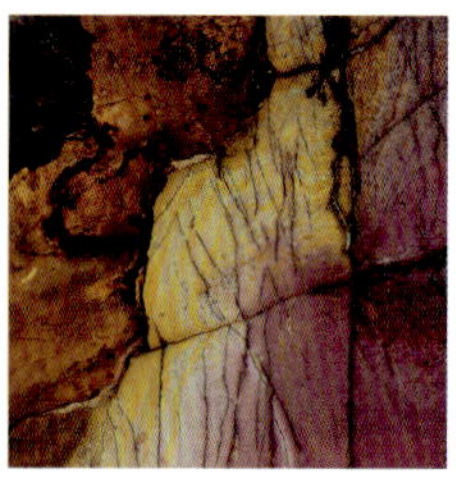
55
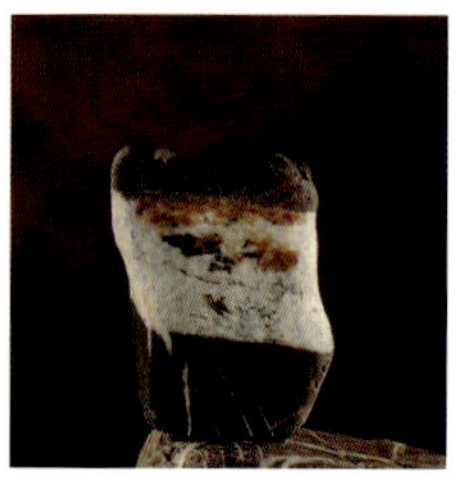
56
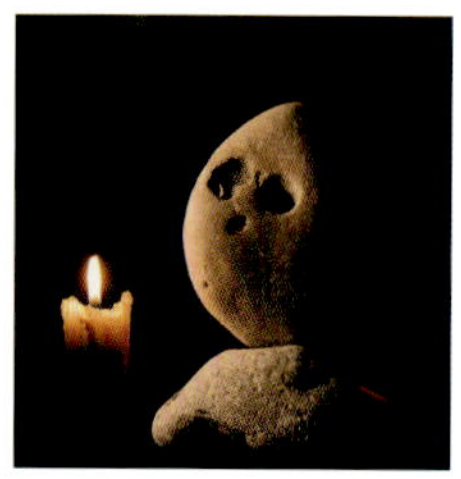
57
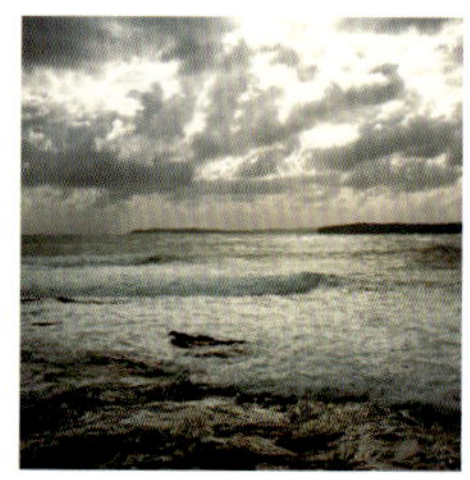
59
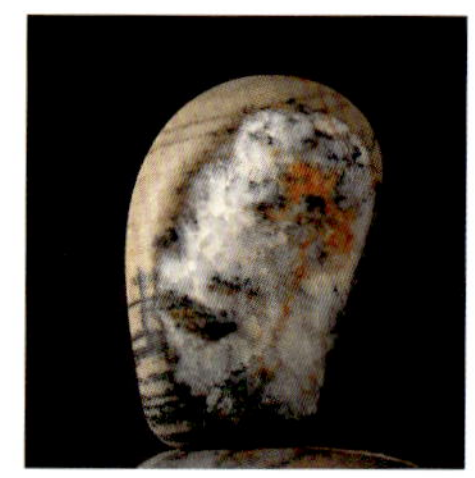
61
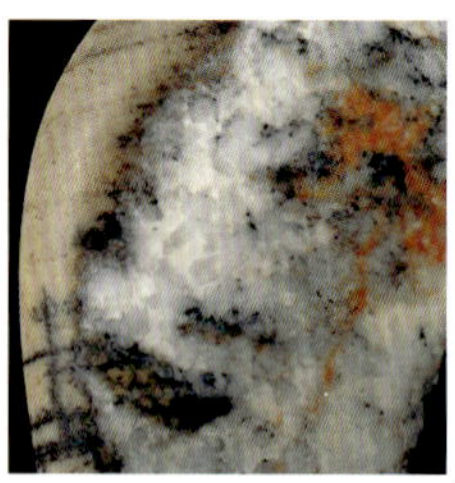
63
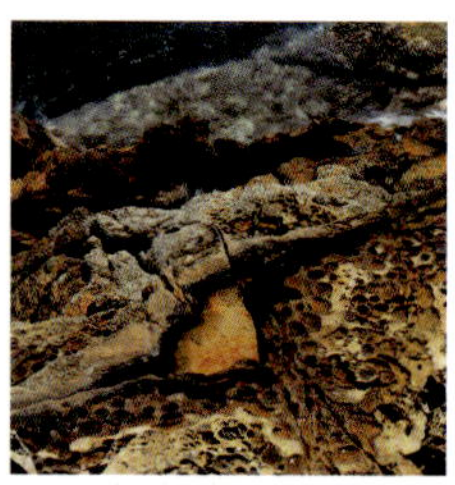
65
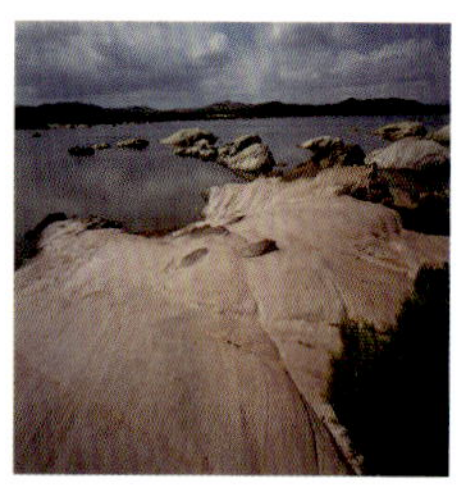
67
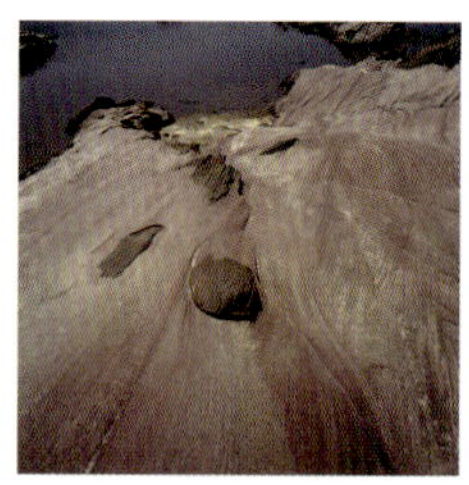
68
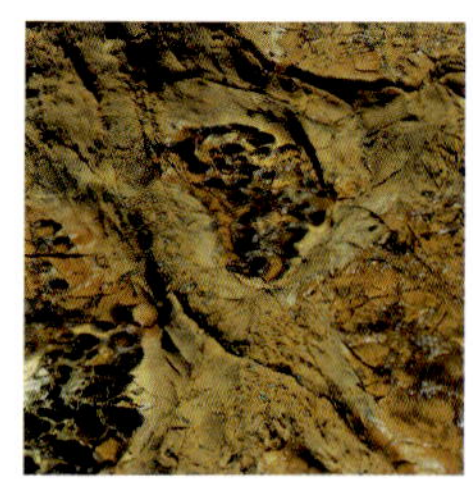
69
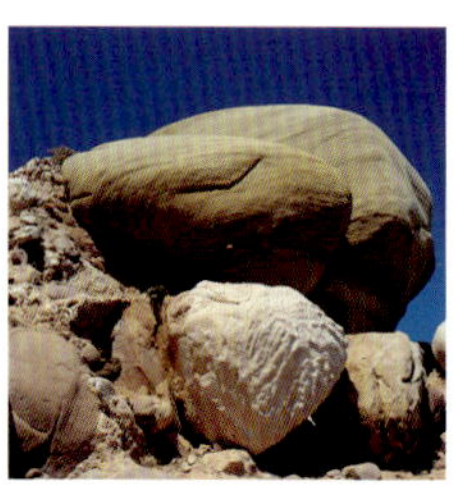
71
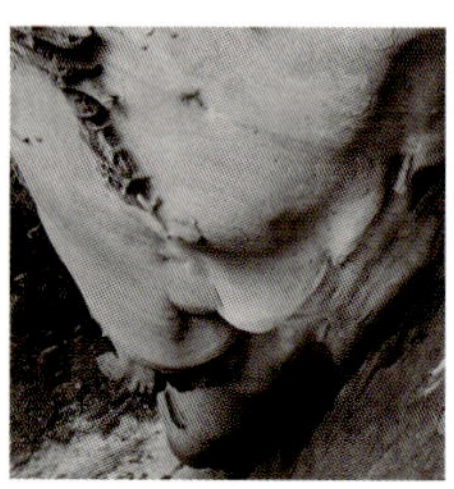
72
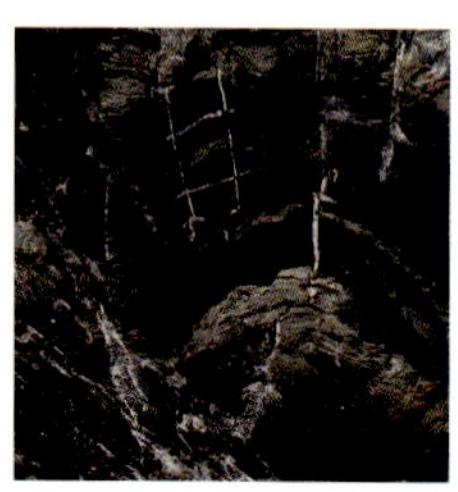
73
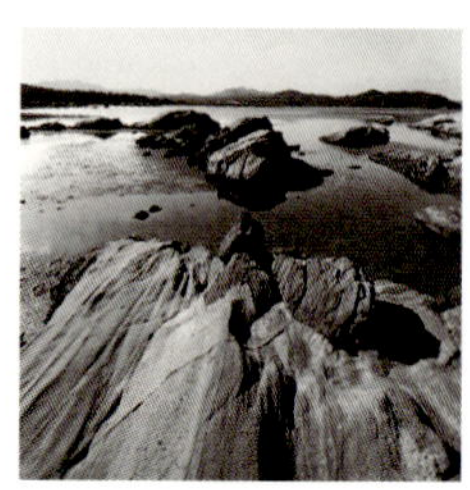
75
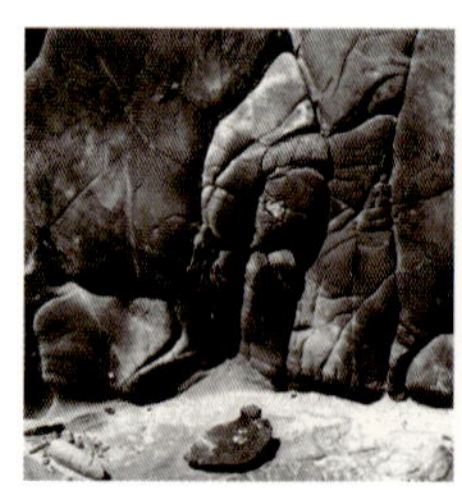
77

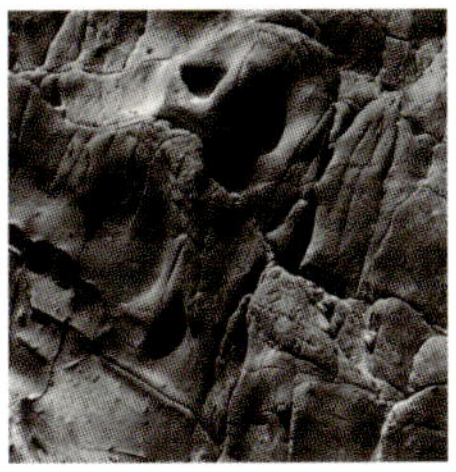
78

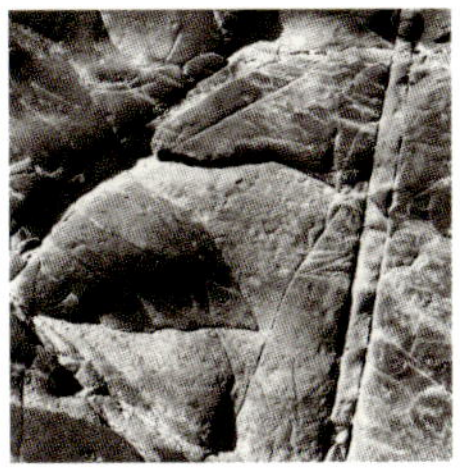
79

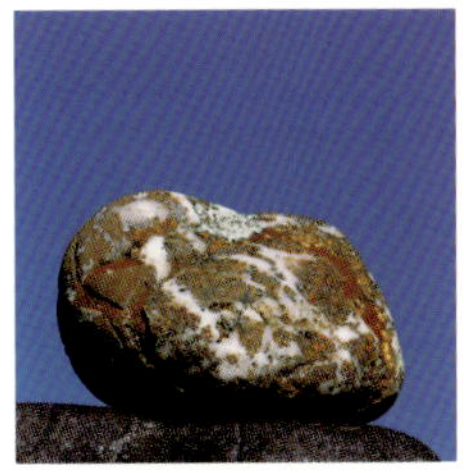
81

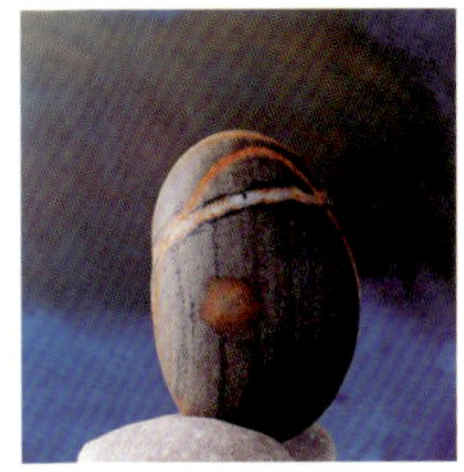
83

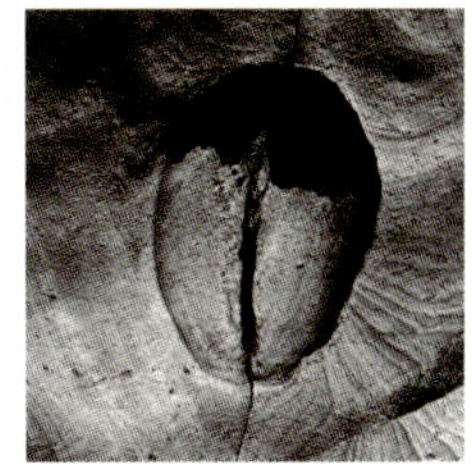
85

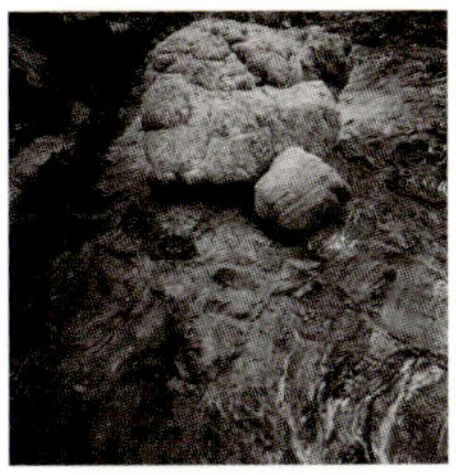
86

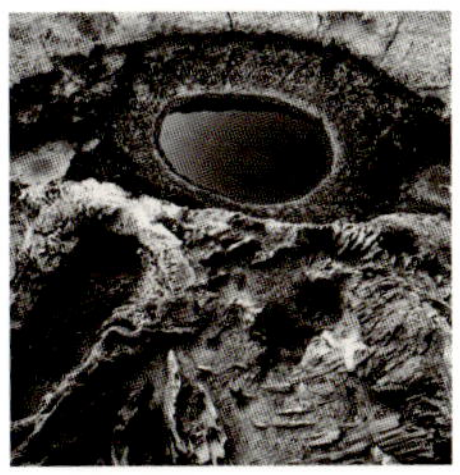
87

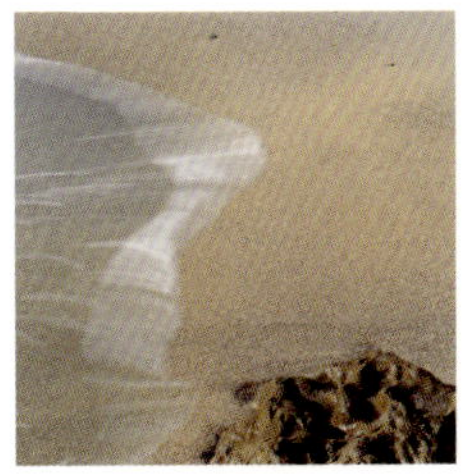
89

90

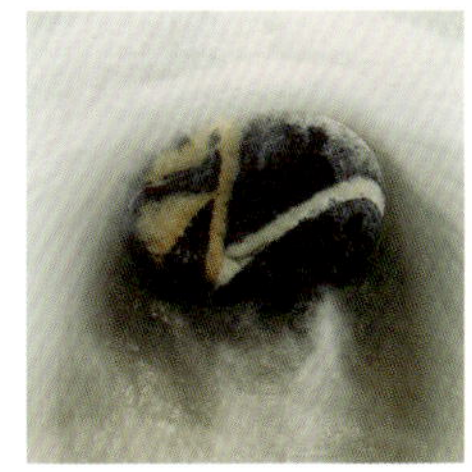
91

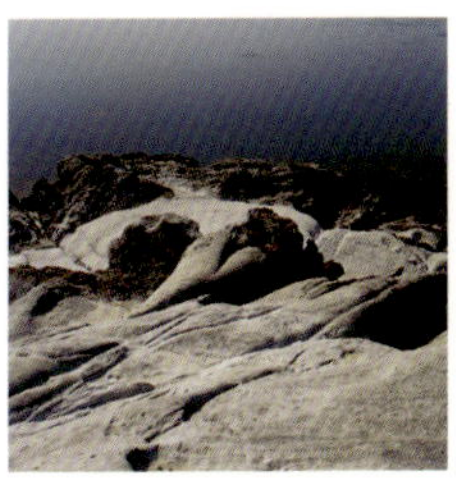
93

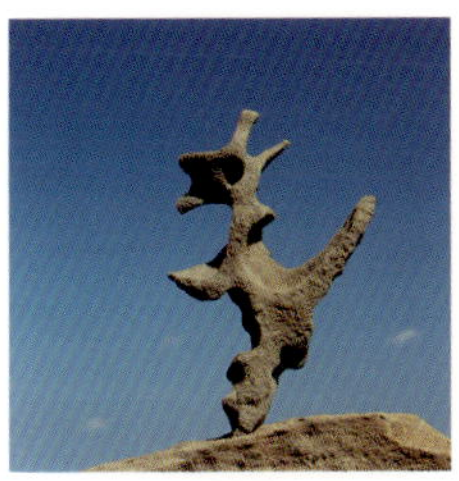
95

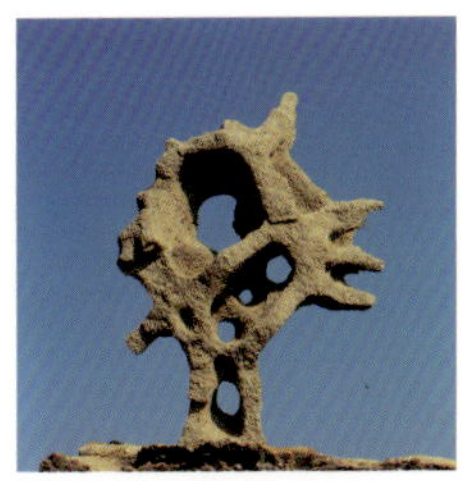
96

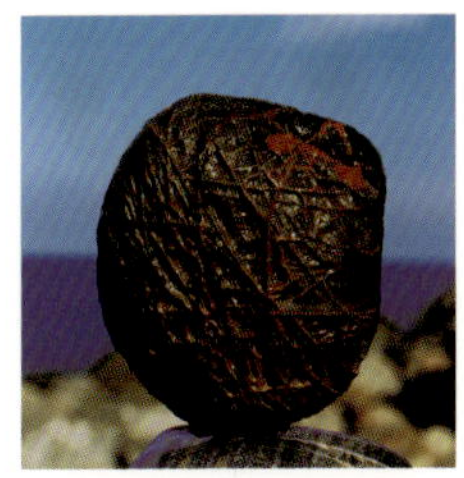
97

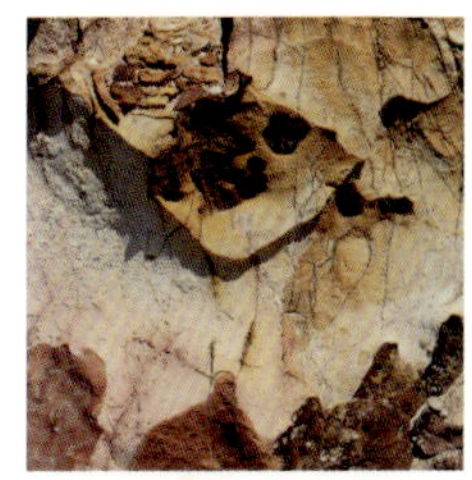
99

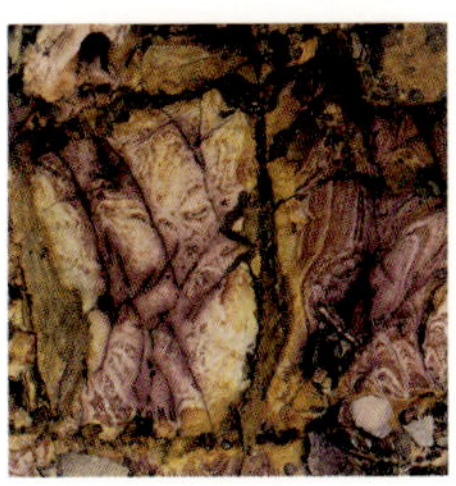
101

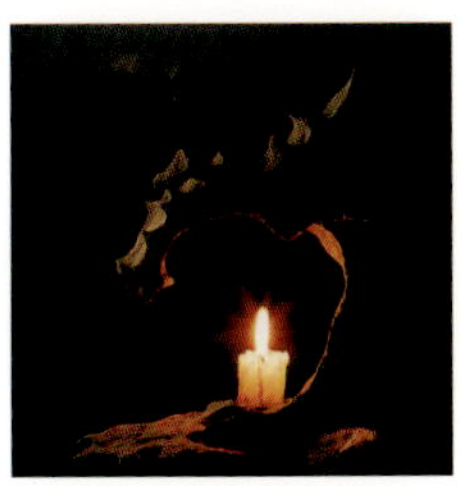
103

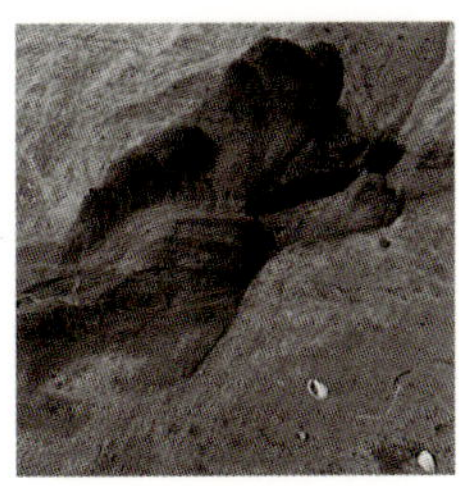
105

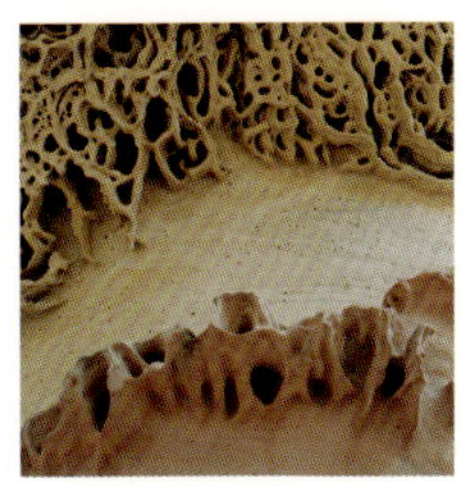
107

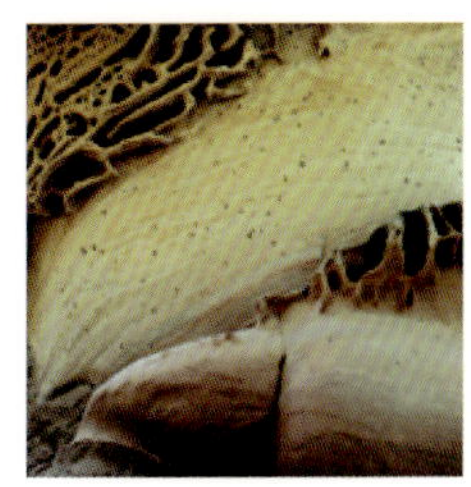
108

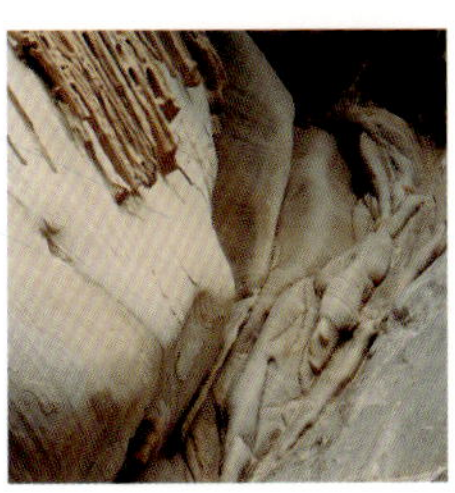
109

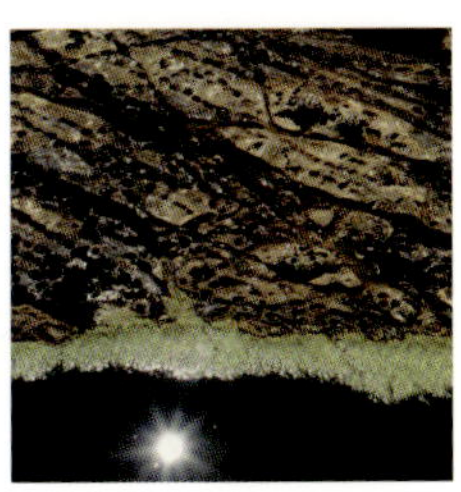
111

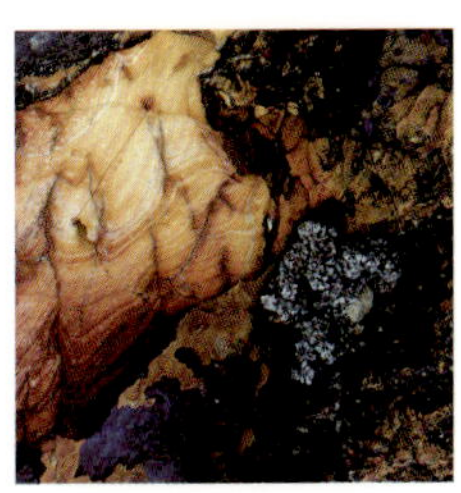
113

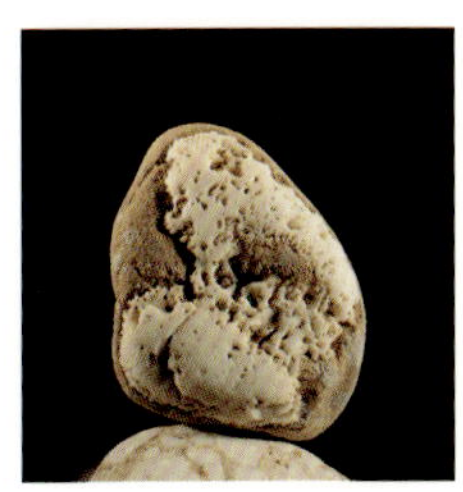
115

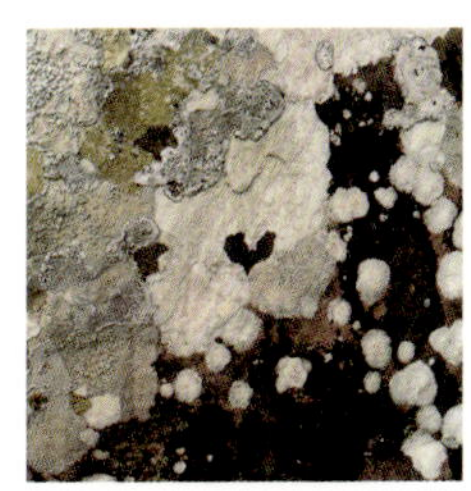
117

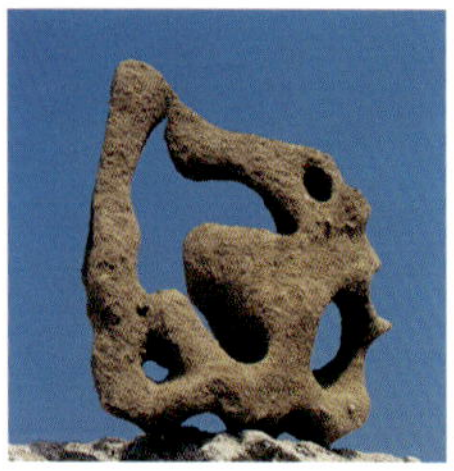
119

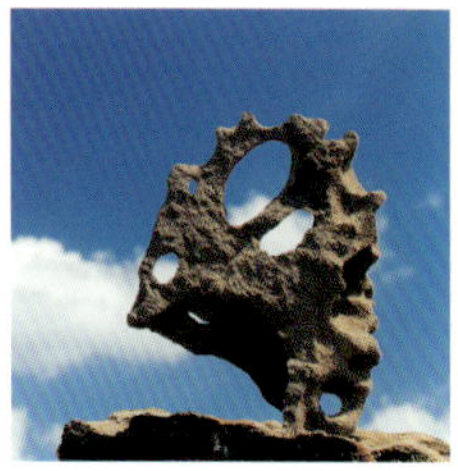
120

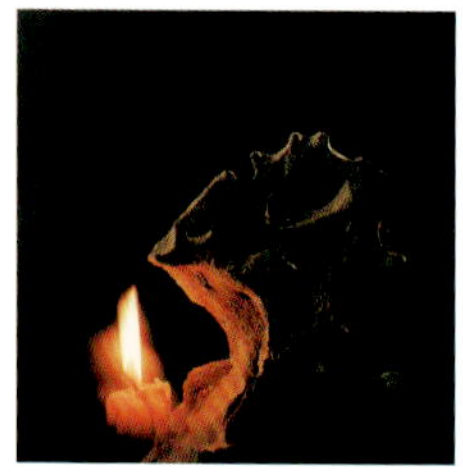
121

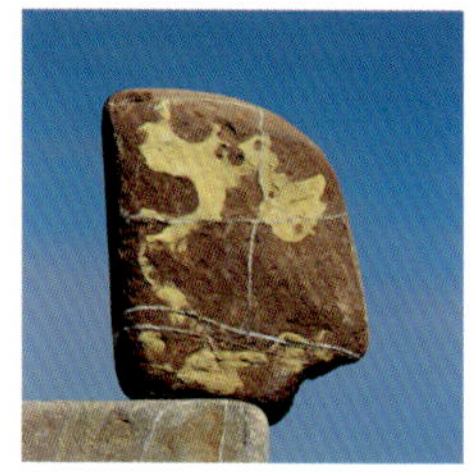
123

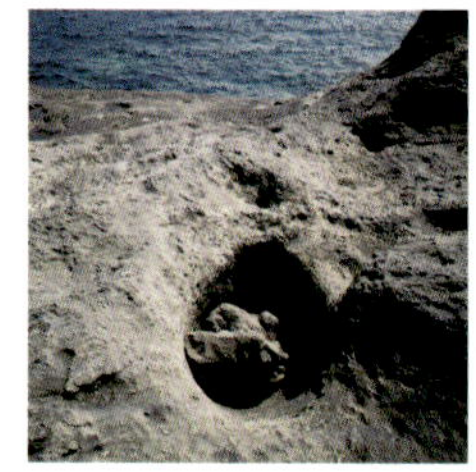
125

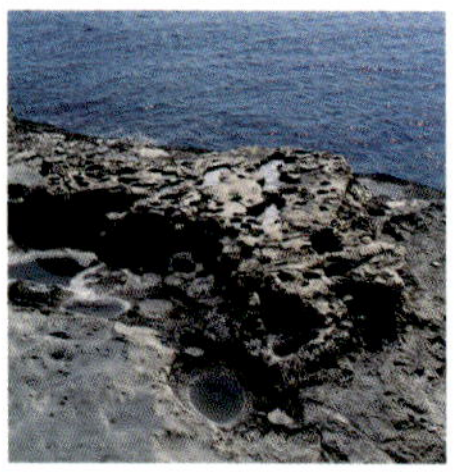
126

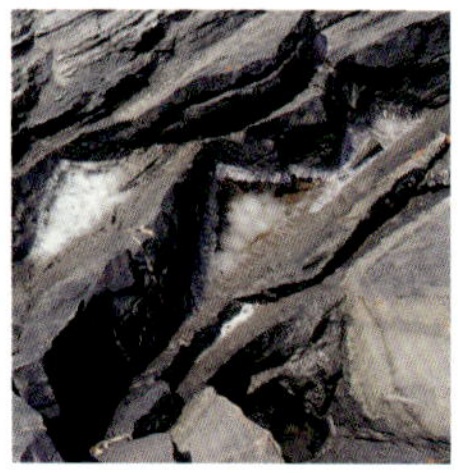
127

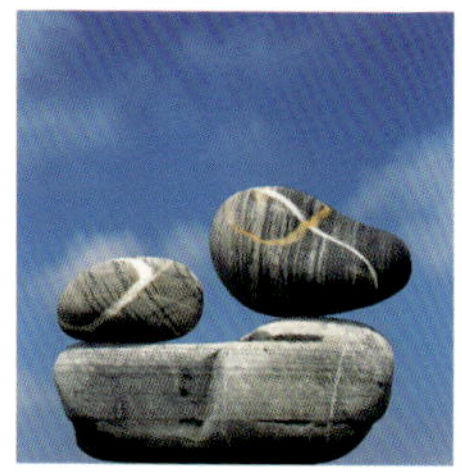
129

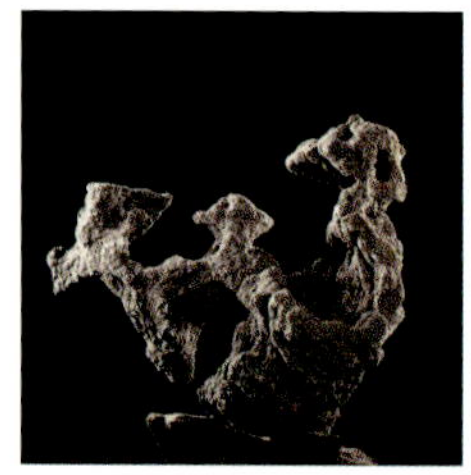
130

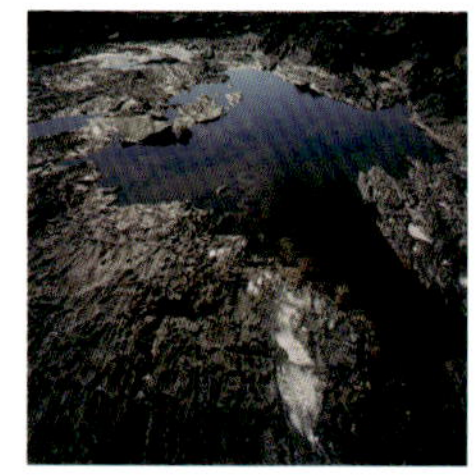
131

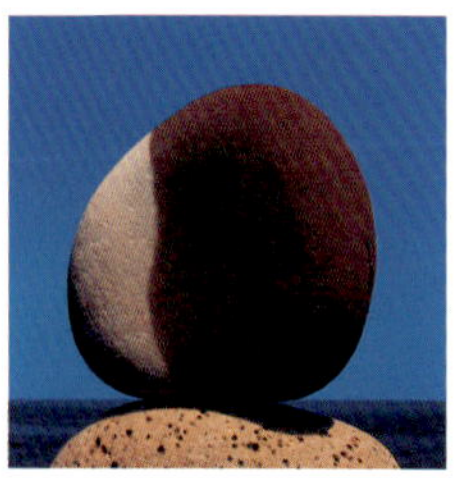
133

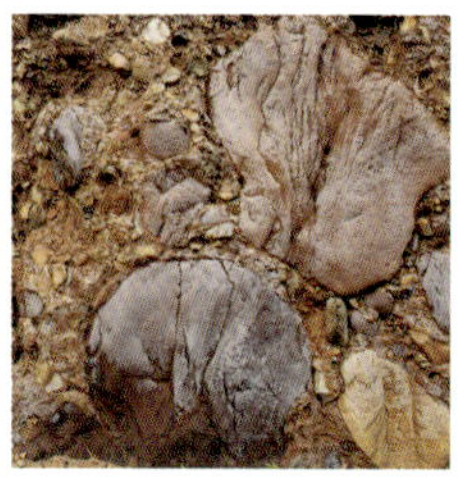
135

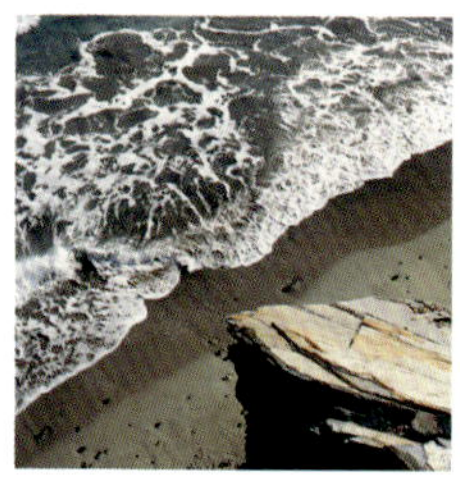
136

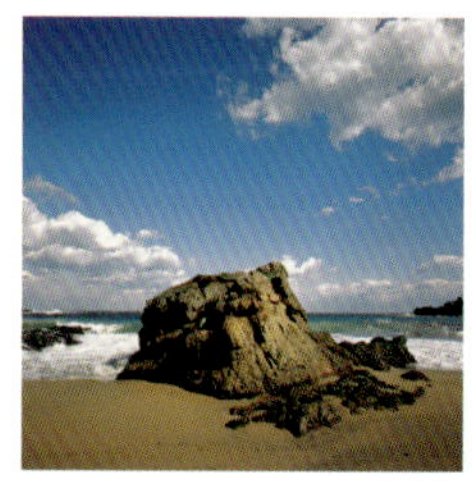
137

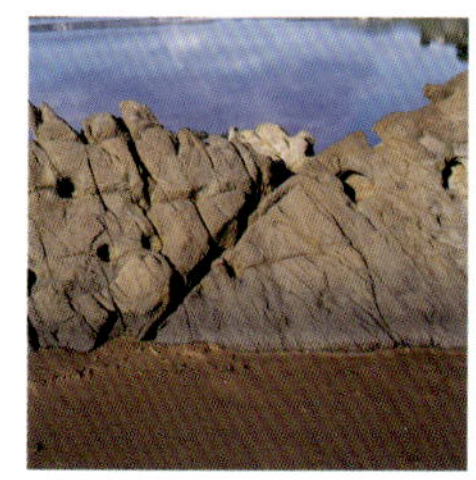
139

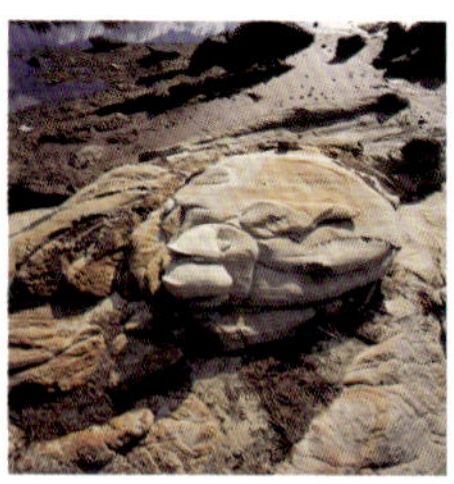
141

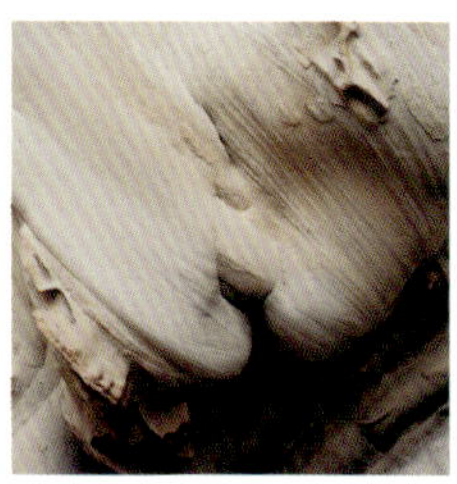
142

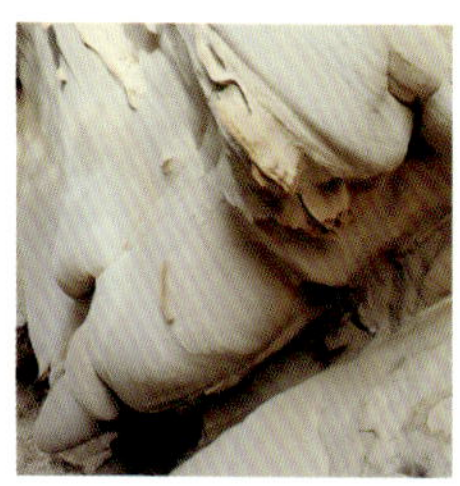
143

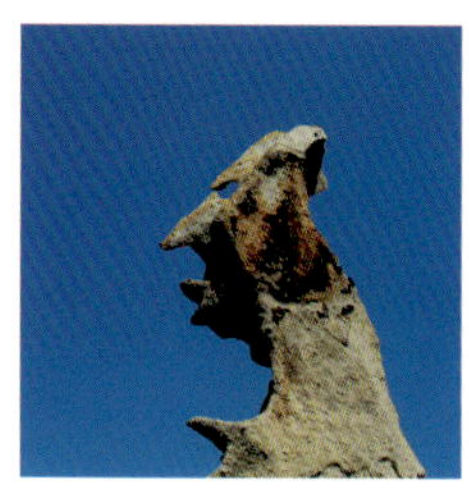
145

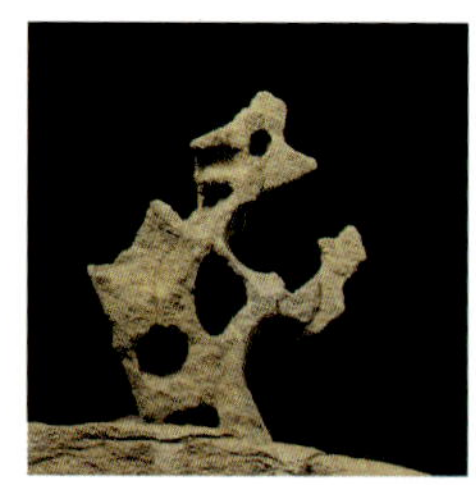
146

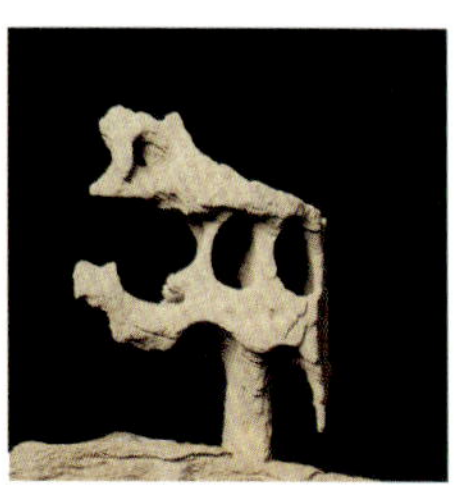
147

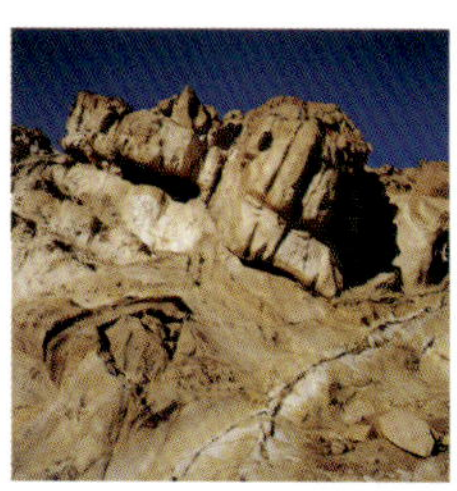
149

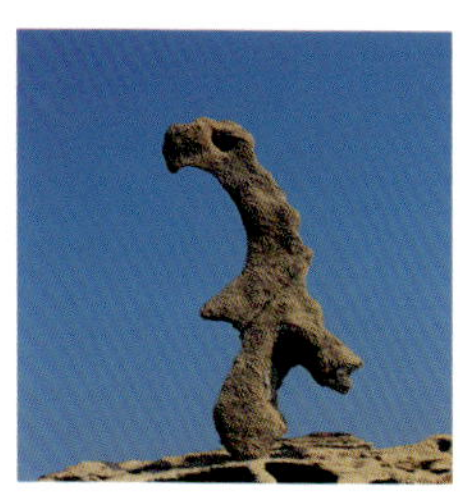
150

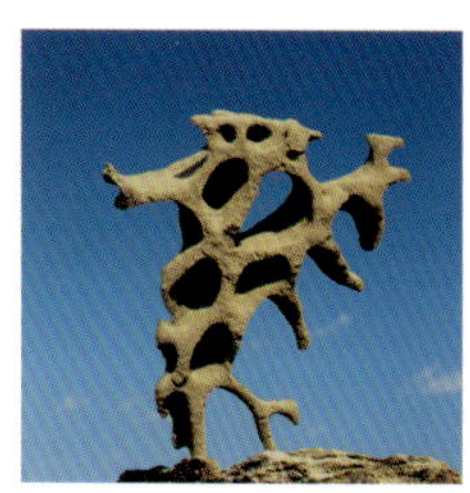
151

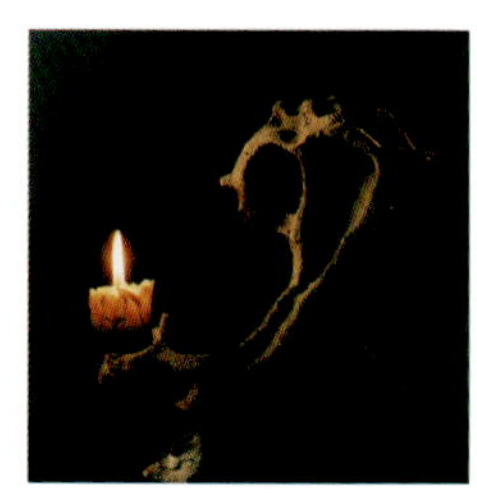
153

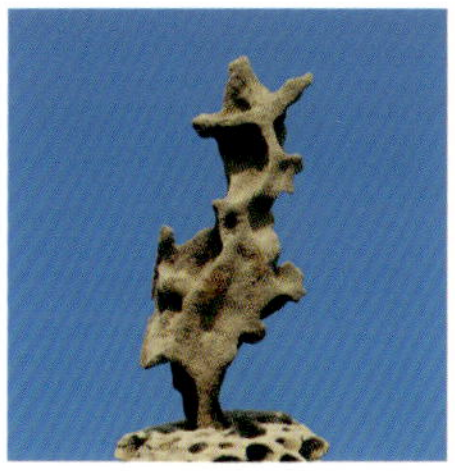
155

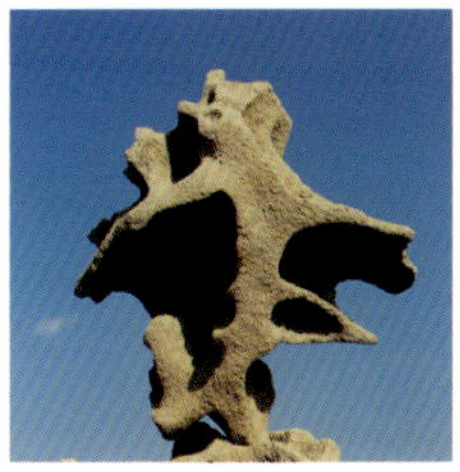
157

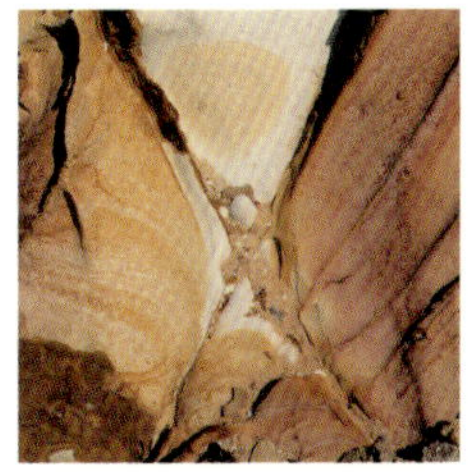
159

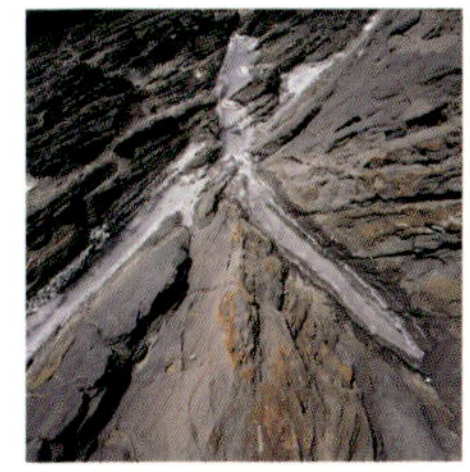
160

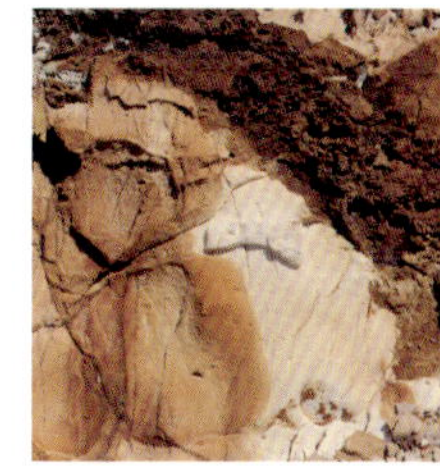
161

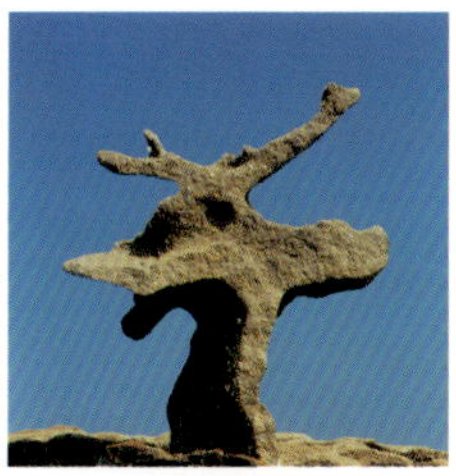
163

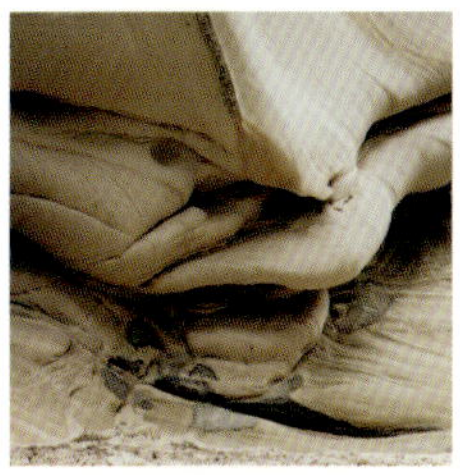
165

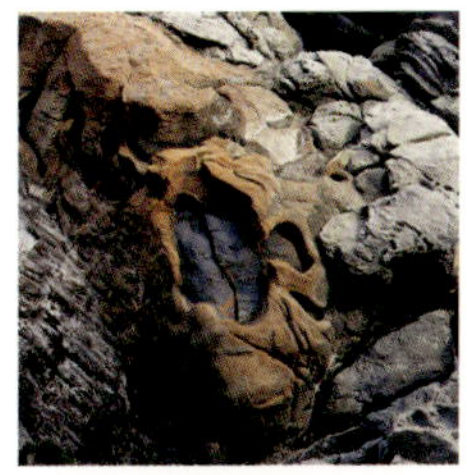
166

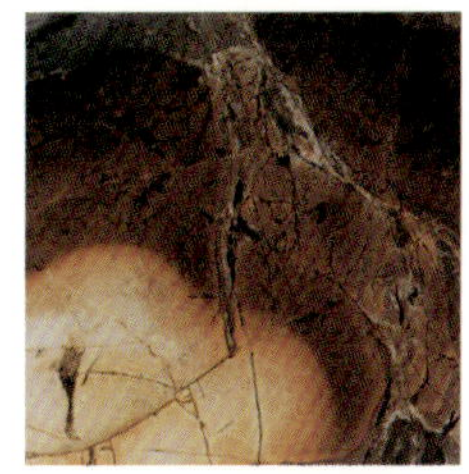
167

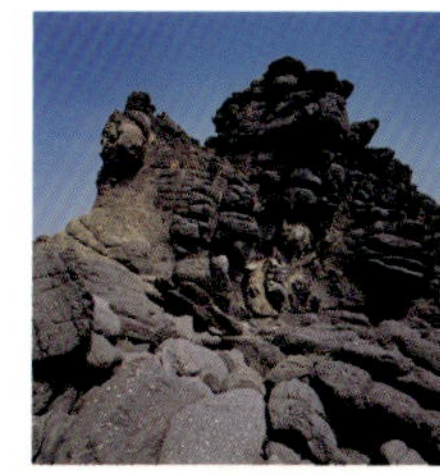
169

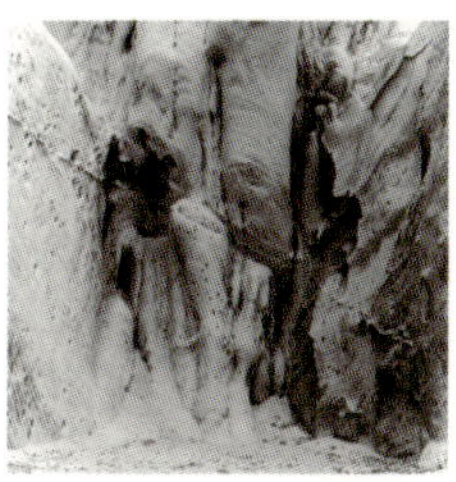
171

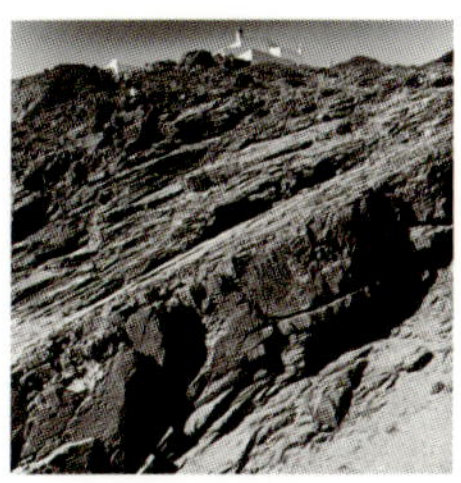
172

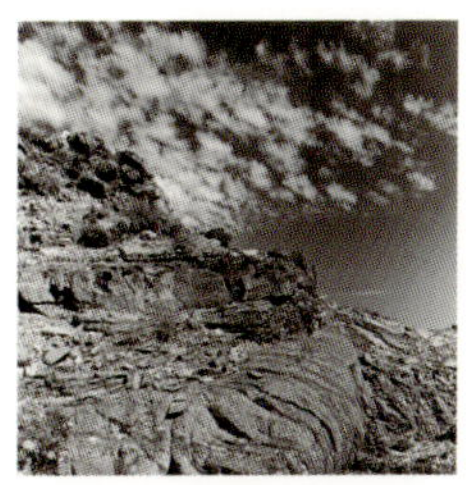
173

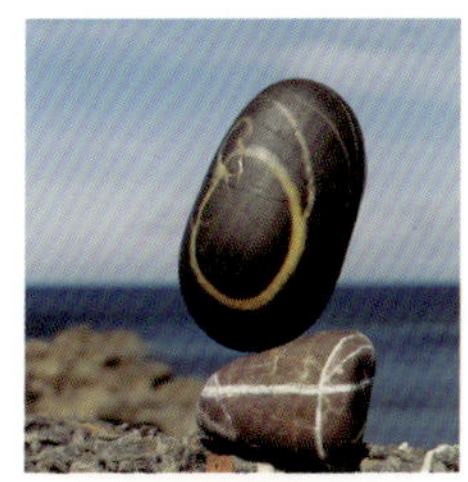
175

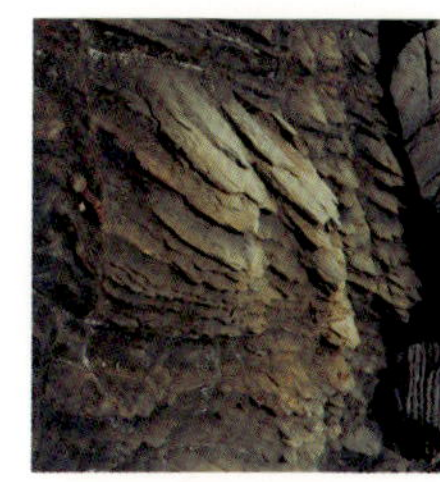
183

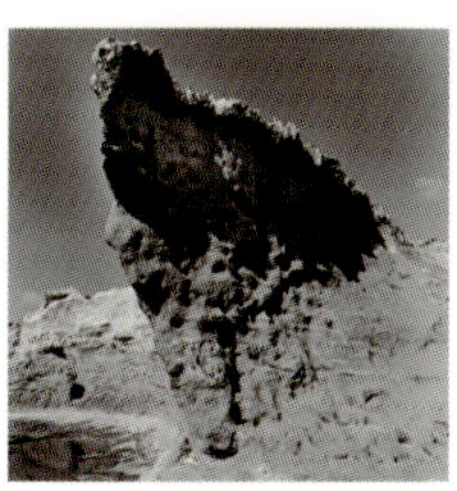
185

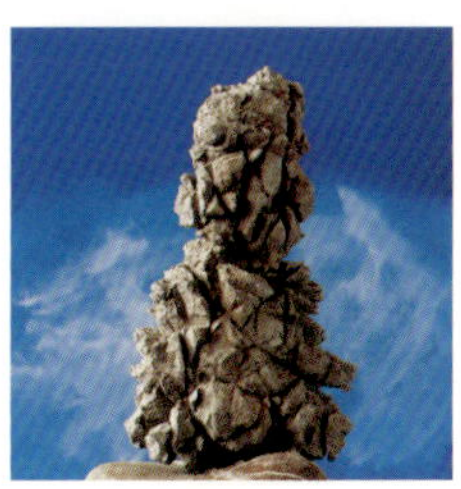
187

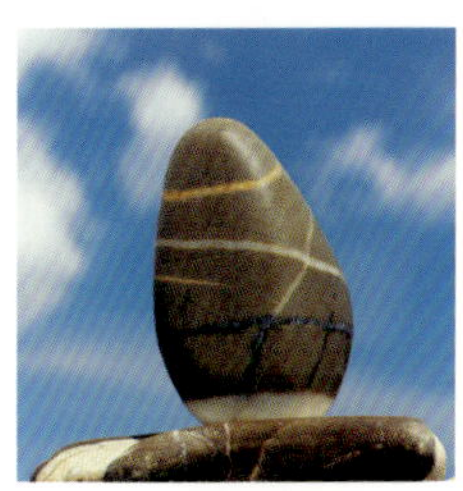
189

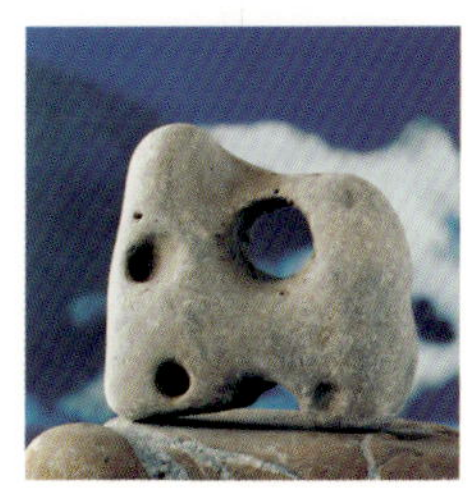
191

Justificación

Debo aclarar que este libro no pretende ser útil; no es un libro de geología, no es un libro para estudiar, es un libro para amar. La razón de empezar a fotografiar rocas fue el deseo de enseñar unos espacios no contaminados por especulaciones, modas ni pretensiones de ningún tipo. Quería enseñar cómo una roca no acapara la luz del sol: la comparte. Las rocas tienen un equilibrio, tienen una belleza y una plenitud que son fuente de alegría para quien se toma la molestia de mirarlas. Para las antiguas civilizaciones eran un símbolo de unidad y fortaleza; para nosotros tienen una fuerza difícilmente dominable, la fuerza y vitalidad de la naturaleza en toda su belleza y plenitud.

Belleza y plenitud nunca gratuitas, siempre son el resultado de una lucha o complicidad con los elementos: mar, lluvia, viento.

La soledad de una roca es aparente; siempre forma parte de un todo, y ella misma es un todo con su entorno; ahora, su corta o larga vida se vuelve independiente y única.

Toni Vidal

Foreword

It should be said that this book does not intend to be a useful one: it is not a book on geology, or a book for studying, but a book for loving. The reason why I began to take photographs of rocks was because I wanted to show areas not contaminated by speculation, fashions or any sort of intromissions. I wanted to show a much more austere and purer world, far away from trivialities and deceit. I wanted to show how a rock does not keep the sunshine for itself but shares it. Rocks have a balance, a beauty that is a source of happiness for anyone who cares to look at them. Already in ancient times they were a symbol of unity and strength, a strength difficult for us to master. The force and freshness of nature in all its fullness and beauty.

A beauty and fullness which are never gratuitous, but always the result of a fight or complicity with the elements: sea, rain, wind. The solitude of a rock is apparent; it is always part of a whole, and itself constitutes a whole with its surroundings; now its short or long life becomes independent and unique.

Toni Vidal

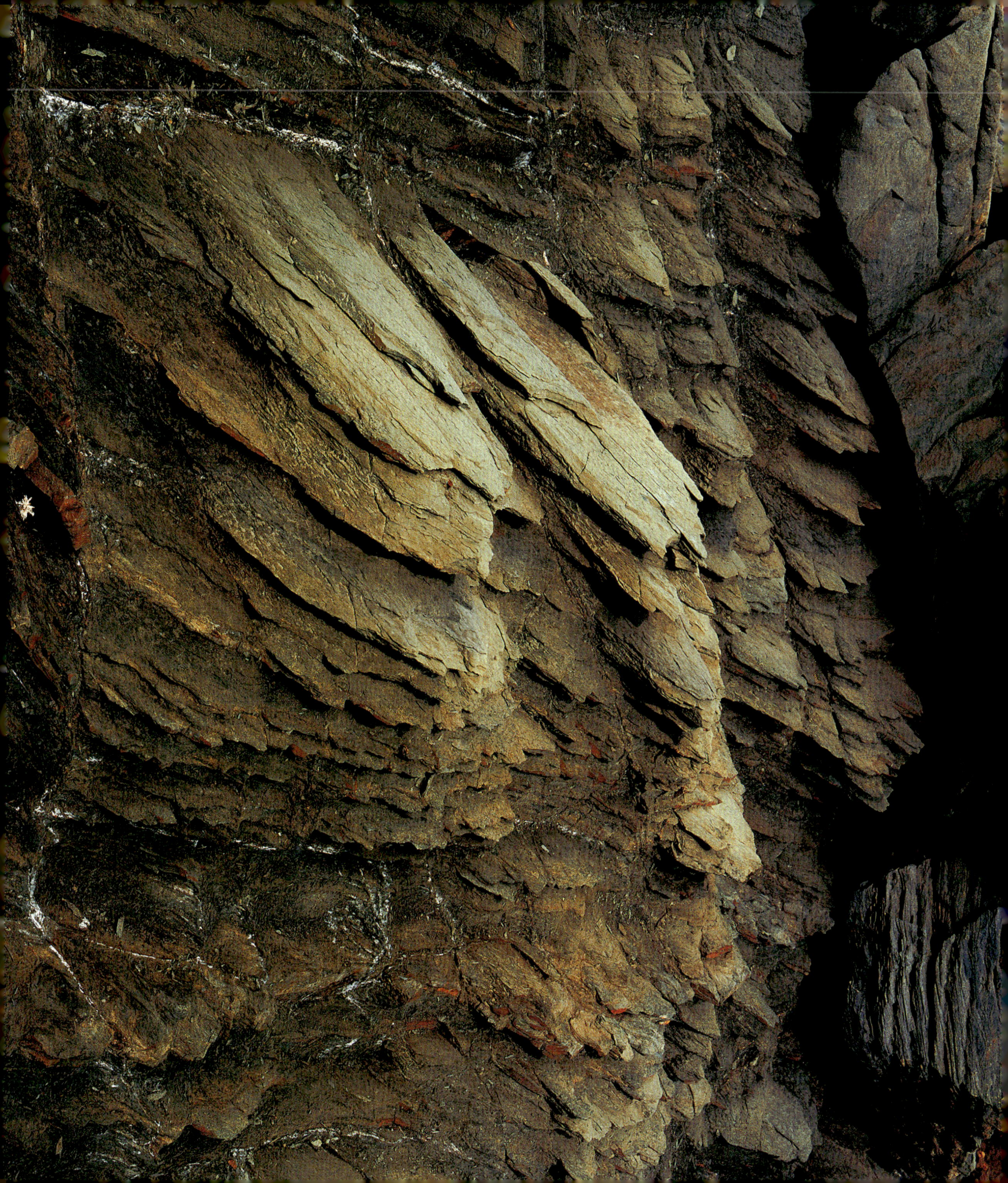

A POET OF THE STONE

One day Toni Vidal called at my door: that must have been five or six years ago. He presented himself as a professional photographer and told me that he wished to take a few photographs for the collection of portraits of Catalans who had distinguished themselves in the world of arts and letters. According to him, I was one of these portrayable Catalans. My visitor, a man of exquisite simplicity and courtesy, carried a bag of regular dimensions which contained the tools of his trade and papers, cardboard and magazines. I could not refuse such a carefully prepared visit. A week later I received some copies of the photos taken of my wife, myself and our dogs. The result was outstanding and at a glance revealed artistic sensibility and skill. Later I heard that Toni Vidal was a Minorcan in love with his island and that in the meantime he had passed from portraits to landscape, the typical Minorcan architecture, tree trunks, unusual objects... With these materials he had several exhibitions, samples of which I had admired in reviews. All these subjects were treated with profound originality and appeared isolated from their surroundings in a way that lends them a vigorous independence.

My second meeting with Toni Vidal took place not long ago while he was preparing the exhibition announced and presented by this catalogue. He showed me the prints of the geological or minerological series which were the object of the exhibition: stones, rocks, rocky places, stones moulded by the water, all uncovered and captured by the patient and skilful eyes of an explorer or hunter. His art had produced strange microcosms of inorganic, sterile matter, solid in its severe immobility, undisturbed even by the wind of the island. Thus we found ourselves in the midst of the stone age because, in fact, the men of that age were the first to be interested, in a utilitarian way, in minerals, quartz for example, using them for the production of tools or weapons.

Again and again, and with growing interest, I looked at these pictures, pictures that surrendered the comfort offered by living beings: animals, and plants. He looked at them together with me, but above all he looked at my eyes, serious, discretely inquisitive, until with an almost imperceptible smile he said in a soft and silent voice: "I see you are impressed..."

That was quite true, and I willingly broke my admiring silence. And I said something like this: "You confront me with a beauty of which I had scarcely caught a glimpse. A harsh beauty, without splendour or adornment, a beauty pure like waves petrified in the open sea, like terrestrial and very solid clouds, like lasting realities, like closed, mute, smooth or torturous presences, indifferent to everything that does not possess their monstrous compactness. Toni Vidal, you are a poet of stone. You have certainly not created anything but you have found, I mean, invented and revealed forms of existence accumulated over thousands of centuries, dead and at the same time alive, for yourself and now for me, rich and at the same time, poor. You have discovered a mine on the surface of the earth, amazing jewels which do not inflame the passion of misers or the frivolous; they affect you because you are a serious man without pretensions, profoundly interested in all the natural marvels of mother earth. Yes, the rough, formidable modesty of your models submits itself to the conquering modesty of an artist who is rigorous with himself. You have inexorably conquered the rock but only to become something like its small and thoughtful brother. In silence, you have accomplished a masterpiece.

Once a certain visionary poet attributed a coarse sensibility to minerals that is not visible, unlike the one we grant to plants. There is a tremendous mystery that your pictures seem to bring us closer to... Man will always ignore many of the great secrets of the world surrounding us and supporting us. I have told you that you were the inventor of these rocks, but not their creator: there was no need to tell you that. But then, are the plastic artists creators of their work? At the very most they imitate, combine, metamorphose, deform, disguise, complicate or simplify, enhance -or degrade- pre-existing realities, whatever the clever philistines of criticism may say, those who have put into circulation the word creativity, as flattering as fallacious. What can a creature create? You are only the man who loves the stone, who thinks it, causes it and publishes it. Is not that enough? These things, and others like them, I said to Toni Vidal, who listened with an ironic smile.

Apart from this, I am only a poet unable to analyse the technical excellence of the photographs. Nevertheless, I dare praise their impressive sharpness, their clarity, their precise luminosity and their extreme neatness, which reveal a complete craftsmanship at the service of a full and well-guided conscience.

I do not think that I have exaggerated; in this case, my sincerity is unquestionable. I am so dissatisfied with the amount of artistic or literary products which are nowadays publicly presented to us under the label of genius, there is so much fraud, vanity, vacuity in many of the works with which the dealer supplies us by way of excessive publicity; one of the ten plagues of this our Egypt. Once I come across the "real article", a job well done, successful research, valuable originality and, above all, a professional who is able, if necessary, to withstand any commercialisation of his ideals, my heart beats with joy, my tongue is unbound and my will impels me to proclaim unreservedly what I think, for whatever it is worth.

Joan OLIVER (Barcelona, November 1979)

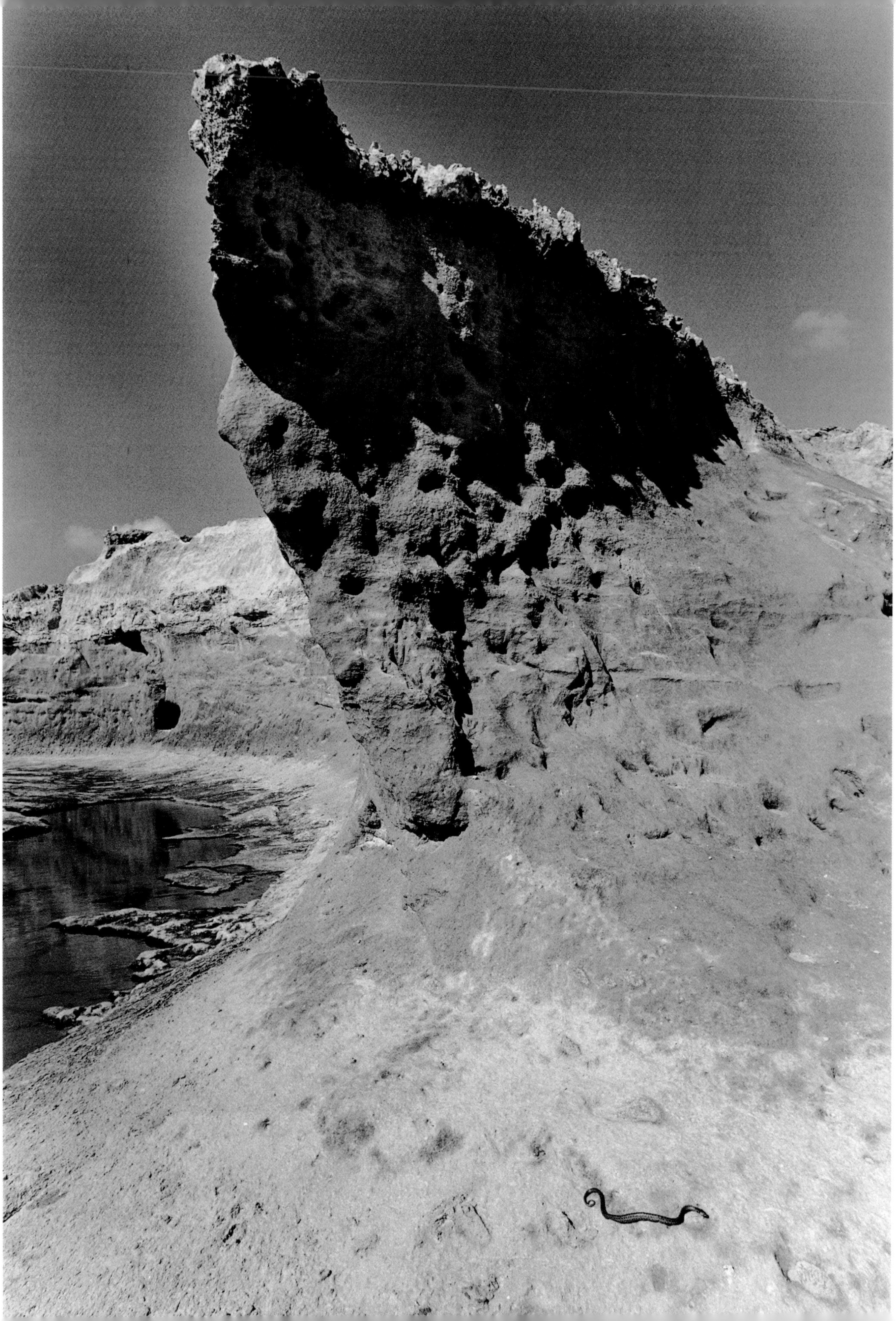

Photography, contrary to what many believe, is probably the most difficult art, because it uses a minimum of mediums: an "art without hands", but in a way very different from the one imagined by the idealistic and spiritualistic aesthetes. It is wholly based on sight and selection, on choosing and eliminating: per via di levare, even more so than sculpture in stone.

Toni Vidal follows inexorably in this way, austere and even ascetical: when the step from black and white to colour might have produced an excess of richness, he has preferred to reduce the subject, leaving aside the human incident in order to concentrate on the texture itself of the mineral, the stones which, if observed long enough until we forget ourselves, become dramatic, overflowing with obscure action and with half-revealed symbolism. This is not only an education of the sight, far too much used, nowadays, to mere conventional signs for acting and functioning: what we have here is an invitation to a true "spiritual exercise" as we contemplate the revelation of matter itself, unveiled by this art in which the artist accepts his own invisibility.

José Maria Valverde

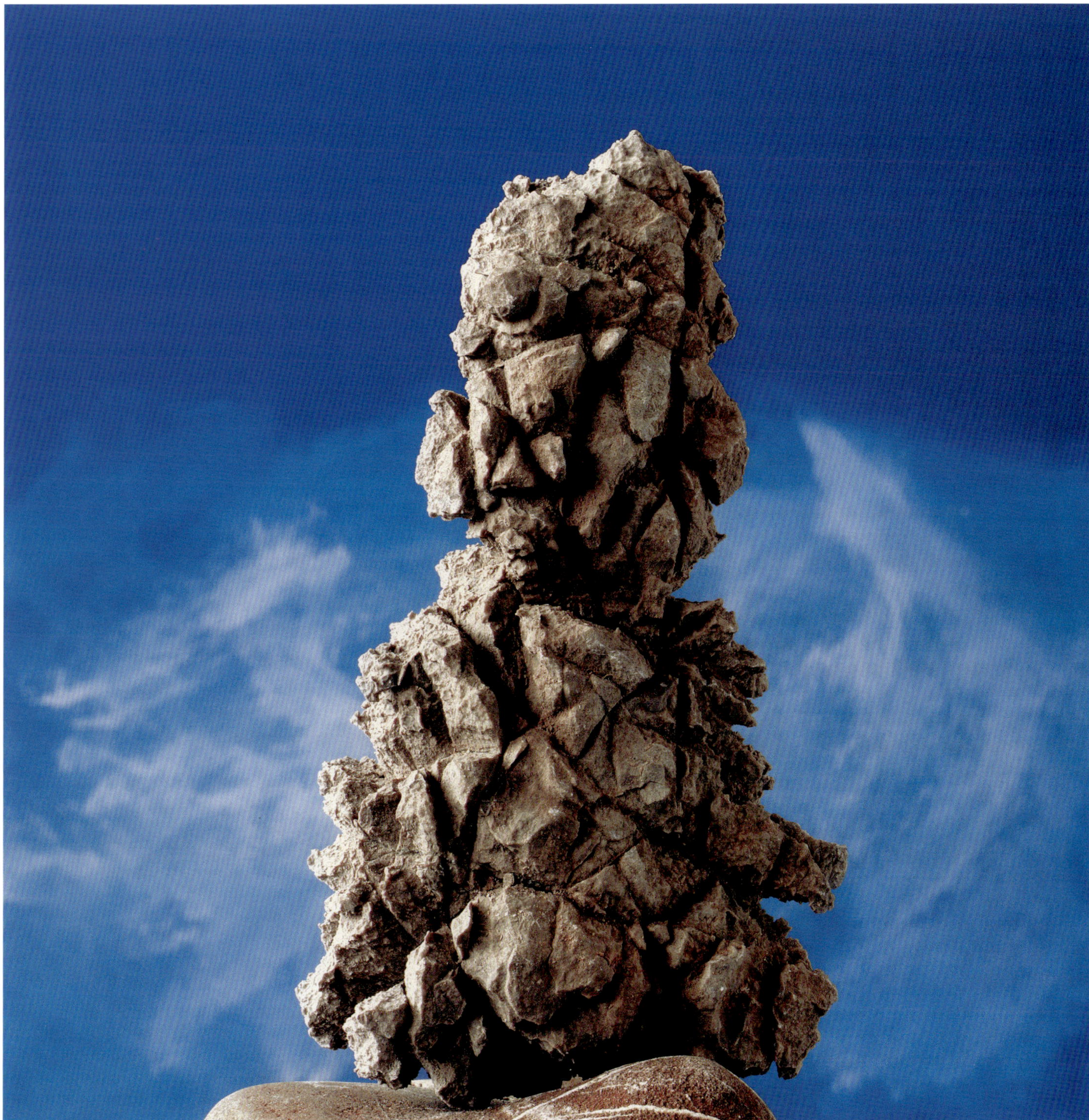

THE STONES OF MINORCA

Although I have never been in Minorca, I am sure, thanks to the photographs of its stones taken by Toni Vidal, that it is a musical and numinous island. Musical because in its rocky formations seem condensated and solidified, in an exceptionally faithful manner, the prodigious rhythmical impulses which, in an era that I can only imagine on the border of time and eternity, converted chaos into cosmos, blind and mute matter into an initiation to life, causing whatever was a turmoil inspiring and modelling forms so different and yet so similar, should now be this quiet music, a concert for the eyes and for the imagination of the touch, which marvels us with its movement of lines, of surfaces and of volumes, with the harmonies and the dissonances of its colours and its nuances and with textures running from extreme smoothness to the most suggestive and paradoxically attractive roughness, as would a painting, a sculpture or any other type of artistic objects; numinous because the exceptional quality of its rocks and pebbles justifies the hermetical statement that the stones grow like plant life and are masters of the life of plants, up to the point of adquiring the qualities we admire, fear or desire according to the diversity and the quality of its many species.

The alchemist Miguel Maier says in his book *Atalanta fugitiva*, published in the year 1618, that "all the earth, after it hardens into common stone or into precious stone, contains in it the lapidific spirit (...), this being the closest cause of the change and alteration of the form", pointed out repeatedly and even more explicitly by Cyliani, the famous expert of the nineteenth century, according to whom "the earth nourishes with the spirit from above the minerals she hides in her entrails". Nourished thus by the spirit, the spiritual is, of necessity, a quality of stone which only the materialism of our contemporary civilization has begun to ignore in such a systematical and blind way that, in our days, it may surprise us to come accross an artist who, like Toni Vidal, using the most refined photographic techniques, should search for stones not to make art of them in the manner of the sculptor or the architect, but rather to show us that they are already art, because in them glitters a spiritual spark which is the origen and justification of their natural beauty. Thus, Toni Vidal's art consists precisely in discovering and showing to others the stones, whose aesthetic qualities prove them to be masterpieces inspired by the numina or familiar spirits of the exceptional nature of his island.

Especially disquieting -and not in detriment but in testimony of their beauty- seem to me the round stones which Toni Vidal has selected and photographed, because the whim of the elements (is there anything which is not a necessity, in the order of nature?) has worn them away, throughout time and age, in such a way that the different mineral layers which form them become designs and wavy lines which one might think traced by the sure hand of a great craftsman. They disturb me the most because they seem the most beautiful "betilos" imaginable. "Betilo" means house of God, and in prechristian antiquity this name was given to the stones which, through their singular form and color, i.e. their personality, gave rise to the suspicion that therein a divinity might find temporal or permanent abode. What nymphs or spirits, what numina of his island do lodge these "betilos" by Toni Vidal? Let me imagine that they are the ones who handle day after day the four elements in order to create and maintain the general beauty of the island, and the particular ones of each of the works of art –paintings, high and low reliefs, free sculptures– which Toni Vidal knows how to show us, all the while inviting us to discover the secret thus intuitively perceived, of his incomparable and numinous musicality.

Ángel Crespo

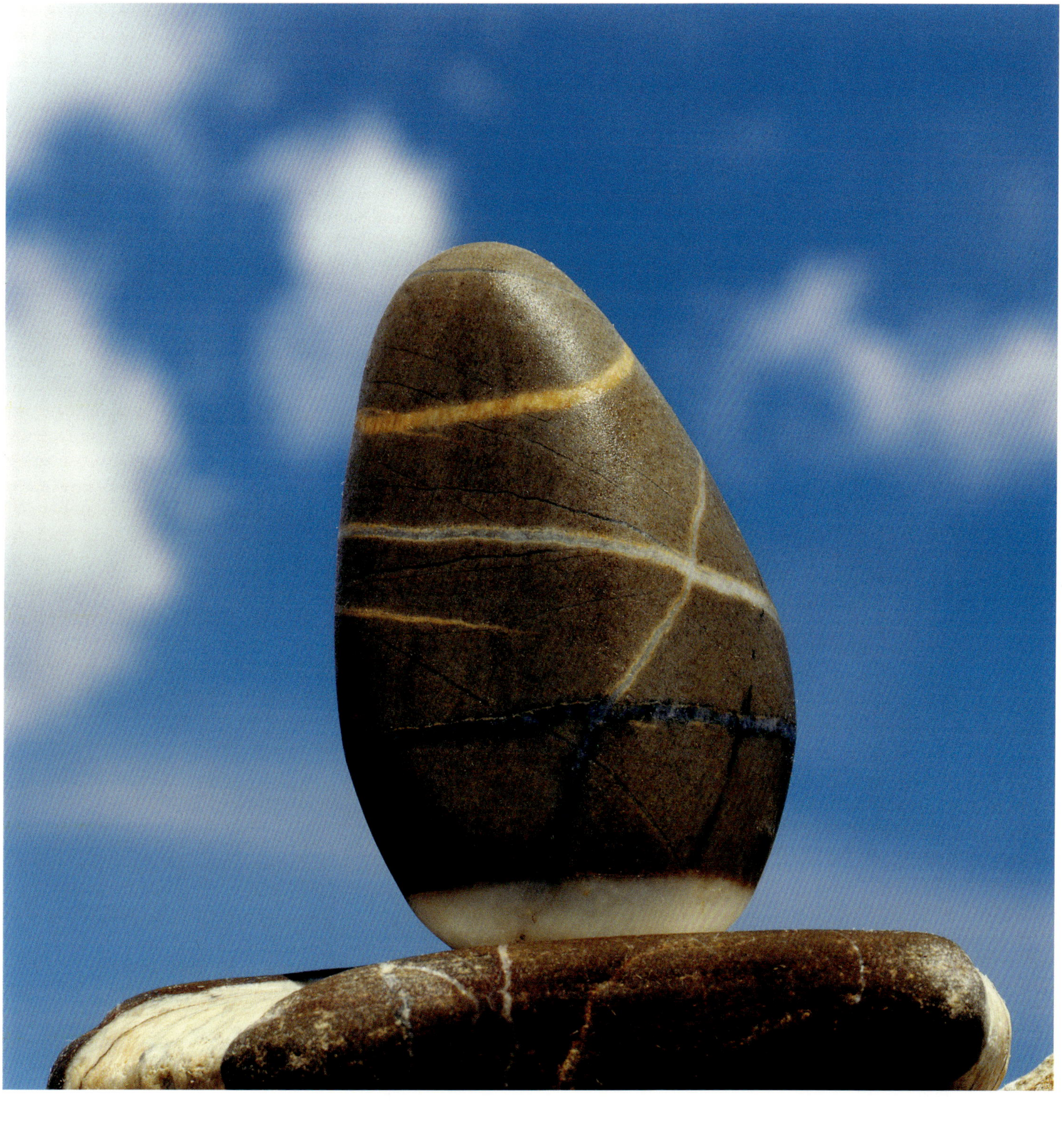

TONI VIDAL:
ROCKS, SEA AND SKY

Toni Vidal says that the creator of these rocks is the sea. However, I see these rocks as a joint creation of something already existing in the external world, and at the same time as something arising from within the artist. The artist needs no preconceived idea. Something emanating from within impels him to a course of action and the work of art emerges. In the course of creation, some interior impulse makes its way at the right moment to the surface through an only half-conscious process because ultimately the work of art generates itself.

The photographer, as a sculptor in this case, is surprised by the work he has created. And the sea, as the co-creator: is the sea aware? Does Poseidon still live among us? Has Toni Vidal ever found him in any of his photographs of rocks, sea and sky when these are developed? Could it be that he has - but has said nothing out of respect for Menorca's peace and quiet and his wish not to disturb it, not to risk the hordes of curious people who might want to come from all over the world to see this god?

The sea has shaped these rocks without knowing or worrying about it; but we could also say, perhaps exaggerating to be better understood, that the actual author of these amazing sculptures is Toni Vidal. We had walked or swum past them on countless occasions without discovering them. He did. A creator is a human being - and, if we choose to believe, a divine being - who pays attention. To be able to pay attention is everything. Before Toni Vidal discovered them for us these rocks were simply not there: they did not exist. He made them his own in his darkroom after discovering them for us in his observant walks amongst the rocks, sea and sky that he knows so well. And although he was able to see them from the beginning, certainly the first person to be surprised at how these rocks appear, with their very presence, is the artist himself.

The rocks are very diverse. Some of them look like filigree. The sea has carved them and opened up their interiors, has stroked them for thousands, perhaps millions of years, until they have achieved their present aspect - which is still not definitive. In the future, thanks to this great photographer, people will be able to appreciate how they looked in their present state, before some possible geological cataclysm - perhaps caused by our own species - has produced significant modifications to these places. These men and women of the future will also be different. The winds of new ideas and technologies, more sophisticated and dangerous than the sea and the soft breezes, will also have changed their profile, their external and internal appearance. Some of these rocks are more or less anthropomorphic. When the rocks have been heavily worked by the sea, the result may be slightly monstrous or menacing, because of their odd, unexpected appearance.

Elsewhere, in contrast, the broad surfaces of rock produce a sensation of peace and balance. In these, we should note the qualities of colour and tone - toast, ochre and red, together with greys and stripes of white - forming the most delicate contrasts and transitions. Colours and stripes as though drawn onto the rocks create patterns of great beauty.

In some of the photographs that of the sea eclipses the presence of the rocks. They are superb images, in which the blue and green tones of the water contrast with those of the sky's paler blues, greys and whites. In all these images the white of the sea foam is an essential element. We feel that never before have we seen such a luminous white, sometimes just an explosion of light; at other times mixed with the blue and green of the sea. Everything is a game, a fight, a loving embrace of the light and the dark. How many artists have been able to capture in their works those movements of the sea when the waves break, or the reconciliation of light and shade as the sun sets?

Here, the sea and the photographer as an observer-creator have worked as painters of great sensitivity. We can see it too in the suggestive and amazing splits produced by the fractures and in the different layers of the rock. These lines are often curved, but they can also be straight (who said there are no straight lines in nature?). The geological faults show overall how dramatic the action of nature can be. We also find, however, smooth, even serene, areas where we can breathe in the peace which nature is able to offer when reconciled with herself.

We would anthropomorphise too much if we said that the sea has worked with great patience and that it does not care (what does nature care about, if it actually cares about anything?) that it has taken thousands, millions of years to work these shapes, these embroideries, these painted surfaces, worthy of the best museums.

The sea has worked them, and here they are. But it is Tony Vidal who discovered these rocks and his creative sensibility and professional skill that made us see them. Every one of his photographs is a true work of art.

José Corredor-Matheos

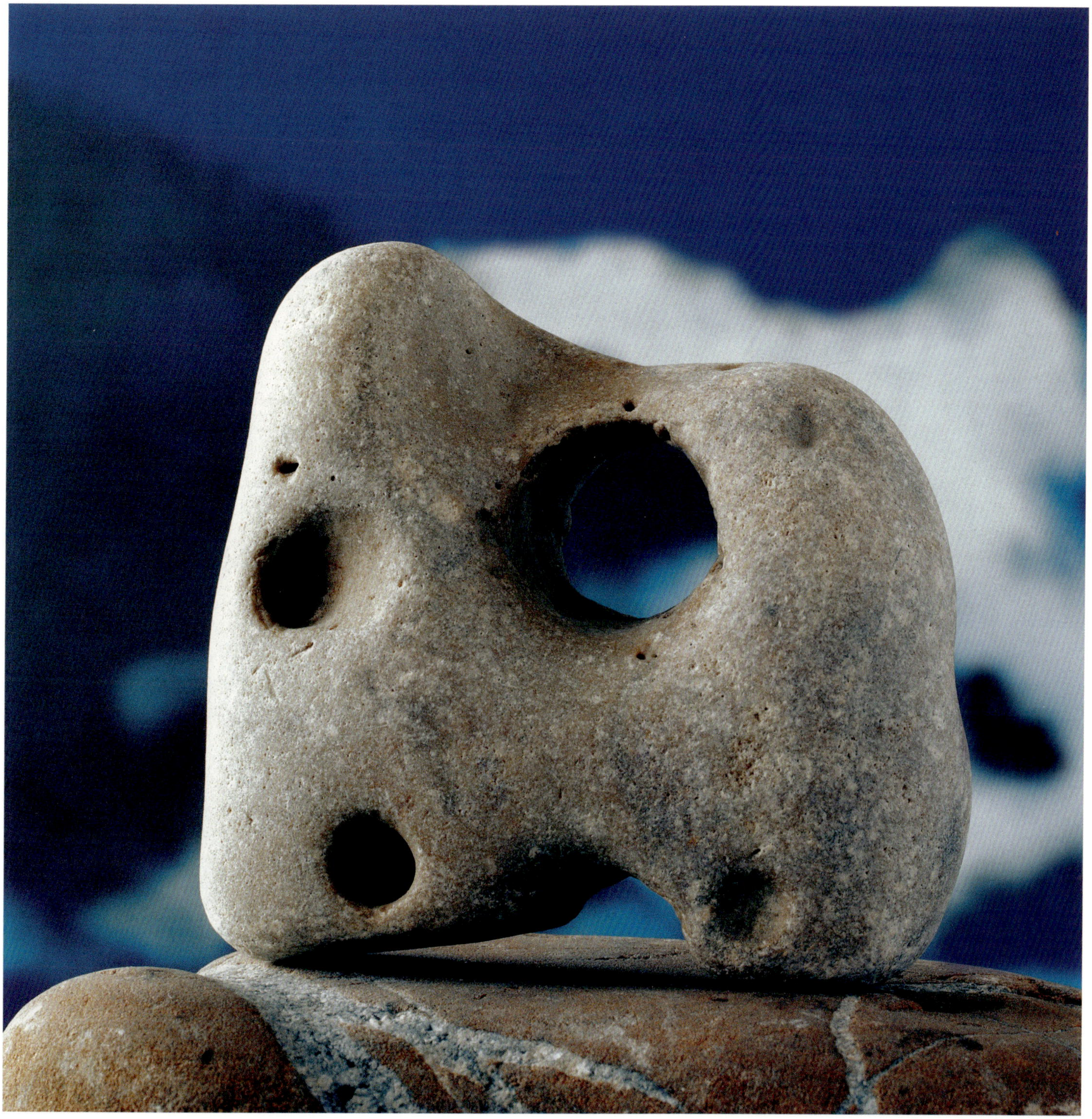

Acabat d'imprimir
el 12 d'abril de 2005
als tallers de Grup 3 SL
Barcelona